马克思主义基本原理概论十五讲

魏红霞◎主　编
邢广桥◎副主编

安徽师范大学出版社

图书在版编目(CIP)数据

马克思主义基本原理概论十五讲 / 魏红霞主编.—芜湖:安徽师范大学出版社，2018.4(2018.8重印)

ISBN 978-7-5676-3327-8

Ⅰ.①马… Ⅱ.①魏… Ⅲ.①马克思主义理论-高等学校-教材 Ⅳ.①A81

中国版本图书馆CIP数据核字(2018)第016952号

马克思主义基本原理概论十五讲　　魏红霞◎主编　　邢广桥◎副主编

责任编辑:彭　敏

装帧设计:丁奕奕

出版发行:安徽师范大学出版社

芜湖市九华南路189号安徽师范大学花津校区　　邮政编码:241002

网　　址:http://www.ahnupress.com/

发 行 部:0553-3883578 5910327 5910310(传真)　　E-mail:asdcbsfxb@126.com

印　　刷:虎彩印艺股份有限公司

版　　次:2018年4月第1版

印　　次:2018年8月第2次印刷

规　　格:700 mm×1000 mm　　1/16

印　　张:17.625

字　　数:307千字

书　　号:ISBN 978-7-5676-3327-8

定　　价:49.00元

编委会名单

顾　　问：汪先平　张　斌

主　　编：魏红霞

副 主 编：邢广桥

编　　委：葛勇义　胡秀杰　经　纶　魏红霞
　　　　　邢广桥　张　军

前　言

　　习近平总书记在中国共产党第十九次全国代表大会报告中明确指出：
"意识形态决定文化前进方向和发展道路。必须推进马克思主义中国化时
代化大众化，建设具有强大凝聚力和引领力的社会主义意识形态，使全体人
民在理想信念、价值理念、道德观念上紧紧团结在一起。要加强理论武装，
推动新时代中国特色社会主义思想深入人心。"这就要求我们必须深入了解
和掌握马克思主义基本原理，它是新时代中国特色社会主义思想的理论之
源。"马克思主义基本原理概论"是高校思想政治理论课程体系的主干课程，
承载着马克思主义基本原理授课任务。其授课内容主要包括马克思主义哲
学、马克思主义政治经济学和科学社会主义三个重要组成部分。本课程的
教学目的是对高校大学生进行系统的马克思主义理论教育，帮助学生掌握
马克思主义的世界观和方法论，树立马克思主义的世界观、人生观和价值
观，学会运用马克思主义的基本立场、基本观点和基本方法观察、分析问题，
培养和提高学生运用马克思主义理论分析和解决实际问题的能力。进而为
学生确立建设有中国特色社会主义的理想信念，自觉地坚持党的基本理论、
基本路线和基本纲领打下扎实的理论基础。

　　为了有效完成"马克思主义基本原理概论"课程的教学任务和教学目
的，响应教育部推进高校思想政治理论课教育教学改革号召，遵照安徽财经
大学实现教学方式方法创新的要求，顺利实现由教材体系向教学体系转化，
提升教学质量，我们编写了《马克思主义基本原理概论十五讲》。该书主要
包括十五个专题，标题的拟定和内容的编写遵循马克思主义理论整体性、系
统性原则，力求做到形散而神不散。《马克思主义基本原理概论十五讲》在借
鉴国内专题教学研究成果的基础上，打破了教材原定章节内容体系，重新拟
定了标题和章节结构，既体现了马克思主义理论的内在逻辑，又不拘泥于教
材体系。内容阐释过程中，我们认真领会马克思主义理论精髓，并且融入和

补充了丰富的生活案例和实践案例,使抽象的理论形象化、生活化,便于理解,便于授课。

《马克思主义基本原理概论十五讲》具体内容安排如下:第一讲走近马克思主义。该讲主要从大学生成长成才角度出发,讲述马克思主义的产生、发展、基本特征和基本原理,以及对大学生成长成才的重要意义和指导作用。第二讲世界的物质统一性。主要阐述了马克思主义唯物论思想,从物质概念的演进历程,揭示出马克思主义物质概念的科学性,进而阐述了自然界统一于物质、人类社会统一于物质的世界物质统一性原理。第三讲意识的本质及能动作用。该讲主要从意识的产生、本质和能动作用三个方面,阐释了意识是自然界长期发展的产物,是在人类社会环境中产生的,意识本质上是人脑的机能,是人脑对客观世界的主观反映,并且对物质具有能动的反作用。进而揭示了物质第一性,意识第二性的唯物主义思想。第四讲普遍联系和永恒发展。本讲主要阐释了普遍联系和永恒发展是唯物辩证法的总特征,具体阐述了联系和发展的基本特点、本质,并且为我们提供了用联系的观点和发展的观点看待世界的方法论。第五讲对立统一规律。本讲是唯物辩证法的重要内容,着重讲述了矛盾的基本概念、基本属性、基本特征,揭示了为什么说矛盾是事物发展的动力和源泉,以及矛盾分析法是科学的方法论这一重要原理。第六讲质量互变规律。本讲主要介绍了质、量、度、质变、量变等基本概念,质变与量变之间的辩证关系,揭示了质量互变规律是事物发展过程中的客观规律之一。第七讲否定之否定规律。该讲着重介绍了马克思主义辩证的否定观,揭示了辩证否定的实质是扬弃。其次介绍了否定之否定规律的基本内容,揭示了事物发展总的趋势是前进的上升的,具体道路是曲折的,事物的发展是前进性与曲折性的统一的基本原理。进而为我们提供了用科学的否定观看待一切,并且坚信前途是光明的,道路是曲折的方法论。第八讲认识的本质及发展规律。该讲主要介绍了马克思主义认识论思想,首先着重介绍了认识与实践的关系,认识的本质,从而阐明马克思主义认识论的特点。其次介绍了认识的辩证运动规律:实践—认识—再实践—再认识……,并且详细介绍了认识运动过程的两次飞跃及其条件。第九讲真理和价值。本讲主要介绍了马克思主义的真理观和价值观,着重介绍了真理的基本属性(客观性、绝对性和相对性)、真理的绝对性与相对性的辩证关系、真理的检验标准问题、真理与价值的辩证关系等内容,提供了我们如何正确看待真理和价值的方法论。第十讲社会历史观的基本问题。该讲主要介绍了社会历史观的基本问题——社会存在与社会意识的关系问题,着重介绍了马克思主义关于社会存在决定社会意识,社会意识反作用于社会存在的基本原理,并且介绍了这一原理在西方哲学史上的理论意义和现实意义。第十一讲人类社会发展的基本规律。本讲主要介绍了马克思主义唯物史观关于人类社会运动发展的两大客观规律,即生产关系一定要适应生产力发展的要求、上层建筑一定要适应经济基础发展的要求。着重介绍了生产力和生产关系的辩证关系,生产力和生产关系矛盾运动轨迹;经济基础和上层建筑的辩证关系,经济基础和上层建筑矛盾运动轨迹。基于此介绍了两个规律在马克思主义发展史上的理论意义及其对我国社会主义建设与改革的现实指导意义。第十二讲人民群众是历史的创造者。谁是历史的创造者这一问题在西方哲学史上存在着唯心史观和唯物史观的对立,在马克思主义产生以前唯心史观占主导地位,唯心史观主张的英雄史观一直是主流观点。马克思主义产生之后,唯物主义的群众史观战胜了英雄史观。本讲主要从马克思主义的人本质思想、人民群众是历史的创造者的主要表现、个人在历史上的作用、中国共产党的群众观点和群众路线等方面,介绍马克思主义的群众史观。第十三讲劳动价值论和剩余价值论。本讲是马克思主义的政治经济学思想,也是马克思主义哲学思想的现实运用。首先介绍了劳动价值理论,从资本主义生产关系的形成历程切入,剖析了资本主义的细胞——商品的二因素、劳动的二重性学说、价值形式、价值规律。其次介绍了剩余价值论,从货币转化为资本的条件入手,介绍了可变资本与不变资本的区分,揭示了剩余价值的源泉,阐述了剩余价值生产的两种方法——绝对剩余价值的生产和相对剩余价值的生产。进而阐释了剩余价值的实现与增值方式,追求剩余价值增值的根本原因即资本主义基本矛盾的存在。剩余价值无止境的追求产生的直接后果是资本主义周期性危机的爆发与社会财富的两极分化,产生的最终后果是资本主义必然灭亡、社会主义必然胜利。本讲内容丰富,逻辑性强,在整个马克思主义理论中处于承上启下的地位。第十四讲垄断资本主义。垄断资本主义是资本主义发展的最高阶段,本讲主要介绍了垄断的形成、垄断的基本特征、国家垄断资本主义的形式和特点、资本主义发展的趋势和新特点等。第十五讲社会主义与共产主义。本讲是马克思主义的科学社会主义理论,是马克思主义理论的核心和逻辑结果,是在马克思主义哲学和政治经济学基础上总结的理论结论。本讲主要介绍了空想社会主义发展历程和科学社会主义的诞生、列宁晚年对社会主义的理论探索、中国特色社会主义理论基本特征、苏联和中国特色社会主义、经典作家对共产主义的理论探索。

《马克思主义基本原理概论十五讲》的内容编写主要有六位教师分工协作完成,每人实际完成的编写章节内容如下,邢广桥:第一讲走近马克思主义,第四讲普遍联系和永恒发展,第五讲对立统一规律,第十三讲劳动价值论和剩余价值论,第十四讲垄断资本主义,第十五讲社会主义与共产主义;葛勇义:第二讲世界的物质统一性,第三讲意识的本质及能动作用;胡秀杰:第七讲否定之否定规律,第九讲真理和价值;经纶:第八讲认识的本质及发展规律;张军:第六讲质量互变规律,第十讲社会历史观的基本问题;魏红霞:第十一讲人类社会发展的基本规律,第十二讲人民群众是历史的创造者。

魏红霞于爱尔兰科克大学

二〇一八年一月三十日

目 录

第一讲　走近马克思主义

▌教学目标

从总体上理解和把握什么是马克思主义,为什么要学习马克思主义,增强学习和运用马克思主义的自觉性。

▌教学要点

什么是马克思主义;
马克思主义并没有过时;
为什么要学习马克思主义。

▌教学时数

3课时。

同学们好! 今天的课是本学期的第一次课,我们首先来学习第一讲。第一讲要着重解决三个问题:①什么是马克思主义? ②马克思主义过时了没有? ③为什么要学习马克思主义?

第一个问题:什么是马克思主义? 一般来说,对于一门科学而言,人们习惯从研究对象来进行区分。比如数学是关于数的科学,生物学是关于生物的科学,经济学是关于经济的科学,心理学是关于心理的科学。哲学比较特殊,我们不能说哲学是关于哲的科学。换句话说,哲学没有特定的对象,但并不等于说哲学没有对象。马克思主义是一门科学,请注意,这里的科学是广义的，并非指具体科学。请同学们看教科书第2页：马克思主义是无产阶级的科学的世界观和方法论，是关于自然、社会和思维发展的普遍规律的学说，是关于资本主义发展和转变为社会主义以及社会主义和共产主义发展的普遍规律的学说。

首先，请看第一句话：马克思主义是无产阶级的科学的世界观和方法论。什么是世界观？世界观是人们对整个世界的总体看法和根本观点。例如：世界的本质是物质的还是精神的？方法论是人们认识和改造世界的根本方法。例如：从客观实际出发的方法还是从主观愿望出发的方法。方法论和世界观是统一的。一个人有什么样的世界观，就会拥有对应的方法论。一个人的言行是由他的世界观所决定的。一个人的世界观和方法论决定了他是一个什么样的人。

因此，看一个人是什么样的人，就要看他的世界观。有句话说得非常好：积极的人像太阳，照到哪里哪里亮，消极的人像月亮，初一十五不一样。世界观人人都有，但每个人的世界观不一定是系统化、理论化的。哲学却不同，哲学是系统化、理论化的世界观，又是方法论。哲学既然是一种学问或学说，那么它就是经过加工和概括的东西，是按照一定的原则逻辑地连贯起来的体系，它同表现于人们日常生活实践中的世界观既有联系又有区别。因此，哲学源于生活又高于生活。请看教科书第11—12页：辩证唯物主义和历史唯物主义是马克思主义最根本的世界观和方法论，作为科学的世界观，从根本上揭示了自然界、社会和思维发展的一般规律。辩证唯物主义和历史唯物主义也是马克思主义理论科学体系的哲学基础。

其次，马克思主义是关于自然、社会和思维发展的普遍规律的学说。关于普遍规律，一般有两种理解：一是指自然发展的普遍规律、社会发展的普遍规律、思维发展的普遍规律的总和。自然发展的普遍规律不是自然科学的研究对象，是传统的自然哲学的研究对象；社会发展的普遍规律不是社会科学的研究对象，而是传统的历史哲学的研究对象；思维发展的普遍规律不是思维科学的研究对象，而是传统的辩证法研究对象。

如果这样理解，就等于说马克思主义和传统的哲学在研究对象上是没有区别的。还有一种理解是指贯穿于自然、社会和思维发展中的普遍规律，比如对立统一规律等，这也就是我们常说的唯物辩证法。无论是哪一种理解，这里的"规律"都不是指"科学规律"，而是指"哲学规律"，也就是说，这些规律都不是从现象的观察和归纳中得出的,而是在科学规律的基础上概括出来的。正如毛泽东所说:哲学是对自然科学和社会科学的概括和总结。

最后,马克思主义是关于资本主义发展和转变为社会主义以及社会主义和共产主义发展的普遍规律的学说。在传统的体系中,政治经济学和科学社会主义是马克思主义的两个主要组成部分。虽然马克思主义的世界观和方法论是马克思主义理论体系的基础,作为世界观和方法论的马克思主义哲学的研究对象是自然、社会和思维发展的普遍规律。但马克思并不关注抽象的世界,马克思更为关注的是现实世界,是资本主义现实社会中现实的人的解放的问题,即资本主义如何转变为社会主义的普遍规律,以及社会主义发展的普遍规律。因此,资本主义发展和转变为社会主义以及社会主义和共产主义发展的普遍规律构成了马克思主义的主要内容。

首先,自然、社会和思维发展的普遍规律既不是指自然规律、社会规律和思维规律的总和,也不是指比自然规律、社会规律和思维规律更普遍的规律。在这里,自然、社会和思维的发展是一个统一历史过程,自然、社会和思维发展的普遍规律只能是指作为统一体中的自然、社会和思维相互作用的发展规律。正因为如此,马克思才说:我们只知道唯一的一门科学即"历史科学"。历史可以从两方面来考察,可以把它划分为自然史和人类史。但这两方面是不可分割的;只要有人存在,自然史和人类史就彼此相互制约。这里的"历史科学"是指不同于以往传统哲学的新唯物主义哲学。

马克思明确把自己的各种理论探索称之为哲学批判、政治经济学批判。因此,马克思的学说是一种革命的批判的学说。是一种对现实社会的理性批判与反思活动,一种现实的文化批判精神。构成马克思思想深层结构的是关于现实的人的存在方式和历史发展的基本理论。主要表现在马克思关于资本主义社会条件下人的异化的生存状态的批判,以及关于人的自由、全面发展和"自由人的联合体"的构想。马克思把自己的学说称之为"关于现实的人及其历史发展的学说"。

第二个问题:马克思主义过时了没有? 请同学们看教科书第2页:当人类即将迈入21世纪的时候,英国广播公司(BBC)在全球范围内举行过一次"千年思想家"网上评选。结果,马克思位列榜首。请看视频:《马克思被评为千年第一思想家》。

值得一提的是,在英国广播公司第四频道2005年评选"最伟大的哲学家"的过程中,英国的《经济学家》杂志曾经号召读者把马克思的名字从候选名单上拉下,希望读者把票投给休谟,为什么？因为休谟是英国人(爱尔兰人)。但是英国公众却得出了自己的决断,毅然选择了马克思。

在如此众多的思想家中,人们为什么会选择马克思？《卡尔·马克思传》一书的作者惠恩说:"与其他哲学家相比,马克思主义涵盖的范围更加广大,马克思不仅仅是一个哲学家,还涉及了政治、经济、历史等诸多领域。马克思似乎对全世界的主要问题都给出了答案。马克思不愧是一位天才,他的理论可以'解释一切',而这正是他夺冠的最重要原因。"著名学者霍布斯鲍姆说:"他的很多思想现在看来都非常现代也很新鲜。也许这些思想现在比他当年写作时更能引起共鸣。例如关于全球化的论述等。"

人们之所以选择马克思,还在于马克思具有非凡的人格魅力。请同学们看一段视频《马克思的伟大人格》。

马克思在年轻时,就立志为全人类的幸福工作,更可贵的是,马克思一生颠沛流离、贫困潦倒却从未放弃自己的理想。正因为如此,人们才把马克思比作人间的普罗米修斯。

世界上第一部《马克思传》的作者是弗·梅林,他在《马克思传》中对马克思作出了十分精彩的评价:"19世纪的天才人物当中,没有一个曾经受过比一切天才中最伟大的天才——卡尔·马克思——所经受的更痛苦的命运了。这位崇高的人物所遭遇的这种命运本身已经够悲惨的了;但是使它真正达到悲剧的顶点的是这一事实:马克思是自愿地担负起他那长达数十年的殉道者的事业的。他拒绝了一切妥协和诱惑,虽然他完全可能不失尊严地获得资产阶级的一官半职以安度此生。马克思——人间的普罗米修斯。把这位普罗米修斯束缚在岩石上的不是赫菲斯特的锁链,而是他自己的铁的意志,这种意志像磁针一般毫不动摇地指向人类的最高目的。"

马克思曾经说过:"不管遇到什么障碍,我都要朝着我的目标前进,而不让资产阶级社会把我变成一架赚钱的机器。"马克思正是凭着这种超常的坚定意志成为伟人。

马克思逝世已130多年了,作为一个伟大的思想家产生如此广泛而巨大的影响,表明了以他名字命名的马克思主义具有无穷的思想魅力。在有人宣扬马克思主义"过时论"、社会主义"终结论"的今天,这个评选结果的确发人深省。马克思主义具有无穷的思想魅力,显示出巨大的生命力。

请看视频:《金融危机与马克思热》。华尔街金融危机的蔓延,让自由资本主义走入了死胡同。马克思写的批判资本主义的鸿篇巨制《资本论》重新成为读者的宠儿。美国著名学者詹姆逊则旗帜鲜明地指出:"今日的资本主义并没有发生根本性的变化,庆贺马克思主义的死亡正像庆贺资本主义的胜利一样是不能自圆其说的。"德国著名学者哈贝马斯告诫人们东欧剧变和苏联的变化,并不意味着社会主义的失败。在21世纪,社会主义仍然有着广阔的前景。英国著名学者吉登斯意味深长地说道:"不要因为苏联和东欧发生的变化,而放弃推动社会主义和共产主义前进的那些价值和理想。"

早在1993年,法国著名哲学家德里达发表了轰动世界的《马克思的幽灵》,他说:我们"不能没有马克思,没有马克思,没有对马克思的记忆,没有马克思的遗产,也就没有将来;无论如何得有个马克思,得有他的才华,至少得有他的某种精神"。

最后讲第三个问题:为什么要学习马克思主义? 对于我们而言,马克思主义有什么用? 这首先要看你想成为一个什么样的人,或者说你是一个什么样的人,就决定了马克思主义对你有没有用。

冯友兰先生曾经说过:"照中国的传统,研究哲学不是一种职业。每个人都要学哲学,正像西方人都要进教堂。学哲学的目的,是使人作为人能够成为人,而不是成为某种人。其他的学习(不是学哲学)是使人成为某种人,即有一定职业的人。"要成为真正的人,学习哲学是一个很好的途径。在当前的情况下,学习马克思主义哲学是学习哲学的重要途径。

钱学森曾经说:"从我个人的经历中,我的确深有体会:马克思主义哲学确实是一件宝贝,是一件锐利的武器,……如若丢弃这件宝贝不用,实在是太傻瓜了!"一个人的政治立场直接关系到一个人的政治前途。作为未来的领导者和社会精英的大学生,政治是不能不讲的。

著名地质学家李四光自觉运用辩证法指导自己的科学研究,创立了闻名世界的地质力学理论。早在1948年他在英国时就反复阅读了英文版的《自然辩证法》和《反杜林论》。1950年回国后,又精读了这些原著并努力学习毛泽东同志的哲学著作。他自觉地把学习的成果运用到对地质现象的研究中去,研究地质现象的内在联系,分析研究了一些地质现象中的力学关系,用模拟方法做实验,透过表面现象发现了地质构造的几种类型。根据他的地质力学理论,先后找到了许多储油构造,开发出包括大庆油田在内的许多大油田,粉碎了"中国贫油"的伪理论,为中国人民争了光,为社会主义建设做出了重大贡献。李四光常说,马克思主义理论是"指导科学研究的灵魂,是根本"。

最后,学习马克思主义有助于培养我们批判性的思维方式。马克思主义说到底是一种批判性思维方式。让我们以恩格斯的一段话结束今天的课:"不要去生搬硬套马克思和他的话,而要根据自己的情况,像马克思那样去思考问题,只有在这个意义上,'马克思主义者'这个词才有存在的理由。"

参考文献:

[1]徐武生:专题教学:马克思主义基本原理概论第一讲绪论 徐武生的博客,https://wenku.baidu.com/view/396dba82960590c69ec3767a.html。

[2]逄锦聚等:《马克思主义基本原理概论》,北京:高等教育出版社2015年版。

第二讲　世界的物质统一性

▌教学目标

学习和把握马克思主义辩证唯物主义基本原理,着重掌握哲学的基本问题、物质的概念及其演化、物质的存在形式、社会的实践本质和社会的物质性,最终把握世界统一于物质的观点。

▌教学要点

哲学基本问题;
物质的概念;
物质的存在形式;
社会的实践本质;
社会的物质性。

▌教学时数

9课时。

马克思主义基本原理是不同部分组成的整体。其中,马克思主义哲学、马克思主义政治经济学和科学社会主义是其主要组成部分,每个部分的地位和作用是不一样的。一般说来,马克思主义哲学在整个马克思主义理论体系中具有世界观和方法论的作用,并且是整个理论体系的基础。因此,学习马克思主义,从逻辑上讲,首先要学习和了解马克思主义哲学。马克思主义哲学首先是辩证的唯物主义哲学,即认为世界是物质的,物质是世界的本原,列宁指出:"唯物主义的基本前提是承认外部世界,承认物在我们的意识之外并且不依赖于我们的意识而存在着。"[①]人的实践活动作为物质世界发展的结果,又反过来成为物质世界进一步分化的前提,是人和自然、自在世界和人类世界、客观世界和主观世界相统一的现实基础。其次,马克思主义的唯物主义哲学是辩证的、历史的唯物主义,它认为世界的统一性是以物质为本原、以意识为最高产物、以实践为中介的多样性的统一,它坚持对世界的唯物的、辩证的、实践的把握。这就是世界的物质统一性原理。

该原理说明,世界上的一切事物和现象,包括意识现象,归根到底都是物质的表现形态或物质的属性和存在形式;世界上的一切发展、变化和过程都是物质运动的具体表现,其原因在物质世界自身。正如列宁所说:"除了运动的物质以外,世界上什么也没有。"世界物质统一性原理是从物质和意识、统一性和多样性辩证关系的高度对世界本质的根本理解,它是指多样的世界万物是有统一性本质的,这个统一性本质是物质,物质是不依赖于意识的在时间和空间中有规律地永恒运动着的客观实在。整个世界的统一性在于它的物质性。我们将从五个方面,即哲学的基本问题、物质的概念、物质的存在形式、社会的实践本质以及社会的物质性,来讨论世界的物质统一性的问题。

一、哲学的基本问题

纷繁复杂、无限多样的世界究竟是什么? 世界的本原是物质还是意识? 这是生活于其中的人们不能不回答的问题,是一切哲学流派无法回避的问题,也是学习马克思主义必须首先搞清楚的问题。这里显现的物质与意识的关系问题,即哲学的基本问题。

(一)哲学基本问题的形成和提出

这里,我们先解释为什么思维与存在的关系问题是哲学基本问题。

首先,物质和意识的关系问题是任何哲学都不能回避的问题。无限复杂多样的世界形态各异,但归根到底无非是两大类现象:一类是物质现象,

---

① 中共中央马克思恩格斯列宁斯大林著作编译局:《列宁选集》(第二卷),北京:人民出版社2012年版,第79页。

一类是精神现象。远古时代,人们已经意识到肉体和精神的区别。哲学基本问题有了细微的显露。比如,出现了"灵魂不死"观念和"万物有灵"观念。人类进入文明时代以后,出现了唯心主义世界观和唯物主义世界观。其次,哲学争论的问题很多,观点纷呈各异,但是它们所争论的所有问题,都是围绕物质和意识的关系问题展开的。物质和意识的关系问题是各派哲学论争的集中点和根本分歧点,也是划分哲学基本派别的依据和标准。抓住这个问题,就抓住了哲学斗争和发展的中心线索。最后,更为重要的是,物质和意识的关系问题是人类一切活动的核心内容。物质和意识的关系问题不仅是哲学的基本问题,而且是人类实践中遇到的基本问题。人的本质是实践的,人在实践中就要同客观世界打交道,就要处理自身与外部世界的关系,概括起来就是认识世界和改造世界这两种活动。认识世界就是主观反映客观,改造世界就是主观反作用于客观。无论是认识世界还是改造世界,归根到底都要碰到主观与客观的关系,都在处理主观和客观的矛盾。所以,物质和意识的关系问题是人类社会实践中普遍存在的根本问题。

因此,思维和存在,精神和物质的关系问题,就成了哲学家们不得不探讨,不能不回答的共同问题。像黑格尔曾经指出,思维与存在的对立是哲学的起点,这个起点构成哲学的全部意义。在他看来,思维与存在的对立和统一,是近代一切哲学的中心问题。费尔巴哈也曾说过,神是否创造世界,即神对世界的关系如何,这个问题其实就是关于精神对感性、一般或抽象对实在、类对个体的关系如何的问题,他把这个关系问题也当作是整个哲学史围绕的中心。完整地提出哲学的基本问题的是恩格斯。恩格斯在《路德维希·费尔巴哈和德国古典哲学的终结》中指出:"全部哲学,特别是近代哲学的重大的基本问题,是思维和存在的关系问题。"[①]

(二)哲学基本问题的内容

1.第一性问题

思维和存在的关系问题有两个突出的方面。其中,关于思维和存在、精神和物质何者是本原,即何者是第一性的问题,是最重要的方面。现实世界究竟是由思维或精神创造的,还是从来就自在存在着的? 世界的本质和基

---

① 中共中央马克思恩格斯列宁斯大林著作编译局:《马克思恩格斯选集》(第四卷),北京:人民出版社1995年版,第223页。

础是精神的还是物质的？这些问题在哲学史上属于本体论的问题，它研究世界本身的存在和本质问题。

对物质和精神何者为第一性的回答，是一切哲学的理论体系得以建立的基础和根本出发点，它规定着哲学的基本性质，以及解决一切哲学问题的基本方向。因此，恩格斯把对思维和存在何者为第一性的问题的不同回答，作为划分唯物主义和唯心主义两大基本哲学派别的唯一标准。

2.同一性问题

思维和存在或精神和物质何者是本原、第一性的问题，并不是思维和存在或精神和物质的关系的全部内容。还有一个重要的问题，即同一性问题。恩格斯明确指出，"我们关于我们周围世界的思想对这个世界本身的关系是怎样的？我们的思维能不能认识现实世界？我们能不能在我们关于现实世界的表象和概念中正确地反映现实？"①这在哲学史上属于认识论范围，它所涉及的是认识的本质、认识的可能性及其能否实现等问题。

对"同一性"问题的不同回答，又产生了可知论和不可知论两个派别。凡是唯物主义者都是可知论者，即认为思维与存在具有同一性，人能够认识世界。绝对的唯心主义者也是可知论者，不过这个知的条件和保障来源于先天的客观或主观的领域，比如上帝的观念、理念、绝对精神以及良知等。有部分哲学派别认为思维与存在不具有同一性，也就是说人不可能认识或者正确认识这个世界，比如古希腊的皮浪主义，近代的康德和休谟等，都是这一派的重要代表。人们把他们称为不可知论者或怀疑论者。

3.哲学基本问题的两个方面的关系

哲学基本问题的本体论意义的方面和认识论意义的方面是互相联系着的。历史上的哲学家对这两个方面一般都在不同程度上做出了自己的回答。但由于时代不同，人们对这两个方面研究的侧重点也不尽相同，有时侧重于本体论方面，有时则侧重于认识论方面。在文艺复兴和启蒙运动之前，哲学研究的重点一般侧重于本体论方面；之后，在社会生产力的巨大发展和科学技术空前繁荣的推动下，哲学研究更多侧重于认识论方面。这种研究侧重点的变化，意味着人类认识的发展和深化，是时代赋予哲学研究的新课题和需要开拓的新领域。但是，不能因此而否定研究本体论的重要性，割裂

---

① 中共中央马克思恩格斯列宁斯大林著作编译局：《马克思恩格斯选集》（第四卷），北京：人民出版社1995年版，第225页。

哲学基本问题两个突出方面的内在联系。当代西方某些学者认为哲学只应研究认识论,本体论研究没有意义的观点是根本错误的。

哲学基本问题的两个方面的相互联系是不容割裂的。认识论必须以本体论为前提和出发点,哲学家对世界可知性问题的回答,其确定性的内容是由他对思维和存在何者为第一性问题的回答所决定的,无论从逻辑上还是从人的认识实际发生过程来说,都只有回答了本体论的问题以后才能回答认识论的问题。即使是那些否定本体论的哲学家,在他们解决认识论问题的基本倾向和态度中,也总是包含着对本体论问题的回答。所以,本体论是认识论的前提和出发点,认识论总是渗透和贯穿着本体论,认识论是不能脱离本体论的。当然,本体论也不可能离开认识论。不仅人们对本体论问题的回答本身就是认识的结果,而且人们之所以提出并回答本体论的问题,其目的也在于解决认识论的问题,为人们观察、处理自己同外部世界的关系确立根本的出发点。

(三)两大对立的哲学派别

哲学家们通过对哲学基本问题的不同回答和解决,建立了不同的哲学体系,形成了不同的哲学形态。对"第一性"这个问题的回答,使哲学基本上可以划分为唯物主义和唯心主义两大派别。当然,也存在少数其他观点,比如笛卡尔的二元论,认为思维和物质是平行的,同为世界的本体。但二元论不可能坚持到底,因为它想凌驾于思维和物质这两个平行本体之上的一个更为根本的本体,即上帝或神。波普尔也提出三个世界的理论,在传统的二元划分之外,又添加了一个客观非实在的领域。这些少数观点,已经直接或间接地被批判,在此不做赘述。

1. 唯心主义

认为精神是世界的本原,坚持精神第一性;物质是精神的产物或表现。唯心主义有两种基本形式:

(1)客观唯心主义:客观唯心主义认为某种客观的精神或原则是先于物质世界并独立于物质世界而存在的本体,而物质世界(或现象世界)则不过是这种客观的精神或原则的外化和表现,前者是本原的、第一性的,后者是派生的、第二性的。如中国的朱熹,他认为"理在事先",在宇宙形成之前,理就独立存在着;古希腊柏拉图的"理念",是外在于世界之外的独立实体;德国的黑格尔认为世界的本质是独立存在的"绝对精神","绝对精神"的自我发展到一定阶段就会外化为自然界和人类社会。全部哲学史贯穿着唯物主义与唯心主义的对立和斗争。

（2）主观唯心主义：主观唯心主义把个人的某种主观精神如感觉、经验、心灵、意识、观念、意志等视为世界上一切事物产生和存在的根源与基础，而世界上的一切事物则是由这些主观精神所派生的，是这些主观精神的显现。人的意识是世界的本原，客观世界是人的意识的产物。因此，在主观唯心主义看来，主观的精神是本原的、第一性的，而客观世界的事物是派生的、第二性的。如英国的贝克莱认为"物是感觉的复合"，"对象和感觉是同一个东西"，"存在即被感知"。他举例说，苹果并不是真实存在的东西，而是人们看到苹果的形状和颜色，闻到它的香气，尝到它的滋味，把这些感觉组合到一起，然后给这个感觉的组合起个名字，叫做苹果，所以苹果只存在于我们的感觉之中。中国的王阳明认为，"心外无物，心外无事，心外无理"；陆九渊认为，"宇宙便是吾心，吾心即是宇宙"。再如佛教寺院里正在发生一场争论，风吹幡这个过程里，究竟是风动还是幡动，一个和尚说是风动，一个和尚说是幡动，另一个和尚说是心动。这些观点，就是有代表性的、典型的主观唯心主义和唯我论的观点。

2.唯物主义

认为物质是世界的本原，坚持物质第一性；精神是物质的产物或表现。大体上可分为古代朴素唯物主义、近代形而上学唯物主义和马克思的辩证唯物主义和历史唯物主义三种基本形态。（在物质的概念中会进一步说明三种物质观）

（1）唯物主义发展的第一个历史形态是古代的朴素唯物主义，他们认为世界是由某种或几种原始物质演化发展而来，万物由它产生，最后又还原复归于它。如中国的金木水火土，古印度的地水火风，古希腊的德谟克利特的原子论。古代朴素唯物主义坚持了世界物质性的正确立场，但缺乏科学的论证，具有直观猜测的性质。

（2）唯物主义发展的第二个历史形态是近代形而上学唯物主义。在这一时期，唯物主义冲破了唯心主义宗教神学的禁锢，形成了一次反对迷信、尊重科学的哲学革命，出现了一批以培根、霍布斯、洛克为代表的英国唯物主义经验论者。法国出现"百科全书派"，以拉美特里、狄德罗、霍尔巴赫、爱尔维修等为代表的法国唯物主义哲学是"战斗的唯物主义"。在自然科学的影响下,他们越来越多地认识到这个世界的本原只能是物质性的,万物都是由最小的构成单元——原子——所组成。但是由于他们不懂得辩证法,无法解释物质运动的根本动力,不了解物质的基本存在形式,我们称其为形而上学的或机械的唯物主义。

(3)唯物主义发展的第三个历史形态就是我们要介绍的辩证唯物主义,它认为物质第一性,物质决定意识,意识对物质具有反作用。

(四)哲学基本问题的意义

恩格斯在总结哲学史的基础上明确指出:"全部哲学,特别是近代哲学的重大的基本问题,是思维和存在的关系问题。"[①]思维和存在不仅是人和世界关系的两个最本质的方面,也是两个哲学上最高的范畴。世界上的一切事物和现象极其繁多,数不胜数,归结起来无非属于思维和存在、精神和物质、主观和客观这两类现象。思维和存在是哲学的两个最高范畴,思维和存在的关系反映着人与世界关系的最根本的方面。因此,思维和存在的关系是任何哲学体系都不能回避的问题,必须按照各自的方式做出自己的回答。而且,任何哲学体系的建立,对于哲学其他问题的解决与展开,也都要以对这个问题的回答为起点和中心。

哲学基本问题的意义有以下几点:

1.它是揭示哲学发展规律的指南

哲学基本问题的提出,为区分唯物主义和唯心主义两种对立的哲学体系、哲学派别以及对它们的客观评价提供了正确的标准,指导人们掌握哲学发展的普遍规律。

2.它是揭露唯心主义的锐利思想武器

现代资产阶级哲学的许多流派,为了掩盖其唯心主义实质,竭力回避和抹杀哲学基本问题。

3.它是实事求是路线的哲学基础

从实际(存在)出发还是从主观愿望(思维)出发,反映了两条对立的思想路线,关系到革命和建设事业的成败。在马克思主义中国化的历程中有

---

① 中共中央马克思恩格斯列宁斯大林著作编译局:《马克思恩格斯选集》(第四卷),北京:人民出版社1995年版,第223页。

许多重大的理论成果,比如毛泽东思想、邓小平理论、"三个代表"重要思想、科学发展观、习近平新时代中国特色社会主义思想等,都是建立在这样一个基础之上的。以毛泽东为代表的中国共产党人,把马克思主义的普遍原理(包括哲学基本问题原理)同中国革命具体实践结合起来,提出了实事求是的思想路线,对哲学基本问题的原理作了生动的运用和具体的发展。

二、物质概念

物质范畴是唯物主义世界观的基石,马克思以前的唯物主义,尽管已经认识到物质是世界的本原,但是由于历史的局限,它们没有也不可能概括出科学的物质范畴,因而它们不可能真正把握世界的物质性,抵挡住唯心主义的进攻,也不可能把唯物主义一元论贯穿到底,只有马克思主义哲学才能在总结唯物主义和科学发展成果的基础上,制定出科学的完备的哲学物质范畴,建立起彻底的唯物主义一元论的科学世界观。

"物质"本身又是什么呢?对"物质"的理解,唯物主义本身也经历了一个长期的发展过程。大体说来,古代的朴素唯物论、近代的形而上学唯物论和马克思主义的辩证唯物论,代表了人类对"物质"的哲学认识由低级到高级、由片面到全面的三个发展阶段。

(一)古代的朴素唯物主义物质观

1.古希腊的朴素唯物论

公元前六世纪在古希腊出现了第一个唯物主义学派,即伊奥尼亚学派,这个学派提出了最初的物质观,他们看到在变化的过程中,具有某种性质的物体消灭后,紧接着就产生了另一种性质的物体,由此就提出:在变化的过程中,是不是性质变了而某种"基质"仍保存着呢?他们认为无限多样的自然现象有一个共同的基础,万物由它产生,万物毁灭之后又回到它之中,他们称这个东西为"始基",并努力探索这个"始基"是什么以及如何转化成万物的。

于是,泰勒士认为"水"是万物的始基,万物都是由水演化而成的,"水"是西方哲学史上第一个物质概念。他的学生阿那克西曼德认为"无限"是万物的始基,它是一种混沌状态的具体物质,它没有固定的边界,没有固定的性质和固定形态,在它内部蕴藏着一种对立倾向,能生化一切,产生世界万物。阿那克西米尼认为万物的始基是无限的空气，一切物体都是空气的变形，火是稀薄化了的空气，水是浓厚化了的空气，土和石头是更加浓厚化了的空气。伊奥尼亚学派物质观的总结者赫拉克利特认为，"火"是万物的始基。伊奥尼亚学派观点的共同之处在于万物的始基是某种可感知的具体物质，万物就是这种原始物质的各种变形，这种观点具有朴素的唯物主义和辩证法思想，但它的缺陷是把物质本身与具体物质形态混同起来，没有达到科学的抽象，也缺乏科学的论证。

2.中国古代的"五行说""阴阳说"和"八卦说"

"五行"观念在西周初期就已出现。这五种东西就是金木水火土，"一曰水，二曰火，三曰木，四曰金，五曰土。水曰润下，火曰炎上，木曰曲直，金曰从革"，较早的资料主要保存在《左传》《国语》《尚书》等书中。战国时代"五行说"颇为流行，并出现了"五行相生相克"的原理，即"木生火，火生土，土生金，金生水，水生木"，"水胜火，火胜金，金胜木，木胜土，土胜水"等，这些观点具有朴素唯物主义和自发辩证法因素，"五行说"虽被后来的唯心主义哲学思想家神秘化，但它的合理因素，一直被保存下来，对中国古代天文、历数、医学的发展起到了一定的促进作用。

"阴阳说"，阴阳的最初意义是指日光的向背，向日为阳，背日为阴，古代思想家看到一切现象都有正反两方面，就用阴阳这个概念来解释自然界两种对立和相互消长的物质势力。"万物负阴而抱阳"，肯定阴阳是事物本身所固有的，把阴阳交替看作宇宙的根本规律。"八卦说"，取自然界的八种东西作为世界的本原，这八种东西是天（乾）地（坤）雷（震）风（巽）水（坎）火（离）山（艮）泽（兑），两两分别组合，就构成了64卦384爻。在当时，八卦说能够较好地解释世界的多样性。但是，中国的"五行说"和"阴阳说"以及"八卦说"也都是从具体的物质形态来给"物质"下定义的，同样具有朴素的性质。

(二)近代形而上学唯物主义物质观

随着资本主义经济和近代自然科学的发展，形成了形而上学的物质观。19世纪以前的自然科学揭示，自然界各种物质都是由不同的元素组成的，元素是组成化合物的基本单位，而各种元素的分子又可以进一步分解为原子。原子是当时科学认识已经达到的关于物质结构的最深层次。人们由此认为，原子就是最小的物质单位，各种元素的原子既不能分割，也不能相互转化,原子的属性,如质量不变、广延性、不可分性,被看成是一切物质形态的不变的属性。形而上学唯物主义的物质观就以此为根据,把当时自然科学对物质的认识照搬到哲学中来,认为原子是世界的本原,物质就是原子,原子的特性就是物质的特性。

同朴素唯物主义相比,形而上学唯物主义在物质观上有重要进展。首先,它将物质的本质理解为抽象的广延性而不再把世界的本原归结为某种具体的物质存在形态,这就在原则上能够适用于说明任何事物,超越了朴素唯物主义,增强了说服力。其次与广延性相关,把物质理解为任何一种刺激我们感官的东西,这就与唯心主义将世界本原视为精神性存在的观点划清界限。但是,由于科学发展水平的限制和缺乏辩证思维,它仍然存在着很大的局限。首先,基于物理主义的还原思想,把物质世界的运动都看成是机械运动,霍布斯甚至认为人就像一架机器,心脏就像钟表上的发条,神经是游丝,关节是齿轮等等。其次,形而上学性,认为原子是不变的,原子是物质的最终层次,不可能继续分割和变化。第三,不彻底性,在社会历史领域里陷入了唯心主义。因此,形而上学唯物主义的物质观不仅经不起自然科学进一步发展的检验,也经不起唯心主义的进攻。

在人类对世界本原问题的探索过程中,马克思主义哲学坚持世界本原问题上的唯物主义路线,又依据实践和科学的发展,把这一路线推向前进;把唯物论与辩证法、自然观上的唯物论与历史观上的唯物论有机地结合起来,制定了科学的哲学物质范畴。

(三)辩证唯物主义的物质范畴

1.物质范畴的含义

古代和近代的唯物主义存在着一个共同的缺陷,这就是只从客观方面去理解事物,只着眼于解释世界,离开实践去论证物质第一性原则,从而不可避免地陷入理论困境。马克思主张必须"从主观方面去理解",必须"把它们当作感性的人的活动,当作实践去理解。"所以,19世纪80年代,恩格斯对物质观作了科学的说明。他指出:"物、物质无非是各实物的总和,而这个概念就是从这一总和中抽象出来的。"[①]从而说明"物质"作为哲学范畴,它是对

① 中共中央马克思恩格斯列宁斯大林著作编译局:《马克思恩格斯选集》(第四卷),北京:人民出版社1995年版,第343页。

各种具体实物共性的概括,列宁又在新的条件下,总结了当时的自然科学新成就,在批判"原子非物质化""物质消失了"的错误观点时,给"物质"下了科学的经典性的定义:"物质是标志客观实在的哲学范畴,这种客观实在是人通过感觉感知的,它不依赖于我们的感觉而存在,为我们的感觉所复写、摄影、反映。"[1]

马克思主义的物质概念表明:第一,物质的根本属性是独立于意识的客观实在性;第二,是对各种实物、具体物质存在形态的共同本质的高度抽象,将哲学的物质范畴与自然科学的具体物质结构理论区分开来;第三,物质是一种可感觉的存在;第四,这一物质概念是建立在实践观点的基础上的。

2.物质概念的理论意义

马克思主义的物质观具有丰富而深刻的理论意义。

第一,坚持了物质的客观实在性原则,坚持了彻底的唯物主义一元论,同唯心主义一元论和二元论划清了界限。列宁的物质概念是从物质与意识的相对关系来进行定义的。从物质与意识的对立统一关系中把握物质、规定物质,这是马克思主义关于物质世界本质的观点的根本特点。这个定义指明了物质对于意识的独立性、根源性,意识对于物质的依赖性、派生性,这个定义肯定了世界只有一个本原即物质,从而坚持了唯物主义的一元论。同时,这一定义还表明,物质与意识的对立,只有在本原问题的范围内才是绝对的;超出这一范围,二者的对立无疑是相对的。因为意识作为物质的反映,是不能脱离物质而存在的。

第二,这一定义坚持了能动的反映论和可知论,有力地批判了不可知论。物质是客观实在,但同时它又是人们认识的对象,它可以通过我们的感觉所感知,为我们的感觉所复写、摄影、反映。这就是说,人们能够通过意识去把握物质,人们不仅可以通过感觉感知世界的现象,而且可以通过思维去把握世界的本质。由于科学技术条件的限制,目前还有许多难以感知的事物,这并不意味着它们是不可以认识的,随着实践和科学的发展,它们迟早会为人们所认识。列宁的物质定义表明,世界上只存在着尚未认识的东西,根本不存在不可认识的东西。

第三,体现了唯物论和辩证法的统一。主张客观实在性是一切物质的

① 中共中央马克思恩格斯列宁斯大林著作编译局:《列宁选集》(第二卷),北京:人民出版社2012年版,第89页。

共性,既肯定了哲学物质范畴同自然科学物质结构理论的关系,又把它们区别开来,从而克服了形而上学唯物主义的缺陷。从个性中看到共性,从相对中找到绝对,从暂时中发现永恒,这是马克思主义物质观体现的唯物辩证法。

第四,这一定义体现了唯物主义自然观与唯物主义历史观的统一,为彻底的唯物主义奠定了理论基础。马克思主义的物质观揭示了自然和社会的物质性,在此基础上建立起统一的说明自然过程和历史过程的唯物主义原则,实现了唯物主义自然观和历史观的统一。坚持了辩证的、历史的物质观,克服了旧唯物主义特别是形而上学唯物主义物质观的局限性。

现代科学的发展证明了马克思主义的物质定义的正确性,现代科学表明,物质具有极为丰富的形态、极为复杂的结构和极为多样的特性。各种基本粒子,虽然各有自己的特性,但它们是互相作用、互相转化的。从最基本的物质形态来看,物质不仅具有实物形态,还有非实物——场的形态等等。无论是"实物"还是"场",无论是"物质"还是"反物质",无论是"发光的物质"还是"暗物质",都只是自然科学的具体物质结构学说,它们都是不依赖于人的意识的客观实在。

三、物质的存在形式:运动

(一)运动的涵义

运动是标志宇宙间一切事物、现象和过程变化的哲学范畴。恩格斯说:"运动,就它被理解为物质的存在方式、被理解为物质的固有属性这一最一般的意义来说,囊括宇宙中发生的一切变化和过程,从单纯的位置变动起直到思维。"[①]哲学讲的运动有极大的概括性和普遍性,是"运动一般",不能把它归结为某种具体的运动形式。

物质的运动形式是多种多样的。它有五种基本形式,即机械运动、物理运动、化学运动、生物运动和社会运动;并且每一种基本运动形式中又包含无限多样的具体运动形式;各种运动形式既相互区别又相互联系,并在一定的条件下相互转化;在转化的过程中遵循能量守恒与转化定律。

---

① 中共中央马克思恩格斯列宁斯大林著作编译局:《马克思恩格斯选集》(第四卷),北京:人民出版社1995年版,第346页。

(二)运动和物质的关系

第一，物质是运动着的物质，没有不运动的物质。恩格斯指出："整个自然界，从最小的东西到最大的东西，从沙粒到太阳，从原生生物到人，都处于永恒的产生和消灭中，处于不断的流动中，处于无休止的运动和变化中。"①人类社会同样是处在不断的发展变化中。运动是物质的根本属性和存在方式，任何物质都不可能离开运动而存在。设想不运动的物质是形而上学的错误观点。

运动是物质的存在方式和根本属性，物质是运动着的物质，脱离运动的物质是不存在的，没有不运动的物质。设想不运动的物质，将导致形而上学。恩格斯指出，整个自然界，从最小的东西到最大的东西，从沙粒到太阳，从原生生物到人，都处于永恒的产生和消灭中，处于不断的流动中，处于无休止的运动和变化中。也就是说，无物不在运动，无时不在运动。生物有机体也无时无刻不在同化异化、自我更新。每一个生物体也都有产生、发展和灭亡的历史。整个生物界经历着由低级到高级、由简单到复杂的发展过程。至于人类社会的变化，它已经经历了原始社会、奴隶社会、封建社会、资本主义社会和社会主义社会，以后还要向共产主义社会发展。总之，世界是运动着的世界，一切事物都在运动着、发展着。运动是物质的根本属性和存在方式，任何物质都不可能离开运动而存在。设想不运动的物质是形而上学的错误观点。

哲学史上，形而上学的观点认为，事物在本质上是不运动、不变化的，即使有运动和变化，也只是位置的移动和数量的增减，不会发生质的变化。同时，形而上学还认为，运动变化的原因不在事物的内部，而在事物的外部，一切运动变化都是由于外力推动的结果。牛顿借助上帝的第一推动力来解释运动是怎么发生的就是基于这种观念，这显然是错误的。可见，运动是物质的固有属性，物质世界运动发展的根本原因不在别的什么地方，而就在物质世界本身，否认运动是物质的根本属性的形而上学观点是完全错误的。

第二，运动是物质的运动，物质是运动的主体。世界上没有离开物质的运动，运动必然有它的物质主体，从简单的机械运动到复杂的社会运动和思

---

①恩格斯：《自然辩证法》，中共中央马克思恩格斯列宁斯大林著作编译局译，北京：人民出版社1971年版，第16页。

维运动,都离不开物质主体。

物质是一切运动变化和发展过程的实在基础和承担者,世界上没有离开物质的运动,任何形式的运动,都有它的物质主体,设想无物质的运动,必然陷入唯心主义。机械运动的主体是宏观物体;物理运动的主体是分子、原子、基本粒子和场;化学运动的主体是原子、离子、原子团;生物运动的主体是蛋白质、核酸、生物个体以及生物种群;社会运动的主体是处于一定历史阶段上的物质资料生产方式;思维运动的主体是人的大脑;等等。总之,各种运动形式的承担者都是物质,世界上不存在没有物质的运动。任何领域中的任何形式的运动,都以物质为其现实基础。

哲学史上,唯心主义总是想方设法抽掉运动的物质主体,把运动归结为精神的运动。主观唯心主义认为运动是自己的思想、表象和感觉等主观意识的运动,认为只有我的感觉在交替变化,只有我的表象在消失和出现,在我之外什么也没有,仅此而已。客观唯心主义者认为运动是"绝对精神""天命""理""道"之类的所谓客观精神的运动。无论是主观唯心主义还是客观唯心主义,都认为运动可以离开物质,运动是纯粹精神的活动。

现代自然科学的成果不断揭示了物质和运动的具体联系,证实了物质和运动的不可分割性。

(三)绝对运动与相对静止的关系

1. 相对静止的含义及意义

相对静止是运动的一种特殊状态,是标志物质运动在一定条件下、一定范围内处于暂时稳定与平衡的状态。它有两种基本情形:一是指没有发生相对位置的移动。就是说,从一定的参考系来看,物体与物体之间的关系保持一定的平衡,或者没有发生相对位置的移动。这种情况的实质是没有发生机械运动,事物之间的相对位置没有发生变化,因而可以视为静止。如我们学员坐在教室中不动,是相对于地球这个参照物来说,没有发生位移这种机械运动。但我们仍然随着地球的自转在运动,并在绕太阳公转的同时随太阳系在银河系中旋转,随银河系在总星系中运动。同时,我们的体内也在不断进行着生命体的新陈代谢,我们的头脑也在跟着教员的讲课而进行思维的运动。二是指没有发生质变。从事物本身来看,事物仍然保持着自己的性质,仍然处于不显著的量变阶段而没有变成别的事物,暂时显现为静止状态。但是,即使在这种情况下,物体也进行着运动和变化,并迟早要失去原有的性质而变成别的事物。所以,在事物保持自己性质的意义下,静止也是暂时的、有条件的和相对的,运动才是绝对的。

认识相对静止具有重要意义:相对静止是事物存在和发展的条件;相对静止是人们区别和认识事物的前提;相对静止是测量和计算运动的尺度。

2. 绝对运动与相对静止的关系

首先,二者是对立的。运动是普遍的、永恒的、无条件的,因而是绝对的;静止是暂时的、有条件的、相对的。辩证唯物主义在承认运动绝对性的同时,也承认物质存在着某种相对静止状态。

其次,二者也是统一的。二者相互包含、相互贯通。在相对静止中有着绝对运动;在绝对运动中包含有相对静止。就是说,绝对运动和相对静止是相互贯通、相互渗透的。动中有静,静中有动,任何事物都是绝对运动和相对静止的统一。以光子为例,它处在永不停息的高速运动之中,连静止质量都没有,可是,在整个光的运动过程中,光子始终是光子,这就是它相对静止的一面。基本粒子可以说是瞬息万变的,它们存在的寿命极为短促。但在这个难以想象的短促时间内,它并没有衰变为其他粒子,这就是它的相对静止的一面。所以,绝对运动与相对静止的区别是客观存在的,但它们的区别又是相对的,不能把二者绝对对立起来。运动是绝对的,静止是相对的,这只是说物质运动具有这两方面的属性,它们在物质运动中具有不同的地位和作用。绝不能由此得出只重视绝对运动而忽视相对静止的结论。事实上,在坚持绝对运动的前提下,承认和肯定相对静止的存在,并充分认识其作用,具有非常重要的意义。

割裂运动和静止的统一,夸大绝对运动而否认相对静止,必然导致相对主义和诡辩论。庄子就是一个相对主义诡辩论者。反之,夸大相对静止而否认运动的绝对性,则必然导致形而上学的不变论。牛顿就认为:"动者恒动,静者恒静",而要改变这种物质状态,就需要外力的推动。"外力,只有外力才是改变事物运动状态的唯一原因。"由于顽固地持有形而上学的观点,牛顿在探讨天体运动的原因时不得不求助于"神的第一次推动",最终陷入了宗教神学的泥潭。

(四)时间、空间是运动着的物质的存在形式

1.含义

时间是物质运动的持续性、顺序性。指事物之间、运动之间依次出现的先后顺序,一个事物的存在和一种运动过程的长短持续。它的特点是一维性。维度这个字来源于拉丁文,意思是:完全地加以量度,有几维就必须用几个量来量度。一维性有两个意思:一是对于时间的量度只需要一个数量。二是时间只有一个方向,具有不可逆性。

空间是运动着的物质的伸张性、广延性,是指物体的位置、规模和体积。空间的特点是三维性:任何一个物体都具有一定的长度、宽度和高度,并且他同周围物体总是存在着前后、左右、上下的关系。要说明某一物体的空间位置,需要用三个量来表示。

2.时间、空间与物质的关系

一方面,物质运动离不开时间和空间,离开时间和空间的物质运动是无法存在的。另一方面,时间和空间离不开物质运动,离开物质运动的时间和空间是不存在的。时间是以物质在空间中的运动来度量和认识的,离开物质在空间中的运动,它就成为无法捉摸、神秘莫测的东西。测量时间的单位通常有年、月、日,它们都是靠天体在空间中的运动来确定的。地球绕太阳公转一周是一年,月球绕地球公转一周是一月,地球绕地轴自转一周是一日。对时间的更精密、更具体的划分和测定也离不开物质在空间中的运动。自古以来,测定时间的工具先后有铜壶滴漏、信香、日晷、钟表、手表等,它们无一不是如此。

时间和空间与物质运动是不可分割的,这说明时空有客观性。割裂时间、空间同物质运动之间的辩证关系,是唯心主义和形而上学在时空观上的共同特征。

3.时间、空间的绝对性和相对性

(1)时间和空间的绝对性。时间和空间的绝对性,是指时间和空间作为运动着的物质的存在方式的客观实在性,它是客观的,是不以人的意志为转移的;人们的时空观念不过是客观存在的时间和空间的反映。时间和空间的客观实在性是不变的、无条件的,因而是绝对的。列宁说:"唯物主义既然承认客观实在即运动着的物质不依赖于我们的意识而存在,也就必然要承

认时间和空间的客观实在性。"[1]

唯心主义否认物质的客观实在性,当然也就不承认时间和空间的客观性,而把它们当作观念的产物。德国唯心主义哲学家康德认为时间和空间是人头脑中固有的"先天形式",人通过这种"先天形式"去感知事物,才使事物具有了时间性和空间性。马赫则断言,时间、空间仅仅是"感觉系列调整了的体系",是"判定方位的感觉"。唯心主义的上述看法否认了时间和空间的客观性,既违背科学,也不符合事实,是应当批判的。

(2)时间和空间的相对性。时间和空间的相对性,是指时间和空间作为运动着的物质的存在方式的客观具体性,它因物质具体形态和运动形式的不同而不同,其具体特性又是可变的和有条件的,人们对此的时空观念也是可变的和发展的,因而又是相对的。时间和空间的相对性,已由自然科学的发展特别是非欧几何和爱因斯坦的相对论所证实。

首先,时间和空间随着物质形态的不同而不同。任何具体的物质形态都在一定条件下产生、存在和发展,因而不同的物质形态有自己特定的时空表现形式。爱因斯坦广义相对论认为,重力场的时间空间特性是依赖于物质的质量分布的,物质的质量愈大、分布愈密、重力场愈强,则空间的"曲率"就愈大、时间的流逝就愈慢。这些都说明空间特性是依赖于物质状态的,具体的空间特性是可变的,因而是相对的。

其次,时间和空间随着物质运动速度的变化而变化。爱因斯坦的狭义相对论证明,时间和空间特性会随物体运动速度的变化而变化。当物质运动速度接近光速时,物质内部变化过程的时间就会延长,沿着物体运动方向的长度就会缩短,这就是所谓的"钟慢""尺缩"效应。

4.时间和空间的无限性与有限性

(1)时间和空间的无限性与有限性的涵义:时间的无限性是指物质在持续性方面的无限性,整个宇宙的持续性是无始无终、无尽无休的。时间的有限性是指每一具体事物的发展过程是有始有终、有尽有休的。空间的无限性是指物质在广延性方面的无限性,整个物质世界的广延性是无穷无尽、无边无际的。空间的有限性是指每一个具体事物的广延是有穷有尽、有边有际的。

---

[1] 中共中央马克思恩格斯列宁斯大林著作编译局:《列宁选集》(第二卷),北京:人民出版社1972年版,第176页。

（2）时间和空间无限性与有限性的关系：①无限由有限构成，无限是通过有限而存在。②有限包含着无限，有限体现着无限。③有限是局部的、有条件的、暂时的，因而是相对的，无限是全体的、无条件的、永恒的，因而是绝对的。

物质、运动、时间、空间具有内在的统一性，它要求我们想问题办事情，要一切以时间、地点、条件为转移。

四、社会生活本质上是实践的

人类社会是一个不同于自然界的物质世界，因为社会里边都是一个个有意识有目的的人，而社会的发展又是不以人的意志为转移的具有客观必然性的社会。人类通过自己的实践活动认识和改造世界，这种改造是建立在对客观物质世界规律性的认识基础上的。马克思主义的实践观，不仅揭示了自然界和社会的物质统一性，而且阐明了实践在人类社会生活中的根本地位，这是马克思主义社会历史观的基础。

（一）实践是自然存在与社会存在区分和统一的基础

1.实践及其特征与形式

在马克思主义哲学产生之前，实践概念已经出现，但马克思主义哲学之前的实践观和马克思主义哲学的实践观大不相同。在马克思主义哲学以前，唯心主义把实践归结为精神活动，旧唯物主义把实践等同于动物式本能活动，前者把实践作为主观的东西，后者把实践当作没有精神能动性的本能性的东西。

在马克思主义哲学看来，实践是介于主观和客观之间的东西。实践既能把主观（认识、理想、目的）转化为客观（实践结果、产品），又能把客观事物的属性、结构、规律转化为观念的内容，即主观。因此要求从主观与客观、主体与客体的对立统一关系中来把握实践。马克思主义哲学吸取了哲学史上关于实践概念的合理因素，正确地阐明了实践的本质及其在认识世界和改造世界中的作用，创立了科学的实践观：实践是人类能动地改造世界的客观物质性活动。

从上述实践范畴的定义中，我们可以看到实践具有以下三个基本特征：

（1）物质性（客观现实性）。就是说实践是一种感性物质性活动，它同感性直观客体一样具有客观实在性。实践虽然有人的理性,精神因素的参与,但实践已经是走出了意识活动范围的活动,它已进入了现实经验世界,要遵循现实经验世界的客观规律,其对象、手段、结果都具有客观性。儒家哲学虽然也强调"行""功夫",但它未把"行"理解为物质生产活动,因而这种哲学是缺乏力量的伦理哲学。

（2）自觉能动性。实践的自觉性是说,实践是有意识有目的的活动,实践要受理想、目的、认识的指导,因而是自觉性的活动。实践的能动性是说,人的实践能改造世界,能创造出世界上原本没有的新东西,即人化自然,属人世界。没有实践我们不可能有今天所享用的各种用器、环境。实践造成了不同于"自在世界"的"人化世界",即把一个世界变成了两个世界。实践可以分化世界,能创造出一个更适合人的本性和理想的世界。这就是实践的能动性。

（3）社会历史性。实践的社会性是说,实践不是孤立的个人的活动,而是社会的人在社会关系中进行的活动。孤立的个人是不能进行实践活动的。有时你能看到一个人在那里劳动,但他手中的工具、土地、头脑中的知识可能却是他人的,他必须和他人发生联系,才能进行实践。分工合作是社会关系的重要形式,人都在分工合作体系中进行劳动,这是实践具有能动性的根本原因。实践的历史性是说,实践的对象、规模、深度、广度是随历史的发展而变化的。今天的现时的实践中都有着以往历史所积累下来的东西,如经验、传统、文化、积习等。没有历史,人的实践就同动物的活动差别不大了,所以实践总是历史的实践。

2.实践都是人改造客观世界的活动

这是实践的共性本质,但实践的具体形式是多种多样的,而且随着分工的发展实践的形式会越来越多。概括各种实践形式,可将其分为三种最基本的形式。

（1）物质生产劳动实践。这是人改造自然世界的活动。农民种地、工人做工等都是改造自然的物质生产活动。物质生产实践是各种实践活动的基础,没有这种活动,人的其他一切活动都无法进行。人对自然世界的认识和了解就是在物质生产实践中进行的。生产实践是认识的基本来源。

（2）处理社会关系的实践。人对自然的改造活动是在社会关系中进行的,社会关系是否合理,会影响生产的效率和分配是否公平、正义。因而,处理和调整社会关系即人与人之间的关系就变得十分重要。我们进行的政经体制改革、司法人员办案、行政人员办公、开会等都是处理社会关系的实践活动。人在这种活动中了解和认识了社会,形成了社会科学知识。

（3）科学实验。科学实验是专门为了认识世界而进行的一种探索性、准备性、尝试性、学习性的实践活动。精神生产活动,是人们为社会创造精神产品并以一定的对象化的形式提供给社会的活动,主要包括科学、艺术、文化教育以及意识形态等方面的探索性和创造性活动。精神生产和纯粹精神过程有所不同,它需要物质手段,如写文章需要笔、纸等,其产品作为物化的东西要进入社会。

以上所讲实践的三种基本形式是相互联系、相互作用的整体。它们共同构成认识的基础。

（二）从实践出发理解社会生活的本质

实践是使物质世界分化为自然界和人类社会的历史前提,又是使自然界与人类社会统一起来的现实基础。马克思指出:"在实践上,人的普遍性正是表现为这样的普遍性,它把整个自然界——首先作为人的直接的生活资料,其次作为人的生命活动的对象（材料）和工具——变成人的无机的身体……所谓人的肉体生活和精神生活同自然界相联系,不外是说自然界同自身相联系,因为人是自然界的一部分。"[①]

实践是人类社会的基础,一切社会现象只有在社会实践中才能找到最后的根源,才能得到最终的科学说明。马克思主义确认生活在本质上是实践的,也就是从实践出发去理解社会,也就是把社会生活"作为实践去理解"。社会生活是对人们各种社会活动的总称,社会生活的实践性主要体现在三个方面:

1. 实践是社会关系形成的基础

实践是一切社会关系的发源地。实践内在地包含着三重关系:人与自然、人与人、人与自身的关系,构成了人类社会最基本的关系。生产实践不仅生产出物质产品,而且直接和间接地生产出丰富多彩的社会关系和社会生活,成为全部社会关系和结构的发源地。社会关系和社会结构是一种客

---

① 中共中央马克思恩格斯列宁斯大林著作编译局:《马克思恩格斯选集》（第一卷）,北京:人民出版社1995年版,第45页。

观存在,是人类活动的产物,归根到底是物质资料的生产实践的产物。在生产实践中,必然形成人与人之间的交往关系,即生产关系。在生产关系的基础上,人们又自觉或不自觉地建立起反映并服务于特定生产关系的政治关系和思想关系。围绕这一关系,又派生出许多其他社会关系,由此形成复杂的社会关系网络。生产实践的发展,必然通过生产关系的变化向政治、思想和其他社会关系传递,并不可避免地引起全部社会关系的转型。可见,生产实践不仅生产出物质产品,而且直接和间接地生产出丰富多彩的社会关系和社会生活,成为全部社会关系和结构的发源地。

2.实践构成社会生活的基本领域

人们的实践活动,包括创造物质生活资料的实践、创立和改造社会关系的实践以及创造精神文化的实践。这三种实践既相互区别又相互作用,共同构成社会生活的基本领域,即社会的经济生活、政治生活和精神生活,并对象化为社会的基本结构——社会的经济结构、政治结构和观念结构。

3.实践构成了社会发展的动力

社会发展主要是社会关系的变化以及社会结构的变迁,而社会关系、社会结构正是人的实践活动的对象化和实践得以进行的自为存在的形式,所以人的实践成了社会发展的动力。

总之,全部社会生活在本质上是实践的。构成社会的人是从事实践活动的人,推动社会运动的力量是千百万人的社会实践活动。社会生活的全部内容就是不断进行的社会实践,实践既是人的自觉能动性的表现,也是人的自觉能动性的根源,是人的生命表现和本质特性。

五、社会的物质性

物质、运动、时间、空间具有内在的统一性。从根本上说,世界上除了运动的物质,什么都没有。一切事物、现象的共同本质和本原是物质,意识或精神是物质的产物和反映。人类社会是否具有物质性,这个问题在马克思主义产生之前长期没有得到正确的解决。

马克思主义以前的旧唯物主义都是"半截子"的唯物主义。它们在自然观上是唯物主义,一到社会历史领域,就陷入了唯心主义。因为旧唯物主义不理解人的实践活动本身是一种客观存在,不理解物质生产实践在社会生活中的地位和作用,把历史过程看成是人的主观意志的产物,因而得出社会意识决定社会存在的错误结论。马克思主义揭示了人类实践的客观实在性，认为物质资料生产方式是人类存在和发展的基础，正确解决了社会存在和社会意识的关系问题，从而使社会历史现象得到了唯物主义的解释。

社会的物质性主要表现在：

第一，人类社会依赖于自然界，是整个物质世界的组成部分。人是物质自然界发展到一定阶段的产物，人从自然界分化出来并不意味着脱离了自然界，他们仍然是物质的血肉之躯，他们的生命形态仍然是物质自然界的一部分，他们赖以生存的物质生活资料也只能取之于物质自然界。人类社会是自然界长期发展的产物，在人类社会产生以后，人类的社会实践活动还要以自然界为基础。离开了自然界，人类的社会实践活动便无法进行，脱离一定的自然环境的社会是不可能存在的。

第二，人们谋取物质生活资料的实践活动虽然有意识作指导，但仍然是以物质力量改造物质力量的活动，仍然是物质性的活动。仅仅停留在意识或思想的范围内，人类是无法获取物质生活资料的。

第三，物质资料的生产方式是人类生活存在和发展的基础，集中体现着人类社会的物质性。生产力是人类改造自然的物质力量，生产关系是在物质生产过程中形成的不以人的意志为转移的物质关系。

综上所述，包括自然界和人类社会在内的整个世界，其真正统一性在于它的物质性。物质是世界的本原，社会运动也是物质运动的一种特殊形式。人的实践活动依赖于客观世界，客观世界的规律性制约着人的实践活动。我们通过实践改造世界，就是认识和利用客观规律，通过一定的物质手段作用于客观世界。人们要取得实践的成功和胜利，就必须正确认识客观实际的发展规律，按照客观规律办事。所以，世界的物质统一性是马克思主义的基石，一切从实际出发是唯物主义一元论的根本要求。

参考文献：

[1]中共中央马克思恩格斯列宁斯大林著作编译局：《列宁选集》（第二卷），北京：人民出版社2012年版。

[2]中共中央马克思恩格斯列宁斯大林著作编译局：《马克思恩格斯选集》（第一卷），北京：人民出版社1995年版。

[3]中共中央马克思恩格斯列宁斯大林著作编译局：《马克思恩格斯选

集》(第二卷),北京:人民出版社1995年版。

　　[4]中共中央马克思恩格斯列宁斯大林著作编译局:《马克思恩格斯选集》(第三卷),北京:人民出版社1995年版。

　　[5]中共中央马克思恩格斯列宁斯大林著作编译局:《马克思恩格斯选集》(第四卷),北京:人民出版社1995年版。

第三讲　意识的本质及能动作用

教学目标

学习和把握马克思主义辩证唯物主义基本原理,着重掌握意识的起源,意识的本质以及意识的能动作用,最终形成对意识的正确性认识。

教学要点

意识的起源;
意识的本质;
意识的能动作用;
主观能动性和客观规律性的辩证关系;
社会历史趋向和主体选择。

教学时数

6课时。

物质是现实世界的统一基础,物质世界发展到一定阶段上,产生了与自己既对立又统一的意识现象。意识是自然界长期发展的产物,是人脑的机能和属性,是物质世界的主观映像。意识是社会劳动的产物,是客观世界的反映,而且反作用于客观世界。我们需要对意识现象作更深入的探讨,主要从三个方面阐述:意识的起源、意识的本质以及意识的能动作用。

一、意识的起源

(一)意识是自然界长期发展的产物

意识不是从来就有的,而是自然界长期发展的产物,科学研究证明,银河系大约有150亿年的历史,地球年龄在45亿年以上。在很长一段时间内,地球上只存在无生命的物质,没有生命,更没有人类,因而也没有意识。只有在30亿年以前,地球上才出现了生命,经过几十亿年的进化发展,才产生了人,考古学证实,人是在300万年以前才诞生的,自从有了人类,才开始有了人的意识。意识的产生经历了长期的复杂的发展过程,大致经历了以下几个发展阶段:

1.从无生命物质的反应特性到低等生物的刺激性感应性

意识是物质发展的最高产物,物质从其自身中产生出能思维的生物,是物质的本性。正如恩格斯在《自然辩证法》中指出,物质从自身发展出了能思维的人脑,这对机械论来说,是纯粹偶然的事件,虽然在这件事情发生之处是一步一步地决定了的,但是事实上,进一步发展出能思维的生物,是物质的本性,因而这是在具备了条件……的任何情况下都必然要发生的。

生命现象之所以能够从无机的非生命世界产生,是物质自身矛盾运动的结果。列宁曾经在《唯物主义和经验批判主义》中指出,假定一切物质都具有在本质上跟感觉相近的特性、反映的特性,这是合乎逻辑的。物质世界本身充满着矛盾,宇宙万物永远处在普遍联系和相互作用之中,这些事实不可避免地会留下它们的痕迹,必然导致某种反应。例如,当一个小孩拍打皮球,皮球对地面有一个作用力,地面对皮球有一个反作用力;自然界中各种地质地貌的产生,是各种自然力相互作用的结果。这说明,自然界的一切物体都具有方式,以此回答环境影响的固有属性或功能,即物质的反应特性。

无生命物质的长期发展产生了生命,出现了生物有机界,与此同时,物质的反应特性也发生了质的飞跃,出现了生物的特殊的反映形式。生物反映形式在植物和原生动物那里表现为刺激感应性。所谓刺激感应性,是指生物对外界环境的变化和作用的应答能力。含羞草,只要受到轻微的触动,就会使它的叶子低垂。植物生长需要阳光、水分等条件,它们的枝叶朝着向阳的方向伸展,它们的根向有水分的地方生长,向日葵就是明显的例子。变形虫向食物靠近,而避开酸碱等等,就是刺激感应性的表现。这种刺激感应性已不是简单的、机械的、物理的和化学的反应,而是包含了感觉的萌芽,感觉是在刺激感应性的基础上发展起来的。

2.从低等生物的刺激感应性到动物的感觉和心理

生物从简单到复杂,由低级向高级不断发展,生物的反映形式也越来越高级,越来越复杂。

在原始单细胞那里只有简单的反映,以整个躯体做出反映。在多细胞动物那里,细胞已有明显的分工,有的执行感觉,有的执行运动,有的执行联系。在脊椎动物那里已产生出神经管,在两栖动物那里听觉、嗅觉、视觉器官已比较发达,在爬行动物那里,已出现了大脑皮层,在哺乳动物那里,大脑已出现了沟回,出现了感觉,在感觉基础上出现了动物心理。动物心理不仅包括感觉和简单的动机,而且包括知觉、表象和情绪,已具有初步综合和分析的能力,如一个汪汪咬人的狗,看见人弯腰摸地会调头逃跑。马戏团里各种动物的表演,概属此类。动物发展越高级,所处的环境越复杂,其大脑也就越发达,而且动物心理和行为对大脑的依赖性也越大。科学实验证明,生活在丰富多彩环境中的老鼠比生活在单调环境中的老鼠大脑重量增加,脑皮质加厚,化学结构也不同,其智力变化与生理变化是相联系的。随着动物的发展,大脑越来越发达,大脑的作用也越来越重要。实验证明切除大脑两半球后,青蛙的正常行为看不出有什么变化,而狗的大脑经过这样的手术后,它就失去了行为能力。

3.从动物心理到人的意识

动物心理还不是人的意识。意识是跟人和人类社会一同出现的。由猿进化到人,产生了更为复杂的人脑,人脑比动物脑更大,构造更加复杂,大脑皮层更厚,皱折更多更深,皮层中的区域定位也更加精细,出现了动物所没有的"语言中枢"和"前额叶"等等,人脑的出现是自然物质发展史上的伟大飞跃,从此出现了人所具有的高级反映形式——人类意识。人的意识与动物心理有质的区别。首先是物质基础不同。动物心理是动物脑的属性、机能,人的意识是人脑的属性、机能。其次是反映形式不同。动物只是通过感觉、知觉以具体形象的感性形式反映外部世界,人的意识主要是以抽象概念的形式,即理性的形式反映外部世界。前者是直接的,后者是间接的,前者不需要语言,后者则离不开语言。最后是反映的内容不同。动物反映外部世界是出自本能，是适应周围环境的结果，它的感性直观的形式只反映事物的表面现象、贫乏、肤浅、没有预见性，而人类反映客观世界出自改造世界的实践需要，它的理性反映形式能深入到事物的内在规律和本质，它具有丰富、深刻和预见性。

总之，动物没有意识，只有人才有意识，意识不是从来就有的，它是随着人类大脑的出现而出现的，大脑是自然界长期发展的结果，因而意识也是自然界长期发展的结果。生物由简单到复杂，反映形式也逐渐发展到高级的程度。

（二）意识是社会劳动的产物

举一个例子，1920年在印度的加尔各答东北的一个叫米德纳波尔的小城，发现两个狼孩，大的7—8岁，小的约2岁，据记载，狼孩刚发现时是四肢走路，他们总是喜欢单个活动，白天睡觉，晚上出来活动，黎明时分引颈长嚎，他们没有感情，只知饥饿的时候觅食，吃饱的时侯休息，人们花了很大力量使他们恢复人性，小女孩抚养一年后死去，大女孩两年后才会直立，6年后才艰难地学会独立行走，但快跑时还得四肢并用，7年学会了45个单词，听懂几句简单的话，在最后三年中，终于学会了晚上睡觉，抚养至16岁死去，但她的智力只相当于三四岁的孩子。狼孩的事实，说明意识不是从来就有的，一开始就是社会劳动的产物。

首先，在从猿转化为人的过程中，劳动起了决定性的作用，在一定意义上说，劳动创造了人本身。可以从许多方面把人和动物区别开，但从根本上说，人与动物的区别是劳动。动物为了生存去适应环境，人为了生存和发展不是单纯适应环境、等待大自然的恩赐，而是去改造环境，使周围环境变得适合自己的需要，生产劳动就是改变环境的基本手段和基本活动。由于劳动，需要手的解放，于是在古猿那里偶然的直立行走变为必然的、经常的现象。

其次，劳动和语言推动着猿脑的进化，直至变成人脑。语言也是在劳动者中产生的。在劳动中由于协同动作和交往的迫切需要，由于表达胜利的喜悦和危机时的求援的需要而产生了语言。恩格斯说："这些正在生成的人，已经达到彼此间不得不说些什么的地步了。需要也就造成了自己的器官；猿类的不发达的喉头，由于音调的抑扬顿挫的不断增多，缓慢地然而肯定无疑地得到改造,而口部的器官也逐渐学会了发出一个接一个清晰的音节"①语言的产生,使大脑能够用词来概括各种感觉材料进行抽象思维活动,并使人类获得了交流思想的工具,从而推动了意识的发展。

最后,在劳动和语言的推动下,猿脑变成了人脑,并随着劳动的进步而日益完善,其容量日益增大,结构日益复杂,为意识的产生和发展提供了物质基础。

二、意识的本质

(一)意识是人脑的机能

1.人脑是意识的器官

人脑是意识的器官,人脑之所以产生意识,与人脑这块特殊的物质有关。

第一,人脑的重量大,脑与身体的比重也大。人脑的绝对量大大超过其他高等动物的脑量,黑猩猩的脑量大约400克,大猩猩的脑量大约是540克,猿人的脑量在850—1000克之间,现代人的脑量约为1500克。当然有的动物脑量比人的大得多,但脑量与身重的比例却很小。人的脑重约为体重的1/50,黑猩猩约为1/150,大猩猩则为1/500,鲸则是1/10000。

第二,高度分化的脑细胞和严密的脑组织。人脑皮层的沟回深、皱折多、面积大、神经细胞多。大脑皮层3厘米厚,面积2600平方厘米。人脑由两个半球组成,中间由胼胝体等神经束连合。动物脑两个半球功能对人体运动和感觉的管理是交叉的,左半球具有语言、抽象思维、数学计算和形成概念的能力,而右半球则具有图像感觉、几何空间作用、音乐感知等形象思维的能力。

第三,人脑具有复杂的"等级式"结构。人的大脑大约由100—150亿神经元组成,神经元与人体其他细胞有相同的物质基础和基本结构,同时它又独具特征,而且核糖核酸的含量比任何其他类型的细胞都丰富得多。人脑是由神经元所组成的复杂网络,具有"等级式"的结构。简单的分析、综合和调节行为的职能,是由神经中枢的低级部分——脊髓、延髓、中脑和间脑执

---

① 中共中央马克思恩格斯列宁斯大林著作编译局:《马克思恩格斯选集》(第四卷),北京:人民出版社1995年版,第376页。

行。更简单的反映是由脊髓、周围神经系统和各器官分别做出。最复杂的心理和意识活动由大脑执行。

人脑是意识活动的器官,脑科学证明,意识活动是人脑神经细胞传递生物电,处理信息的过程。客观事物和现象作用于人的感官,刺激了神经末梢,就产生了脉冲生物电,脉冲生物电信息沿着神经系统传导到大脑,经过信息加工和处理,然后沿着传出神经传到相应的人体器官,这种神经细胞输入和输出信息的过程,就是人脑意识活动的基础。现代科学还证明,只有在正常的人脑神经活动过程中才出现人的正常心理和意识活动。如果大脑皮质严重受损,人就会变成白痴;如果出现血液循环障碍,大脑皮层供氧中断,就会完全失去知觉。可见,没有正常的、健全的大脑,就不能进行正常的意识活动。

2.人脑的反射活动是意识的生理基础

意识活动的生理基础是人脑神经系统的反射活动。现代生理学研究证明,人脑产生意识的过程是在反射基础上进行的,反射分为无条件反射和条件反射两大类。无条件反射是动物对外界环境作用的一种生而具有的反射,它是遗传而来的本能,不需要后天的学习。条件反射是在无条件反射的基础上,由动物活动自身的经验建立起来的,是后天形成的,是学习得来的。它与无条件反射不同,不是某种特定的现实刺激物直接引起的相应的反射活动,而是动物对代表某种现实刺激物的具体"信号"的回答。例如,小狗对食物有本能的反映,引起大脑中有关部分的兴奋,分泌唾液,小狗对铃声也有本能的反映,引起大脑的兴奋,使之警觉。在实验条件下,每次给狗喂食都给以铃声,经过多次反复,大脑中两个兴奋点接通,铃声成为进食的"信号"。条件反射建立后,只要响铃就会引起狗的唾液的分泌。巴甫洛夫把这接受外部的具体刺激而引起的条件反射,叫做第一信号系统。这是人以外高等动物唯一的信号系统,是动物心理活动的生理基础。

人除了具有第一信号系统外,还有第二信号系统,第二信号系统也就是信号的信号——语言,人接受语言的刺激也能引起一系列的神经活动。第二信号系统是人独有的。《三国演义》中有一个"望梅止渴"的故事,就是利用语言刺激的生动例子。据说曹操有一次行军打仗,兵困马乏,口干舌燥,士气不振,又有追兵在后,这时曹操说,大家要振作起来,前面有一片梅林,到那里吃梅子,梅子又酸又甜,又可解渴,士兵一听有梅子吃,嘴里流出了唾液,也就不觉得渴了,这就是"望梅止渴"的故事。实际上他并没有吃到梅子,而是受了语言的刺激而引起的一系列神经冲动。人脑在第一信号系统和第二信号系统基础上进行的心理活动和思维活动就是意识。

(二)意识是客观世界的主观映象

1.意识的内容是客观的

人脑好比一个加工厂,制造产品的原材料和半成品来自客观世界。人只有同外界打交道,使人的大脑同外界发生联系,经过加工制作,才会在头脑中形成关于它们的意识,所以,人脑是意识的客观物质基础,而外界才是意识的源泉。

2.意识的形式是主观的

意识的内容是客观的,但意识并非客观世界本身,也不是客观事物直接进入意识,而是经过主观能动加工过的关于客观世界的形象、本质和关系等等,即对客观世界的反映。

这里要指出的是,正确的、科学的认识是对客观世界的反映,错误的甚至荒唐的意识也是客观世界的反映。鲁迅说:"天才们无论怎样说大话,归根结蒂,还是不能凭空创造。描神画鬼,毫无对证,本可以专靠了神思,所谓'天马行空'似的挥写了,然而他们写出来的,也不过是三只眼、长颈子,就是在常见的人体上,增加了眼睛一只,增长了颈子二三尺而已。"①宗教是对世界的虚幻的、歪曲的、颠倒的反映,是荒唐的意识形式。在现实世界中仍可找到它的原型。各种不同宗教的上帝、佛祖、真主、天尊等形象,以及它们的对立面——妖魔、鬼怪,都不过是人或动物形象的奇异化、美化或丑化而已。天上神的关系、秩序、制度等等,不过是人间社会关系、秩序和制度的缩影。某些神的形象是现实世界许多人和物的综合原型。外国的神与中国的神不同,中国的神像中国人的样子,外国的神像外国人的样子,白人的神是白色皮肤,黑人的神是黑皮肤,这说明是人按照自己的形象造了神。一切意识现象都是客观世界的反映,意识的内容是客观的,离开了被反映的客观世界就没有反映。

综上,意识从其本质上来看是物质世界的主观映像,是客观内容和主观

① 鲁迅:《且介亭杂文二集》,沈阳:万卷出版公司2014年版,第3页。

形式的统一。意识是物质的产物,但又不是物质本身,意识是特殊的物质——人脑的机能和属性,意识在内容上是客观的,在形式上是主观的。马克思指出:"观念的东西不外是移入人的头脑并在人的头脑中改造过的物质的东西而已。"①这表明,物质决定意识,意识依赖于物质并反作用于物质。两者关系是不可分割的,割裂二者的关系将导致唯心主义和形而上学唯物主义。坚持物质和意识的辩证关系,就要正确处理生活中的主观和客观的关系,坚持主观符合客观和正确发挥主观能动性。

三、意识的能动作用

美国人艾伦·韦斯曼写过一本名为《没有我们的世界》(The World Without Us)的畅销书,书中描绘了人类消失后,世界的荒芜景象,很是触动人心。我们其实也可以反过来想一想,这个世界倘若原本就没有人类生存过,会是什么样子?不是一样的荒芜吗?是人类改变了荒凉的世界,使它成为了今天这样辉煌的样子。那么,人究竟具有什么样的能力可以做到这一点呢?这就是人类意识的伟大之处。

意识是物质世界发展到一定阶段的产物。意识能动作用是指人所特有的积极反映世界与改造世界的能力和活动。著名学者汤因比在《历史研究》中,曾经比较过人类和其他动物的不同。他说,在历史发展的长河里,人类与其他动物最主要的区别,在于其面对环境变化的态度和做法。当环境变化时,动物会本能地改变自己的基因进化出适应新环境的特征与功能。比如,矿区附近的浅色蝴蝶的身体会变成与背景相符合的黑色或深色,达到隐藏保护自己的目的。而人类却轻易不会因为环境改变自己的基因,而是竭力通过改变环境来适应自己的需求。这就是意识的能动性或能动作用的体现。恩格斯说,意识是地球上"美丽的花朵",这是对意识作用的生动描绘。只有科学地阐明意识对物质的依赖性和意识对物质的能动反作用,才能从根本上把辩证唯物主义一元论的世界观贯彻到底,才能充分发挥主观能动性,达到正确地改造世界的目的。

---

① 中共中央马克思恩格斯列宁斯大林著作编译局:《马克思恩格斯选集》(第二卷),北京:人民出版社1995年版,第113页。

(一)意识的作用

物质决定意识和意识对物质具有能动作用,这是物质和意识关系的两个相互联系、不可分割的方面。辩证唯物主义认为,就意识的本质和起源来讲,物质决定意识,意识依赖于物质;就意识的功能和作用来讲,意识对物质的反映不是消极被动的,他会对物质产生积极的能动作用。辩证唯物主义物质观把意识对物质的依赖性和意识对物质的能动性统一起来,即唯物辩证地解决了物质和意识的关系问题,又彻底地解决了世界的物质统一性问题,从根本上克服了唯心主义和旧唯物主义的片面性,为人们正确地解决和发挥意识的能动性提供了理论根据。

意识的能动作用,亦称自觉的能动性。意识的能动性是人区别于动物的特点,是人能动地反映世界和能动地改造世界的能力。意识的能动性表现在以下几个方面:

第一,意识是能动的,具有目的性和计划性。人们在反映客观对象时,总是基于实践的需要带有一定的主观倾向和要求,抱有一定的动机和目的。人的活动中预定的目标、蓝图、活动方式和步骤等,都体现了意识活动的目的性和计划性。世界很大,事物很多,一个人不可能去反映所有的东西,而且不同人的意愿也是不一样的。因此,人总是根据自己一定的目的和要求去确定反映什么,不反映什么,这具有主体的选择性。人不仅预先规定了意识活动的目标,而且为实现这一目标预先制定了实施计划,规定了怎样做出反映的方式和步骤。下面这件事情,很能说明这个问题。一天中午下课,在校园里遇见一位以前我的学生,他向我打招呼,很热情。然后一边走一边随便说说话。我问他做什么去,他说去食堂吃饭。我忍不住继续问他,你刚才走过来的那个方向,似乎有一个食堂,而且条件比现在去的那个要好得多,宿舍也在那附近,吃过午饭回宿舍休息很方便,为什么舍近求远啊?他很诡秘地回答我说:老师,你懂的!我很纳闷。看见我纳闷的表情,他又说了一句:"老师,我还没有女朋友!"我恍然大悟!原来他住的那边几栋楼都是男生宿舍,女生几乎都住在这边,所以,这边食堂大都是女生在用餐。好家伙,我忍不住佩服起他来,太有"心机"了。你们看,这不是目的性和计划性都有了吗?

第二,意识活动具有创造性。意识对世界的反映是一个主动的创造性的过程。意识不仅能通过感性形式反映事物的表象,而且还能通过理性形式反映事物的本质和规律。意识不仅能"复制"当前的对象,而且能追溯其过去,推测其未来,创造一个理想的或幻想的世界。人的意识不仅采取感觉、知觉、表象等形式,反映事物的外部现象,而且能够运用概念、判断、推理等形式对感性材料进行加工制作,从而使感性认识上升到理性认识,把握事物的本质和规律。而概念、判断、推理这些方法也不是一开始就有的,如物理学、数学的各种符号公式,这都需要人运用理性思维去创造出来。

感知只是当下的行为,而高级的意识行为在反映对象时却是当下化的,就不只是一般地模仿,而是能动地创造。意识既有对当前的反映,又有对过去的追溯和对未来的预测,可以超越特定时空的限制。

第三,意识具有指导实践改造客观世界的作用,这是意识能动性最突出的表现。因为意识的能动性不仅在于人们从实践中形成正确的思想,更重要的则是以这些正确的思想为指导,通过实践把思想的东西变成现实,创造出巨大的物质财富和精神财富,推动人类社会的进步。这就是列宁所说的"世界不会满足人,人决心以自己的行动来改变世界。"[1]鸭绒服在冬天是件好东西,尤其是在寒冷的北方。这个故事在现实生活中是不可能发生的:一个寒冷的冬天,一个光着身子的男子哆哆嗦嗦走在小路上,然后,遇见一群鸭子。鸭子们很有同情心地把鸭毛捐出来给他做了一件羽绒服。只有人想办法把鸭毛拔下来,再想办法加工制作,才能有羽绒服穿。所以,这个"想",就是意识行为。通过这么一想,把鸭毛变成羽绒服了。

当然,不仅要想,还得想正确才行。一旦想错了,把那鸭毛用胶水粘满自己的身体,不仅不美观不方便,估计也未必能起到防寒的作用,飞起来倒是有可能的。所以,古人说,要三思而后行。这是因为不同的意识指导实践和改造世界会造成不同的结果。

第四,意识还具有指导、控制人的行为和生理活动的作用。科学发展的大量事实证明,人的意识活动既依赖于人体的生理活动,又能积极地反作用于人体的生理活动,对人的生理和病理具有很大的影响。如,人的七情六欲可直接影响人体的健康。又如,中医把治病与治心统一起来辨证施治等等,都反映了意识对人体生理的控制性。我国传统医学的理论和实践,在这方

---

[1] 中共中央马克思恩格斯列宁斯大林著作编译局:《列宁专题文集:论辩证唯物主义和历史唯物主义》,北京:人民出版社2009年版,第138页。

面有独特的贡献。现代科学和医学实验证明：意识、心理因素对人的健康状况有重要影响。"笑一笑，十年少"，这是有根据的。大家知道《红楼梦》里的林妹妹是怎么死的吗？有人说，摔死的。"不是天上掉下个林妹妹吗，还不得摔死。"这是玩笑话。但是，很严肃地说，林妹妹的死和她的心情有很大关系。宝哥哥娶了宝姐姐，导致她心情抑郁，再加上本来身体不好，所以，这种低落的情绪不可避免地加重了病情，最终很遗憾地告别了人世。所以，我们要想长寿，要想身体健康，除了坚持锻炼身体，一定还要有一个好心情，每天对着镜子多笑笑。这就是意识的能动作用。

总之，意识是物质的产物，是物质世界在人脑中的主观映像，这是物质、意识关系问题上的唯物主义。意识对物质有能动的反作用，这是物质、意识关系问题上的辩证法。而无论物质决定意识，还是意识反作用于物质，都离不开社会实践，只能在实践中发生，在实践中实现。

(二)主观能动性与客观规律性的辩证统一

我们知道，人是有意识的，而且这个意识具有能动作用。那么，是不是说，仅凭如此，我们就可以创造出一个美好的世界，一个美好的生活了呢？回答是否定的。我们还需要一些条件，运用这些条件使我们意识的能动作用发挥出来，才能达到上述目的。

这个问题得从两个方面来考虑。第一，意识活动总有其对象。理性的意识活动其最根本的对象，就是千变万化的事物运动中的那不变的规律。因此，主观能动性和客观规律性的关系一定要摆正，否则难以发挥意识的能动作用。第二，摆正关系后，意识作为一种纯粹精神性的力量，要想达到改造对象的目的，必须依靠一些具体的方法手段，只有合理的中介，才能保证能动作用的最后实现和完成。

首先看第一个方面。坚持唯物辩证的观点正确理解主观能动性和客观规律性的关系。

第一，发挥人的主观能动性必须以承认和尊重客观规律为前提，认识和改造自然界，要尊重自然界的规律；认识和改造社会，要尊重社会的规律。例如，我们经常说灭四害。是哪四害呢？苍蝇、蚊子、老鼠和蟑螂。它们会传播多种疾病，危害很大，所以一定要消灭。但是在大跃进时期，蟑螂不在这个名单上，上面本来是麻雀。当年有农民反映，麻雀吃了大量的快成熟的庄稼,可能导致收成降低。然后,国家在除四害的时候,提出要在全国范围内围剿麻雀,把麻雀当作害虫来打。全民动员起来,采用各种方法,麻雀不敢露面,露面就被消灭,所以就藏了起来。藏起来也不行,被哄出来,结果,据说好多麻雀是活活累死的,绕树三匝,坠地而亡。两次运动,全国消灭麻雀上亿只,成果不能说不辉煌。但是大家想想,麻雀没有了,当年农业产量怎么样啊?减产!为什么?闹虫灾了。天敌没有了,各种虫子肆虐,不仅庄稼被吃掉,城市里好多大树也死于虫灾。其实当时农科所的专家解剖了麻雀,获悉麻雀以庄稼中的害虫为主食,而不是粮食,所以麻雀应该是益鸟。正是由于对这种客观规律的不了解,导致主观能动性的失败。这样的事例还有很多。所以,在发挥能动性时,一定要尊重客观规律。

第二,从社会历史领域来说,人们能够创造历史,但不是随心所欲地创造历史。只有遵循历史的客观规律,从当时的客观条件出发,充分发挥主观能动性,才能真正成功地创造历史。例如,袁世凯称帝就是违反客观历史规律的一个典型事件,当然要失败。

第三,人们对客观规律的认识越深刻、越正确,就越能有效地发挥主观能动作用;否则,只能适得其反。千万不能一知半解就做事,否则,不是闹笑话,就是要害人。明朝"万户飞天"的故事就是这样。据说故事主人公是一个衙门里的官老爷,动手能力特强,又总是心怀梦想。什么梦想呢?想上天。于是做了四个二踢脚还是窜天猴什么的,特大,绑在太师椅腿上,倒计时,点火,发射,结果可想而知,没上天,上天堂报到去了。其实,今天航天器上天的原理和他还是很相似的,就是作用力与反作用力。可惜的是,当时的他对各种规律都没有研究透,一知半解的。所以,要想发挥好主观能动性,一定要有对客观规律有着深刻而全面的认识。

之前是从主观能动性的角度上分析二者的关系的,那么反过来,要想尊重客观规律,利用好规律性,一定要充分发挥人的主观能动性。规律是个好东西,你不把它利用起来,那就是对它的大不敬,是亵渎。比如,过生日的时候,别人送了一个精美可口的大蛋糕。为了表示对他的敬重,不吃它,弄个香案把蛋糕放上面,而且每天还早晚要磕几个头来祭拜它。这是真的尊重对方吗?真要尊重,直接就吃了它。这才是最好的办法。

另外,我们前面说过,意识可能是人与动物最大的区别,也是人类拥有的最好的东西。一个人,如果不把能动性发挥出来,天天消极地顺应或服从于这个世界,不等于是让自己堕落,变成和动物是一样的东西了吗?这是非常不好的事情。

第二个方面,要正确而充分发挥主观能动作用,还必须有几个条件。首先,从实际出发,努力认识和把握事物发展的客观规律。只有认清楚规律是怎样的才能更好地发挥能动性。所以,求知,很重要。怎么求知,就是要不断学习,活到老学到老。其次,学习到知识后,要行。实践是发挥人的主观能动作用的基本途径。学得再多,也只是脑子里的东西,是一种精神性存在,不实践,是无法变成现实力量,取得你想要的结果的。你不能说,因为你已经知道玉米是怎么变成爆米花的了,所以每次当你想吃爆米花的时候,对着一把玉米,运用意念,一瞪眼,就能把玉米变成爆米花。再次,发挥主观能动作用依赖于一定的物质条件和物质手段,巧妇难为无米之炊,讲的就是这个道理。人的主观意识再怎么"巧",缺乏了现实的原材料,也创造不出任何物质的东西来。

总之,正确发挥意识的能动作用,最根本的是要正确处理好发挥主观能动性和尊重客观规律性的关系。发挥主观能动性与尊重客观规律是辩证的统一。一方面,正确认识和掌握客观规律,是科学有效地发挥主观能动性的前提。主观能动性发挥的程度,是同对客观规律的认识成正比的。另一方面,要认识和利用客观规律又必须充分发挥主观能动性。规律深藏于事物的内部,要掌握它并非易事;按规律办事也会存在诸多困难和阻力。如果不充分发挥主观能动性,既不能认识规律,也做不到按规律办事。在客观规律和主观能动性的关系问题上,既要反对以尊重客观规律为名,否认充分发挥主观能动性的机械论,也要反对以强调发挥主观能动性为名,否认客观规律决定作用的唯意志论。总之,只有在客观物质条件允许的范围内,正确处理尊重客观规律与发挥人的主观能动性的关系,把高度的革命热情同求实的科学态度结合起来,才能充分发挥主观能动性,才能开辟我国社会主义现代化建设的新局面。

同主观能动性与客观规律性辩证统一原理相关联的另一个问题,是社会历史趋向与主体选择的关系。历史发展的必然性,规定了人们的活动要受规律性的制约,但不否定人在可能性空间内的选择。主体选择是在既定的历史条件下对社会生活未来发展的多种可能性的方向、目标、方式的选择。社会生活未来发展的多种可能性是主体选择的客观前提,主体的利益和需要是选择的内在根据。

例如,19世纪中叶以后,中国外受列强的欺凌,内部积弱不振,中国人民面临着重大选择。许多仁人志士和革命先驱曾经为此开展艰辛的探索,但都没有获得成功。林则徐和魏源提出"师夷长技以制夷"的主张;洪秀全把西方教义运用于中国农民运动;康有为、梁启超这些资产阶级改良派,仿效日本的明治维新,在中国搞了一场维新变法;孙中山等中国资产阶级民主革命的先驱者,发动了一场具有重大历史意义的辛亥革命;而中国共产党领导中国人民做出了正确的选择。首先,中国共产党在理论上选择了马克思列宁主义,从而解决了指导思想和理论武器问题。其次,中国共产党以马克思列宁主义为指导,选择了新民主主义革命和社会主义革命道路。同样,在社会主义建设和改革时期,中国人民对建设中国特色社会主义的正确选择,从而开创了中国发展的全新局面。当时也存在三种选择:一是继续沿着原来的路子走下去,不求改革,仍然搞计划经济。二是照搬西方的做法,放弃原来对社会主义的追求,搞资本主义。三是总结历史的经验教训,既坚持四项基本原则,又实行改革开放政策,"走自己的路,建设中国特色社会主义"。最终,在中国共产党的带领下,并且经过反复的实践和探索,我们走上了建设中国特色社会主义的成功之路。这些都是意识的能动作用的典型范例。

对于我们大学生来说,认识到意识的本质和能动性作用,就应当充分发挥我们的主观能动性,在客观规律和条件允许的范围内,对社会和人生发展的方向、目标和实现方式做出正确的选择,确立正确的社会理想和人生目标,并掌握正确的实现方式和方法,从而实现自我的价值。

参考文献:

[1]中共中央马克思恩格斯列宁斯大林著作编译局:《列宁选集》(第二卷),北京:人民出版社1995年版。

[2]中共中央马克思恩格斯列宁斯大林著作编译局:《马克思恩格斯选集》(第一卷),北京:人民出版社1995年版。

[3]中共中央马克思恩格斯列宁斯大林著作编译局:《马克思恩格斯选集》(第二卷),北京:人民出版社1995年版。

[4]中共中央马克思恩格斯列宁斯大林著作编译局:《马克思恩格斯选

集》(第三卷),北京:人民出版社1995年版。

[5]中共中央马克思恩格斯列宁斯大林著作编译局:《马克思恩格斯选集》(第四卷),北京:人民出版社1995年版。

[6]中共中央马克思恩格斯列宁斯大林著作编译局:《列宁专题文集:论辩证唯物主义和历史唯物主义》,北京:人民出版社2009年版。

第四讲　普遍联系和永恒发展

▎教学目标

从总体上把握唯物辩证法的基本特征,理解世界的普遍联系和永恒发展的两种基本状态,学会运用联系和发展的基本环节去观察、分析、解决和解释问题。

▎教学要点

联系及其基本属性;
发展及其过程性;
联系和发展的基本环节。

▎教学时数

6课时。

世界观是人们对于包括自然界、社会和人的精神世界在内的整个世界的总的看法和根本观点。它的基本内容包括两个方面:世界的本原"是什么";世界是"怎么样"地存在着。经过对前面内容的学习,我们已经知道,马克思主义哲学对第一个问题作了辩证的唯物主义的回答。在学习和掌握了唯物主义基本原理以后,我们还需要对"世界是'怎么样'地存在着"这个问题进行进一步学习和探讨。

一、世界的普遍联系

普遍联系和永恒发展的观点是唯物辩证法的总观点。唯物辩证法认为,世界上的一切事物和现象都是普遍联系的,从浩瀚的宇宙到微小的粒子,从无机界到有机界,从自然界到人类社会……整个世界无不处在相互联系之中。可以说,联系是事物的存在方式和根本属性。那么,什么是联系呢?

(一)联系的涵义

日常生活中,我们所讲的"联系"是指"彼此接上关系"①。而哲学上的联系与此含义不同。马克思主义哲学认为,联系是指一切事物之间和事物内部各要素之间相互影响、相互制约和相互作用。平时我们所说的"治国必先治党,治党务必从严","鱼儿离不开水,瓜儿离不开秧,万物生长靠太阳,新中国离不开共产党"等都体现了事物的联系。

(二)联系的基本特点

1. 联系具有客观性

联系的客观性是指,联系是事物本身所固有的客观现象,是不以人的意志为转移的,也不是人们强加给事物的。例如,人们在长期的生产实践中,认识到一些自然现象同天气变化之间的联系,"燕子低飞蛇过道,大雨不久就来到","日落云里走,雨在半夜后"等等,这些都是客观事物本身的联系在人们头脑中的反映,不是杜撰编造出来的纯主观臆造的联系。又如,虽然地球和太阳相距1.5亿千米,但二者之间存在着客观联系。由于太阳对地球有巨大的吸引力,地球由于公转对太阳有巨大的排斥力(离心力),二者的共同作用才使地球以每秒30千米的速度围绕太阳旋转,这是客观存在的,不以人的意志为转移的。

承认联系的客观性有着重要的意义。联系既然是客观的,我们就要在实际学习、生活和工作中,一切从实际出发,实事求是,客观地研究和把握事物之间的联系,按照客观事物的本来面目如实地反映它们之间的联系,反对

---

① 中国科学院语言研究所词典编辑室:《现代汉语词典》(第6版),北京:商务印书馆2012年版,第806页。

用主观臆造的联系代替客观事物本身的联系。

　　承认联系的客观性,是指导人们合理建立各种联系的客观要求和实践原则。联系是客观的,但是,自然事物之间的联系不会自动展现或暴露在人类的面前。自然事物的联系和自然存在的事物也并不能满足人类的所有需要。因此,要想满足人类方方面面的需要,人类还必须通过各种实践活动建立各种联系创造人工自然,来满足人类各种的社会需要。自然事物的联系是客观的,需要人们去揭示;人为事物的联系也是客观的,它是人类以自然事物的联系为基础,通过实践活动建立起来的,是实践活动的结果。人类不能凭空创造某种联系。从这种意义上说,人类的实践活动就是把潜在的自然事物的联系转化为现实的人为事物的联系的能动过程。众所周知,没有客观的电磁联系,就不会有无线电通信技术;没有原子核的裂变反应,就不会有原子能发电站;没有光、电、磁、热的自在联系和相互转化,就不会有发电、照明、取暖、录音、录像等技术发明及其综合应用。也正因为如此,客观的联系也对人类实践活动提出了严格的要求。人类的实践活动如果背离客观联系的内在要求,就要受到客观规律的惩罚,如"拔苗助长"这个成语故事就揭示出这样的道理。

　　2. 联系具有普遍性

　　联系的普遍性是指,世界上的任何一个事物内部的诸要素是相互联系的;世界上的任何一个事物与其他事物也是处于相互联系之中的;整个世界是一个相互联系的统一整体。

　　世界上的任何一个事物内部的诸要素是相互联系的。英国著名生物学家达尔文在其著作《物种起源》中讲到这样一个事例:猫、田鼠、熊蜂和三色堇(蝴蝶花)之间,表面上看起来彼此不相干,但事实上它们被一条食物链联系在一起,构成了一个简单的生态系统。三色堇属于兰科植物,依赖熊蜂传递花粉繁殖。一个地方熊蜂的数量,又与田鼠数量直接相关,因为田鼠常常破坏熊蜂的蜂窝。而田鼠的多少又与猫的多少直接相关。这样,猫、田鼠、熊蜂、三色堇之间就构成了一条食物链,猫多则鼠少,鼠少则熊蜂多,熊蜂多则三色堇繁茂。人和高等动物体内部有八大系统:运动系统、神经系统、内分泌系统、循环系统、呼吸系统、消化系统、泌尿系统、生殖系统。这些系统之间相互影响、相互制约、相互作用,协调配合,使人体内各种复杂的生命活动能够正常进行,共同完成整个生物体的全部生命活动,以保证生物体个体生存和种族绵延。

世界上的任何一个事物与其他事物也是处于相互联系之中的。在自然领域中,万有引力定律证明了任何两个宏观物体之间都相互吸引,存在着一定的引力;能量转化和守恒定律阐明了物质的各种形态和各种运动形式之间存在着普遍的转化关系;细胞的发现和进化论的创立揭示出生物界内部以及生物和环境之间的相互作用;元素周期律揭示了各种化学元素之间的规律性联系;相对论向人们展示了时间、空间与物质运动的内在联系;测不准关系则向人们展示了主体与客体之间不可分割的必然联系,等等。在社会领域中,社会生活的各个方面,政治、经济、思想、文化等,无不处在普遍联系之中。政治是经济的集中表现,是用来服务经济发展的,经济的发展状况直接或间接地决定着人们的思想文化水平;而先进的思想文化又能促进经济又好又快的发展,从而带来一个国家国际政治地位的提高。国民经济中的各个部门、各个环节,也都是相互联系、相互制约的。如工业部门依赖农业部门提供粮食、原材料和市场等,农业部门又依赖工业部门提供化肥、农药、机器和日用品等;国民经济活动中,生产、分配、交换、消费四个环节相互影响、相互制约。如果某一部门、某一环节发生问题,比例失调,就不可避免地要影响到别的部门和环节。

整个世界是一个相互联系的统一整体。唯物辩证法认为,联系是普遍的,世界是一个由无穷无尽的各种事物和现象构成的普遍联系的整体。从巨大的天体星系到细微的基本粒子,从无机界到有机界,从自然界到人类社会,无不处在普遍联系之中。任何事物和过程都是普遍联系网上的一个部分、环节或阶段;孤立的、不与其他事物和过程相联系的事物和过程是不存在的。宇宙中的万事万物既作为个体事物而存在,又作为普遍联系的事物而存在。此事物以彼事物为中介而与另一事物相联系,整个世界通过大量的中介和过程统一起来,构成普遍联系的世界整体。

唯物辩证法关于普遍联系的观点,对于我们认识和改造世界具有重要的指导意义:

(1)要坚持联系的普遍性,在事物的全面联系中完整地把握事物。在认识事物的过程中,把个别事物从普遍联系中抽取出来,或者把事物整体的各个组成部分分割开来,单独地、分别地加以研究,这是完全必要的;但在研究个别事物或其组成部分时,不能忘记它同周围有关事物的相互联系、相互作用和相互制约,不能忘记它同整体以及整体中其他部分之间的联系。黑格尔曾经生动地举例说:人的手只有作为人体的有机组成部分,与其他器官有机地联系在一起,才是真正的手。把手割下来,使之脱离开人体,它就不再是现实的手,而且很快会腐烂。我们考察事物,只有在联系和整体中,才能获得全面而深刻的认识。

（2）坚持用普遍联系的观点看问题。这不仅是唯物辩证法的基本要求,也是我们认识世界、获得真理的科学方法。在数学史上,把三角形和圆联系起来考察,发展出一种崭新的三角理论;在物理学上,把非连续性的粒子性与连续性的波动性联系起来考察,建立起了量子力学;在学科交叉中,把生物有机体知识与环境科学联系起来考察,产生了生态学;把通讯技术与人及动物的反馈活动联系起来考察,产生了控制论;在人文社会科学中,普遍联系的认识方法为人们提供了开放的视野,为国家的对外开放政策提供了理论基础。

（3）必须摒除形而上学的思维方式。形而上学就是用孤立的、静止的和片面的观点去看世界的世界观和方法论。形而上学否认事物的普遍联系,"在形而上学者看来,事物及其在思想上的反映即概念,是孤立的、应当逐个地和分别地加以考察的、固定的、僵硬的、一成不变的研究对象。他们在绝对不相容的对立中思维;他们的说法是:'是就是,不是就不是;除此以外,都是鬼话。'"[①]形而上学者只见局部,不见整体,只见树木,不见森林,似瞎子摸象,坐井观天,就难免以偏概全,把事物简单化、表面化,得出不正确的认识。因此,我们必须反对形而上学孤立的观点,用唯物辩证法联系的观点来观察和处理问题,来揭示客观存在的事物的联系,并对各种不同的联系作出具体分析,准确把握它们各自的性质、作用和规律。

3. 联系具有多样性

联系的多样性是指,事物内部各要素之间和事物之间的联系方式是复杂多样的。大体说来,常见的联系方式主要有:直接联系和间接联系,内部联系和外部联系,本质联系和非本质联系,必然联系和偶然联系等。

直接联系是指不通过中间环节作用而发生的联系;间接联系是指经过中间环节的作用而发生的联系。例如,在"城门失火,殃及池鱼"这个成语

---

① 中共中央马克思恩格斯列宁斯大林著作编译局:《马克思恩格斯选集》(第三卷),北京:人民出版社1995年版,第360页。

中,"火—水—鱼"三者就是相互联系的。池塘里的水能用来灭城门上的火,这是直接联系;池塘里的鱼离不开池塘里的水,这也是直接联系。但由于灭火用去了大量的池水,最终使池塘中的鱼儿遭殃,鱼儿与城门失火最终发生了关系,这种关系就是间接联系,它是通过池水这个中间环节而发生联系的。

内部联系是指事物内部要素间的相互联系,外部联系是指一事物与他事物之间的相互关联。

本质联系是指事物的内在的、必然的和稳定的联系;非本质联系是指事物的外在的、偶然的和不稳定的联系。本质联系是事物存在和发展的内在根据,非本质联系则是事物存在和发展的外部条件。俗话所说的"种瓜得瓜,种豆得豆",就是指种瓜与瓜、种豆与豆之间的本质联系。而一棵瓜秧结几个瓜、一个豆荚结几粒豆,则是非本质联系。科学研究的任务就是要透过事物的非本质联系进而认识事物的本质联系,从而把握事物发展的规律。

必然联系是指事物间的一定要发生的、确定不移的联系,偶然联系是指事物间的可以发生也可以不发生的不确定的联系。例如,苹果熟透了要掉在地上,这是苹果与地球之间的必然联系,但恰好掉在某人的头上,则是与某人之间的偶然联系。必然联系对事物的发展起支配作用,偶然联系对事物的发展则起加速或延缓的作用。二者相互之间既有区别,不可混淆;又有联系,不可分割,并在一定条件下相互转化。

联系的多样性原理启示我们,在想问题和做事情的时候,必须对事物多种多样的复杂联系进行具体分析,要善于抓住事物直接的、内部的、本质的和必然的联系,从而达到对事物全面深刻的认识和有效地利用、改造。与此同时,也不能忽略其他形式的联系,如间接联系等。

4. 联系具有条件性

条件是指,同某一事物相联系的,并对它的存在和发展发生作用的诸要素的总和。任何一个具体事物只有在一定的条件下才能产生、存在和发展,也只有在一定的条件下才会趋于灭亡。例如,生命现象的产生和维持,就必须具备水、氧气、营养、适当的温度等必要条件,地球上具备了这些必要条件,生物才能够在地球上产生和存在。

离开条件,一切都无法存在,也无法理解。离开一定的条件,我们甚至连下雨是好事还是坏事这样一个简单的问题也搞不清楚。因为,久旱逢甘霖,下雨是有益的;而久涝盼天晴时,下雨就是有害的。进而言之,没有一定的条件,或者条件不充分,也构不成联系。例如,战争与石头,如果没有一定的条件,就谈不上什么联系。但是,在人类的战争活动中,当人们需要用石头来修筑工事阻击敌人、掩蔽自己的时候,石头就成为战备的物资;当守卫在山头阵地上的战士弹药耗尽,需要用石头击退敌人的时候,石头就直接地成为战争的武器。也正是在这样的条件下,战争和石头就有机地联系在一起了。把握联系的条件性十分重要,离开条件谈联系,就容易陷入诡辩论。

斯大林说:"一切以条件、地点和时间为转移。"[①]不同的条件对于事物的存在和发展所起的作用是不同的。具体地全面地分析各种不同的条件,是我们弄清问题、解决矛盾的必要前提,对做好一切工作具有决定性的意义。当然,条件是可以改变的,正如具体的联系是可以改变的一样。从条件的可变性着眼,当不利条件多于有利条件时,不必灰心丧气、畏缩不前;当必要条件尚不具备时,也不要束手等待、消极无为。人们可以发挥主观能动作用,即以主观条件去改变客观条件,变不利条件为有利条件,创设实现预定任务所需的必要条件。

二、世界的永恒发展

(一)发展的含义

联系、运动、变化和发展,是既相互联系又有区别的范畴。客观事物的联系,总是通过相互作用表现出来;而相互作用必然导致运动。运动作为物质的根本属性和存在方式,是对物质一切变化和过程的概括。变化是指事物各种形态、性质的改变,既包括事物的量变和质变,也包括事物的进化和退化。总之,联系导致运动,运动引起变化,变化的基本趋势是发展。发展是指物质运动中前进的变化和进化的趋势。可以从以下三个方面对发展作进一步的理解:

第一,发展不是一般的运动,而是前进性的运动。发展是一种运动,但并不是所有运动都是发展。发展不是同一事物的简单重复,不是事物单纯数量的变化,也不是单纯场所的变更,更不是向后倒退的变化,而是事物运

---

① 中共中央马克思恩格斯列宁斯大林著作编译局:《斯大林选集》(下卷),北京:人民出版社1979年版,第430页。

动过程中前进性的变化和过程。毛泽东同志说："虚心使人进步,骄傲使人落后。我们应当永远记住这个真理。"①这是对人的发展与学习之间关系的通俗阐述。在工业生产中,不断引进和创新更加先进的生产技术和工艺设备,适时地生产出符合市场需要的社会产品,这是工业生产和国民经济进步与发展的标志;相反,如果大量重复引进落后的生产技术和设备,或者很多企业一窝蜂地上同样的生产线,搞低水平的重复建设,这就不是工业生产的进步与发展,充其量只是一种原地踏步,是一种极大的浪费和倒退。

第二,发展不是一般的运动,而是上升性的运动。发展揭示了物质世界运动的总趋势、总方向。物质世界存在着机械运动、物理运动、化学运动、生物运动和社会运动等五种基本运动形式,这是一个由低级到高级、由简单到复杂的序列,它们之间既相互区别,又相互联系和相互转化。低级运动形式是高级运动形式的基础,高级运动形式包含着低级运动形式。在一定条件下,低级运动形式和高级运动形式可以相互转化。各种运动形式之间的相互转化有三种情形:一是同一水平的转化,即同一等级运动形式之间的变化,如一种社会形态内部的社会关系、社会生活状况的量变过程;二是下降的转化,即从高级运动形式向低级运动形式、从复杂向简单的转化,如化合物的分解、生命体的死亡;三是上升的转化,即由低级运动形式向高级运动形式、由简单到复杂的转化,如物质世界的自组织过程、生命的出现、社会形态的更替等等。在运动形式多向性的转化中,上升的转化占据主导地位。运动形式转化的总的趋势、总的方向是上升的、前进的。这种上升的、前进的运动就是发展。现代科学的研究成果,特别是关于天体史、地球史、生物史和社会发展史研究的重大成果,都证明了这一点。

第三,发展的实质,是新事物的产生和旧事物的灭亡。承认世界发展的基本方向是前进的、上升的,就必然要承认新陈代谢是宇宙中普遍的、永远不可抗拒的规律。自然、社会和人类发展的总的方向和基本趋势是新事物的产生和旧事物的灭亡,是以上升运动为总体特征的。

所谓新事物,是指符合客观规律、代表历史前进方向、具有强大生命力和远大前途的事物;所谓旧事物,是指丧失了存在的必然性、日趋灭亡的事物。如宇宙中新的星体,生物进化中新的物种,社会发展中新的生产力和同

---

① 毛泽东:《中国共产党第八次全国代表大会开幕词》。

它相适应的新的生产关系,都是新事物。而已经衰老的星体,陈旧的物种,落后的生产工具和生产关系等等,都是旧事物。判断一个事物是新事物还是旧事物,不能仅仅以产生或出现的时间先后来区分。新事物一般是新出现的事物,但新出现的事物不一定都是新事物,旧事物也可能在新的条件下以新的形式再现出来。新旧事物的根本区别在于,它们是否同客观规律、同发展的必然趋势相符合。

发展的实质,是新事物的产生和旧事物的灭亡。这就意味着新事物之所以能够战胜旧事物,是由新旧事物的本质特点和事物发展的辩证本性所决定的。首先,新事物是在旧事物内部产生和逐渐发展起来的,旧事物不能消灭它,如果旧事物消灭了它,旧事物本身也不能存在。但是从旧事物内部成长起来的新事物,却不能不消灭旧事物,否则新事物便不能发展自身,正如马克思恩格斯所指出的:"私有制,作为私有制来说,作为富有者来说,不能不保持自身的存在,因而也就不能不保持自己的对立面——无产阶级的存在。相反地,无产阶级,作为无产阶级来说,不能不消灭自身,因而也不能不消灭制约着它而使它成为无产阶级的那个对立面——私有制。"① 其次,新事物在旧事物的基础上产生出来,否定了旧事物中消极的、过时的和腐朽的东西,吸取、继承并发展了旧事物中积极的因素,因而它就比旧事物优越,具有强大的生命力。生物的新物种抛弃了旧物种中一切不再能适应变化了的复杂环境的消极的特性,保留了其中那些对适应新环境有积极作用的特性,又加进了一些能适应新环境的新特性,因而它就比旧物种有着无可比拟的优越性,能够在优胜劣汰的自然选择中淘汰旧物种。在无产阶级所代表的新的社会主义生产方式中,不仅保留了从资本主义社会发展起来的生产力,而且能增加资本主义社会容纳不了的新的生产力。因此,从长远的观点看,无产阶级总是要比资产阶级强大得多,一定会战胜资产阶级,推翻资本主义社会,建立起社会主义和共产主义社会。再次,在社会领域中,新事物还符合和反映人民群众的利益和要求,得到人民群众的拥护和支持。历史的活动是群众的事业,随着历史活动的深入,必然是群众队伍的扩大。新事物代表和反映了人民群众的根本利益,旧事物违背了人民群众的根本利益,因而新事物的胜利和旧事物的灭亡同样是不可避免的。

① 中共中央马克思恩格斯列宁斯大林著作编译局:《马克思恩格斯全集》(第二卷),北京:人民出版社版2005年版,第43页。

当然,由于旧事物同人们的习惯思维比较吻合,往往显得比较强大、稳定,新旧事物之间的斗争还是复杂和曲折的。因此,拥护和支持新事物,不是在新事物成为占主导地位时去欢迎它,更重要的是在新事物产生之初去帮扶它,促进它的发展,做新生事物的促进派。

(二)发展的过程性

当新生事物是不可战胜的,这是从事物发展的结局上讲的,并不是就具体过程而言的。新生事物刚产生的时候,总是弱小的,带着某些缺陷,总要经历一个由小到大、由弱到强的发展过程。事物的发展都是作为一个过程而展开的,不是一蹴而就的,事物发展过程中的每一个阶段,对于它自己的时间、地点和条件来说,都有存在的理由。因此,在认识世界和改造世界的时候,就要脚踏实地,既不能好高骛远,也不能拔苗助长,不能不顾条件而急于求成。因此,用发展的观点看问题,就必须把一切事物都看成是不断发展变化的过程,就必须分析和弄清楚事物在发展过程中所处的阶段和地位。任何一个事物都有一个发生、发展和灭亡的过程,在这个过程中,不同的发展阶段,其成熟程度和完善程度是不同的。一个人的成长分为儿童、少年、青年、壮年和老年等不同的阶段,每个阶段其身体状况、思维能力、知识水平都是不一样的,不能企图让青年人像老年人一样沉稳,也不能要求老年人像青年人一样活泼而富有活力。我国是社会主义国家,但还处在社会主义初级阶段。我国的社会主义还不成熟、不完善。如果拿我们社会主义的不发达、不成熟、不完善去跟经过几百年发展的发达资本主义国家比技术、比科学、比财富,就会认为社会主义不如资本主义。其实,这是极其荒唐的。因为两者所处的发展阶段和地位不同。社会主义社会是符合历史发展规律的,尽管开始时还不够强大,但她具有强大的生命力和发展前途。改革开放三十多年来,我国经济发展的速度举世罕见,人民生活水平的提高举世瞩目,科学技术的发展令世人刮目相看。经过全国人民的共同努力,社会主义必将进入较高的发展阶段,甚至高级阶段,那时社会主义的优越性必将充分显现出来。所以,只有正确地认识事物发展的阶段和地位,把事物看作是不断发展变化的过程,才能科学地认识事物。

三、联系和发展的基本环节

世界的普遍联系和永恒发展是通过一系列基本环节实现的。这些基本环节在唯物辩证法中被概括为一系列的哲学范畴,这些范畴从不同的侧面反映出了事物和现象普遍联系和永恒发展,有着各自特殊的内容。其主要内容有:原因和结果,现象和本质,内容和形式,必然和偶然,可能和现实。

(一)原因和结果

原因和结果是人们在认识和实践中经常要遇到的一对范畴,是事物和现象之间相互联系、相互制约的普遍形式之一。因果关系是决定论思想的逻辑依据和人类一切自觉活动不可缺少的指导原则。离开对因果关系的理解,人们就无法进行正确的认识活动和实践活动。

1.原因和结果的含义

引起某种现象的现象就是原因,被某种现象引起的现象就是结果。原因作为某种事物根源的要素,引起某种事物或其他现象的产生,结果受某种事物或现象的作用而产生。世界上的任何现象都有产生的原因,任何原因都必然引起一定的结果。如摩擦生热,摩擦是原因,生热就是结果;风吹草动,风吹是原因,草动是结果;熟能生巧,熟是原因,巧是结果。事物或现象之间这种引起和被引起、决定和被决定的关系,就是因果关系。因果联系的本质是决定和被决定的关系。

因果联系往往具有时间上的顺序性,即原因在前,结果在后,也就是通常所说的"前因后果"。但是,并不是所有前后相继的现象都是因果联系,也就是说,"在此之后"并不等于"因此之故"。春夏秋冬四季更替,虽然时间上前后相继,但彼此之间并没有因果联系,因为一年四季的更替是地球绕太阳公转的结果;同样,白昼和黑夜也是前后相继的,彼此之间也没有因果联系,因为白昼和黑夜的交替是地球自转和绕太阳公转共同作用的结果。所以,因果联系不只是时间上的先后顺序关系,而是以时间先后为条件、由一种现象必然引起另一种现象的本质联系,即决定和被决定的关系。

事物的因果联系是普遍的。事出有因,因必有果。世界上任何一种现象都不可能平白无故地产生,任何一种现象也不可能不产生一定的结果。没有原因的结果,或没有结果的原因,在客观世界中都是根本不存在的。在生活中,人们习惯于把某项不成功的工作说成是毫无结果。实际上结果还是有的,只是没有取得预想的结果。世界上有些现象,人们还不知道它将产生什么样的结果,但结果终究会产生的。同样,世界上有些现象,人们还不知道它产生的原因,但原因总是存在的,随着实践和科学的发展,人们一定会发现它的原因。

事物的因果联系不仅是普遍的,而且是客观的,它不以人们的主观意志为转移,不管人们承认不承认,喜欢不喜欢,事物的因果联系总是客观存在的,也总是要表现出来的。俗话说得好:善有善报,恶有恶报。不是不报,时候未到。时候一到,必然会报。除去这一谚语的宿命论的人为成分,它生动地反映了原因和结果之间的客观的和必然的联系。

2.原因和结果的辩证关系

原因和结果的关系是对立统一的辩证关系。

一方面,原因和结果是对立的,二者相互区别,不可混淆。如果我们把因果联系从普遍联系中抽取出来,单独考察两个具有因果联系的现象时,原因和结果的界限就是确定的。在这里,原因就是原因,结果就是结果,两者不能混淆,不能倒因为果,也不能倒果为因。例如,地球绕太阳公转与春夏秋冬四季更替的关系,前者是原因,后者是结果。如果倒因为果,或倒果为因,就会混淆是非、颠倒黑白,得出荒谬的结论。又如,在第二次世界大战中,日本帝国主义侵略中国引起了中国人民的反抗,日本侵略中国是原因,中国人民奋起反抗是结果。同样的,李登辉搞"台独"引起了包括台湾人民在内的全中国人民的强烈反对和谴责,李登辉搞"台独"是原因,全国人民反对和谴责是结果。这种因果关系是绝对不容颠倒的。这就是原因和结果的对立性。

另一方面,原因和结果又是相互联系的,并在一定的条件下相互转化。这主要表现在三个方面。

第一,原因和结果是相互依赖、不可分割的。原因只有对结果而言才成为原因,结果只有对原因而言才成为结果,取消了任何一方,另一方也是不存在的。所以,因果双方是互为前提、不可分割的。

第二,原因和结果的区别又是相对的。如果从现实世界总的普遍联系看,一切现象都处在无限的相互联系的因果链条之中,原因和结果的关系因此也就表现出相对性。在这里,原因与结果经常互换位置:同一现象在一种关系中是结果,在另一种关系中就变成了原因。例如,在摩擦生热、热引起燃烧、燃烧导致爆炸、爆炸引起房屋倒塌等一连串因果联系的环节中,生热既是摩擦的结果,同时又是引起燃烧的原因。这就是原因和结果区分的不确定性。如果我们离开因果链条的特定关系,就不知道燃烧究竟是原因还是结果。所以因果联系是一个无限发展的链条,它们的区分是相对的而不是绝对的。

第三,原因和结果相互作用并相互转化。原因和结果在一定条件下相互作用、相互转化、互为因果。比如,热是引起燃烧的原因,但燃烧反过来又成为产生大量热的原因。生产的发展,是科学技术发展的动力;而科学技术的发展反过来又极大地促进了生产力的发展;技术创新推动了经济的快速发展,经济的快速发展反过来又为技术的进一步创新提供了资金保障;物质文明的发展为精神文明的发展提供了坚实的物质基础,反过来,精神文明的发展又为物质文明的发展提供了强大动力;等等。

3.原因和结果辩证关系原理的意义

原因和结果辩证关系的原理,对于指导人们的认识和实践具有重要的方法论意义。

首先,承认因果联系的客观普遍性是进行科学认识和科学研究的前提。科学研究在一定意义上就是揭示事物的因果联系,从而提出解决问题的方法。例如,癌症对人类威胁很大,如果能找到癌症产生的真正原因,就有可能制造出治疗它的有效药物。所以,对病因的研究有着重要的科学意义。搞体制改革,就要从研究弊端入手,因为它是我们工作效率上不去的原因,分析这些原因,才能找出解决问题的有效方案和办法。

其次,正确地把握因果联系是自觉的实践活动的必要条件。在一切工作中,只有正确认识事物的因果联系,才能分析出成功的经验和失败的原因。在总结工作经验时,不仅要肯定成绩、发现错误,而且要找出取得成绩和产生错误的原因。这就是由果溯因。只有这样,才能在以后的工作中发扬已有的成绩,避免重复发生同样性质的错误。

再次,准确地把握因果联系,能增强工作中的预见性。要预见今后工作中可能产生的后果,就要注意准确地把握事物的因果联系,及时采取有效措施,防止和排除不利后果和严重后果产生的原因。这就是由因及果。在各项工作中,只有全面地把握事物的因果联系,才能通过自觉的努力消除产生不利后果的原因,发挥产生有利效果的原因的作用,达到我们所需要的有利结果。这样,良好的原因转化为有利的结果,有利的结果又转化为良好的原因,二者不断转化,就能建立起原因和结果相互作用的良性循环,避免恶性循环。

(二)现象与本质

现实存在的每一个事物都是现象与本质的统一体。现象和本质这对范畴揭示的就是事物内部联系和外部表现之间的关系。唯物辩证法所有范畴的共同任务,都在于指导人们透过事物的现象,把握其内在的本质。

1.现象与本质的含义

著名诗人苏轼在游览庐山时感慨万端,写下了脍炙人口的诗句:"横看成岭侧成峰,远近高低各不同。不识庐山真面目,只缘身在此山中。"为什么身处庐山之中却又不识庐山真面目呢? 生活中轻信他人之言上当受骗的时候,人们也会感慨"人心隔肚皮,知人知面不知心"啊! 这是为什么呢? 这些都涉及现象与本质的关系问题。任何事物都具有现象和本质两个不同的方面。现象是事物的外部联系和表面特征,是事物的外在表现。现象有真象和假象之分,真象是正面地直接地表现本质的现象,假象则是从反面歪曲地表现本质的现象。例如,物体落地现象的本质是地球引力的作用,一个人的本质是通过他日常的言行表现出来的。客观事物的本质,大量地表现为真象,但假象在自然界特别是在社会生活中也是屡见不鲜的。例如,一些犯罪分子往往施展各种伎俩,制造种种假象来掩盖犯罪事实,就是以虚假的现象表现了自己的本质;在1997年的海湾战争中,伊拉克制造了大量的假象,用塑料、橡胶、纸壳等等做了一些坦克、飞机、导弹发射架等假军事目标,借以迷惑和耗费美国等国的军事力量,保存自己的实力。再如,美国等西方国家口口声声宣扬所谓的"自由""人权""人道",其实这是假象,背后隐藏着"强权""霸权"和"霸道"的真实本质。这些都可称作假象。假象同真象一样,也是客观存在的,是由各种客观的实际条件造成的,这同错觉有所不同。错觉是人的感觉造成的,属于主观范畴,二者不能混为一谈。

本质是事物的内部联系,是由事物内部特殊矛盾造成的、并决定事物根本性质的内在根据。一事物的本质对于该事物来说就是它的特殊矛盾,而对其他事物来说,就是它们之间的本质区别。本质同必然性、规律性是同等程度的范畴。规律就是本质的关系或本质之间的关系，认识事物的本质，就是认识事物的必然性、规律性。例如，懂得了化学运动的本质是原子的化合和化分，也就从根本上认识了化学运动的基本规律；懂得了生产力与生产关系、经济基础与上层建筑的基本矛盾运动是构成社会运动的本质，就从根本上理解了社会运动的发展规律。但是，也不能把本质和规律看作是完全等同的。本质的含义更广泛一些，它是事物内部所包含的一系列必然性、规律性的综合。例如，生命的本质即蛋白体的存在方式，就不能简单地归结为生命运动的某一规律。本质是相对于现象来说的，认识只有从现象深入到事物的本质，才能揭示出事物的发展规律。

2. 现象与本质辩证关系

首先，现象和本质是相互区别、相互对立的。其具体表现是：

第一，现象外露于事物的表面，人们的感官可以直接感知；而本质则深藏于事物的内部，往往是看不见、摸不着的，人们的感官也不能直接感知，只能通过抽象思维才能把握。例如，我们每天看见太阳东升西落，似乎太阳绕地球旋转，而实际上是地球绕太阳旋转；我们只能看见熟透的苹果往下落，却看不见使其下落的万有引力；等等。

第二，现象是个别的和具体的东西，而本质则是同类现象中一般的、共同的东西。同类现象具有共同的深刻的本质，而共同的本质则通过千差万别的个别现象表现出来。例如，苹果落地、房屋倒塌、河水流动、飞机坠落、卫星遨游、陨石降落、海潮汹涌澎湃、流星划过长空、地球绕日旋转、太阳东升西落、星系演化发展、黑洞现象形成等，这些表现形态可谓多姿多彩、千差万别，可是它们有着共同的本质，都是引力相互作用的具体表现。

第三，现象多变易逝，本质则相对平静、相对稳定。在客观事物的发展过程中，本质是相对不变的，但它表现出来的现象则是经常变化的，不断改变着自己的具体形态。例如，社会必要劳动决定商品价值是商品价值的本质，价格则是价值的现象，它常因商品的供求关系不同而上下波动，而价值则具有相对稳定性。又如，古典小说《西游记》里的孙悟空，有时变作白发苍苍的老头，有时变作英俊潇洒的少年；有时变作一棵大树，有时又化作一股青烟……七十二般变化，可说是变化多端，但他变化招数再多，也仍然是一个伴随唐僧左右的孙猴子。水有三态，即液态、气态和固态，但这三种状态都是水的表现或现象，其本质仍然是 H_2O。

第四，现象比本质丰富、生动，本质则比现象单纯、深刻。由于现象是个别的、具体的和表面的东西，形之于外、千差万别，且多变易逝，所以它比本质丰富、生动；而本质则是同类现象的共性，深藏于事物内部且相对稳定，所以它比现象单纯、深刻。这犹如河中的流水，现象如同浮在水面的泡沫，本质则如底层的深流。

其次，现象与本质又是相互联系和辩证统一的。具体表现在：

一方面，现象不能脱离本质，任何本质都要通过一定的现象表现出来。本质是现象的根据，现象总是反映着本质，没有不表现为现象的本质，脱离本质的纯粹的现象是不存在的。另一方面，本质也不能脱离现象，本质总是现象的本质，没有不表现本质的现象，现象总是从不同的侧面表现事物的本质，它的存在和变化，归根到底是从属于本质的，脱离现象的赤裸裸的本质也是不存在的。比如，水的三种状态从不同的侧面都表现了由氢原子和氧原子这两种元素结合成的化合物 H_2O。固态是水的本质在冰点以下所表现的现象；气态是它在沸点以上所表现的现象；液态则是在冰点和沸点之间所表现的现象。在这里，无论是哪一种形态都从不同的侧面表现了水（H_2O）的化学本质。生物体的新陈代谢这一本质特征，在植物生长过程中是通过发芽、生长、开花、结果、凋谢、枯萎等各种现象表现出来的，其中每一种现象都从不同的阶段和侧面表现了植物生长过程的本质。人的肠胃疾病是通过胃纳不佳、消化不良、腹胀、腹痛、恶心、呕吐、腹泻等各种现象表现出来的，其中每一种现象都从不同方面、不同程度地表现了肠胃疾患病变的本质。在社会生活中，一个人的思想品质，总要通过他的言行表现出来。每个言行都从不同方面、不同程度地表现了人的思想品质。即使假象也是由事物的本质决定的，是事物本质的表现。例如，历史上和现在的一切侵略者往往释放"和平"的烟幕，来掩盖它好战的本质，它们叫嚷"和平、缓和、友好、亲善"口号，其目的总是和它扩军备战的活动相配合的。这种假象恰恰是一切侵略者虚伪和狡猾本质的表现。列宁说："假象的东西是本质的一个规定，本质的一个方面，本质的一个环节。"[①]就是说，假象同本质也是同一的。总之，世界上没有不表现本质的现象，也没有不表现为现象的本质，本质与现象的统一和联系，是人类科学认识所以可能并赖以进行的前提和基础。

---

① 中共中央马克思恩格斯列宁斯大林著作编译局：《列宁全集》（第38卷），北京：人民出版社1959年版，第137页。

3.现象与本质辩证关系原理的意义

现象和本质辩证关系的原理,对于我们认识世界具有重要意义。

首先,这一原理说明了科学研究的必要性和可能性。本质与现象相互区别,现象不等于本质,本质不等于现象,由此决定了科学研究的必要性。马克思指出:"如果事物的表现形式和事物的本质会直接合而为一,一切科学就都成为多余的了。"[①]而本质与现象的联系和统一,又使科学认识具有可能性。如果二者只有区别没有联系的话,一切科学认识也就成为徒劳无益、白费力气的事了。

其次,它说明了科学认识的任务和途径。科学的任务在于揭示事物的本质,而科学认识的途径和方法则是从事物的现象入手,透过现象去把握本质。因而我们在认识事物时,一方面要注意现象的搜集,占有丰富而全面的感性材料;同时,又要注重科学的思维方法,对各种现象加以分析,特别是要注意识别真象和假象,从而抓住事物的本质。

(三)内容和形式

现实中的任何一个事物,都有形式和内容两个侧面,都是形式与内容的对立统一体。因此,在学习了现象和本质这对范畴以后,还有必要进一步学习和探讨形式与内容的关系。

1.内容和形式的含义

在现实生活中,我们有时会遇到或听到名不符实和弄虚作假的事情,如假烟假酒、假证明假广告、假文凭假钞票、假医生假警察等等。到底何谓真?何谓假?真东西与假东西是如何区分的呢?这就涉及内容和形式的问题。名不符实,就是形式与内容不相符合。

内容和形式是揭示事物的内在要素和它们的外部表现形态之间关系的一对范畴。内容是指构成事物的一切要素的总和。形式是指内容诸要素相互结合的结构和表现方式。

任何事物都有自己的内容,也都有自己的形式,二者缺一不可。不同的事物有不同的内容。由于同一事物往往包含着许多要素,因此事物的内容是多方面的。比如水(H_2O),它的内容包含了氢元素和氧元素;一个人的人

---

① 中共中央马克思恩格斯列宁斯大林著作编译局:《资本论》(第三卷),北京:人民出版社2004年版,第925页。

x

格包含性格、气质、能力等内容。事物的形式有两类：一类是事物的外在形式，它是和内容不直接相关的非本质的形式，它的改变不直接涉及事物的内容。比如商品的包装、人的衣服等，它们的改变不会引起商品质量、人的本质的改变。另一类是事物的内在形式，它和事物的内容紧密相关，是事物的本质的形式。它的改变会引起事物内容的变化，如水分子中氢原子和氧原子的结合方式如果发生改变，则水的内容也会发生变化；碳原子(C)的结合方式不同，可以生成两种物理性质截然不同的物质：金刚石和石墨。

2.内容和形式的辩证关系

首先，内容和形式是相互对立的。对于任何一个具体事物来说，形式是事物存在和表现的方式，内容则是事物存在的基础。形式不是内容，内容不是形式，二者存在着确定的差别，这是它们对立性的表现。内容和形式的对立性是在确定的关系中而言的。就是说，在确定的关系中，内容就是内容，形式就是形式，内容不能同时又是形式，形式也不能同时又是内容。例如，对于人体来说，骨骼、肌肉、血液等是内容，人的体形、外貌、衣着是形式，不能把前者说成是形式，也不能把后者说成是内容。

其次，内容和形式又是统一的。

第一，内容和形式相互依存，不可分割。任何事物都具有一定的内容和一定的形式，一定的形式总要以一定的内容为基础，总是某种内容的形式；一定的内容又必然表现为一定的形式，总是某种形式的内容。没有无内容的形式，也没有无形式的内容。如果没有作为人体内容的骨骼、肌肉、神经、血液等，或没有作为人体形式的体形、外貌等，人体也就不称其为人体；水分子既有氢元素和氧元素作为它的内容，同时又离不开氢原子和氧原子的结合形式即 H-O-H。因此，不具有内容或不具有形式的事物都是不存在的。当然，形式和内容不可分离，并不是说任何特定的内容都只能具有某一种形式，或者一种形式只能体现某一种内容。实际上，同一内容可以有不同的形式。比如，《红楼梦》以宝黛爱情悲剧为主线，通过一个贵族家族的没落，展现了封建社会由盛转衰的历史过程。它可以借助小说的形式展现出来，也可以用电影的形式展现出来，还可以通过戏曲的形式表现出来。反之，同一形式也可以体现不同的内容，如诗歌这种文学形式，莎士比亚用它来表现人文精神，陆游则用它来表达自己的爱国之情；市场作为一种资源配置方式，既可以为资本主义所采用，也可以为社会主义所采用；等等。

第二,内容和形式相互作用,相互影响。一方面,内容决定形式,形式依赖于内容。有什么样的内容,就必然要求和产生什么样的形式;内容发展决定着形式或迟或早总要发生变化。这就像人的生长发育过程一样,随着身体的不断成长,必须穿上不同尺寸的衣服,否则就会影响身体的成长。社会的发展也是一样,在社会生产方式中,生产力是内容,生产关系是形式,有什么样的生产力发展水平,就产生什么样的生产关系。原始社会的生产力极其低下,人们只有依靠集体的力量才能维持生存,因而产生了原始社会的公有制;随着生产力水平的不断发展,剩余产品不断出现,人们不再依赖集体,靠个人或家庭就能维持生存了,于是,出现了私人利益,私有制也就随之产生;资本主义社会的生产力极其发达,生产的一体化、全球化等社会化程度不断提高,这在客观上要求有一种能够有效调节社会生产的生产关系,才能满足它的需要,因此,资本主义生产关系迟早要被社会主义生产关系所代替,这是历史发展的必然逻辑。另一方面,形式也对内容具有反作用。先进的生产关系能够适应和促进生产力的发展,反之,落后和腐朽的生产关系则会阻碍生产力的发展,阻碍社会的进步。钱锺书先生的小说《围城》,读起来津津有味,百读不厌,但一拍成电视剧,仿佛韵味大减,总觉得表达不如小说准确、生动、耐人寻味。与此相反,在教学中,政治理论课特别是哲学原理课,它们本身的抽象性、概括性和系统性等内容并没有变化,但由于采取多媒体教学手段,激发了学生的学习兴趣,加深了对内容本身的理解,极大地提高了教学效果。之所以这样,是因为任何事物的形式反过来又作用于它的内容。

第三,内容和形式在一定条件下相互转化。在一种联系中是形式的东西,在另一种联系中可以成为内容,反之亦然。就是说,内容和形式的区别是相对的而不是绝对的,超出一定的范围和确定的关系,作为一定内容的形式,也可以成为另外一种形式的内容,反之亦然。例如,在生产方式中,生产关系相对于生产力是形式,而它作为经济制度相对于经济体制来说则是内容。思维对于客观的物质世界来说是形式,但对于语言形式来说它却是内容。通讯、报道、社论等是报刊宣传常用的形式,但在新闻学这门学科中,它们就成了新闻学研究的内容。衣服对于人来说是形式,但在服装店里,却又成为内容。同样地,泥土是砖瓦的内容,砖瓦是泥土的形式;砖瓦对于房屋来说是内容,而房屋则是砖瓦的形式;等等。

3.内容和形式辩证关系原理的意义

内容和形式之间既相互区别又相互统一的辩证关系具有重要的方法论意义。一方面,根据内容决定形式的原理,我们在认识和处理问题的时候,必须首先注重事物的内容,根据内容的需要来决定形式的取舍、改造和创新,反对只注意形式而忽视内容的形式主义。形式主义为形式而形式,离开内容的需要追求形式,割裂了内容和形式的辩证统一。形式主义在我们的经济和政治生活中表现诸多,流毒甚广,必须大力戒除。为此我们一定要做到:在认识活动中注重实际,在认识和实践的关系上注重实干,在实践活动中注重实效。否则,"只讲究形式,没有内容,抓落实就会成空话。"另一方面,根据形式对内容有反作用的原理,我们要善于利用、发现、改造、创新有利于表现和促进内容的各种形式,反对形式虚无主义。形式虚无主义只要内容不要形式,实际上也否认了内容,又从另一极端割裂了内容和形式的辩证统一。任何内容都要通过形式表现出来,不能认为一讲形式就是形式主义。

(四)必然性和偶然性

必然性和偶然性是揭示客观事物的发生、发展和灭亡的不同趋势的一对范畴。

1.必然性和偶然性的含义

众所周知,科学发展史上,英国科学家牛顿和德国科学家莱布尼茨几乎同时独立地创立了微积分;19世纪40年代,德国青年医生迈尔、英国业余物理学家焦耳、德国物理学家赫尔姆霍茨等人,几乎同时从不同的角度、通过不同的途径、用不同的方法发现了能量转化和守恒定律;英国生物学家达尔文和博物学家华莱士几乎同时独立地提出了生物进化论;1974年,丁肇中教授发现J/y粒子,差不多同时,美国加州斯坦福大学教授里希特教授也发现了这种粒子。为什么会出现这种有趣的巧合呢? 这涉及必然性和偶然性的问题。

必然性是指客观事物发展过程中合乎规律的、确定不移的趋势。如种瓜得瓜、种豆得豆,日夜交替、四季更替,新陈代谢、生老病死等,这些都是事物发展的确定不移的趋势,都具有必然性。

必然性是由事物的内部矛盾所决定的本质的联系。偶然性是指客观事物发展过程中并非确定发生的,可以出现、也可以不出现;可以这样出现,也可以那样出现的不确定的趋势。偶然性是事物的外部矛盾所决定的非本质的联系。例如,一个人的生命是有限的,寿命再长也难免一死,这是一种必然性,是由人体内部新陈代谢这一根本矛盾所决定的。但一个人究竟死于什么原因、什么时间,这又带有偶然性。又如新社会代替旧社会,这是历史发展的必然,它是由社会基本矛盾运动决定的。至于某一个国家在什么时候、采取什么样的方式实现这一历史转变,则又具有偶然性,它决定于这个国家当时的具体社会历史条件等多种因素。再如,如果一只苹果因为成熟而从树上掉下来,这是苹果自身特点和万有引力共同作用的必然性,但如果这只苹果掉下来恰好砸在某人头上,这就是一种偶然性。

必然性和偶然性作为两种不同的趋势,它们在事物的联系和发展中起着不同的作用。事物发展的原因不是单一的,往往是内部的和外部的、主要的和次要的等各种原因综合作用的结果。必然性产生于事物内部的主要原因,因而它在发展过程中居于支配地位,代表着一定要贯彻下去的趋势,决定着事物发展的前途和方向;偶然性则不同,它产生于事物次要的和外部的原因,因而在发展中一般只居于从属地位,对发展的必然过程起着促进或延缓的作用,使发展的确定趋势带有这样或那样的特点和偏差。例如,无产阶级和资产阶级的矛盾是资本主义社会内部的主要矛盾,正是这对矛盾规定着一定要导致社会主义革命,这是必然的;但是由于无产阶级和资产阶级双方力量的分化和组合,国际条件的变化以及国内各种非主要矛盾的影响,又使社会主义革命在进程方式等方面带有一定的偶然性。

2.必然性和偶然性的辩证关系

第一,没有脱离开偶然性的纯粹必然性,必然性总是通过偶然性表现出来的。

必然性不是孤立存在的,它通过大量的偶然性表现出来,并为自己开辟道路。偶然性是必然性的补充和表现形式。无论是比较单纯的还是比较复杂的现实过程,不通过偶然性只表现为纯粹的必然性的现象是根本没有的。即使表面上看来是纯粹必然性的东西,实际上也总是伴随着偶然性。比如,按照万有引力定律,太阳系诸行星好像是以纯粹必然性循环往复、始终如一地运动着,似乎找不到什么偶然性。实际上,宇宙中的无数天体由于万有引力的普遍作用,它们都会以不同方式影响到整个太阳系的运动,使诸行星绕日旋转发生这样或那样的摄动或摆动,在必然运动中表现出过去人们难以察觉的偶然性。天体的机械运动尚且如此,更为复杂的运动,特别是社会运动就更不可能有排除偶然性及其作用的纯粹必然性了。正如马克思所指出的:"如果'偶然性'不起任何作用的话,那么世界历史就会带有非常神秘的性质。这些偶然性本身自然纳入总的发展过程中,并且为其他偶然性所补偿。但是,发展的加速或延缓在很大程度上是取决于这些'偶然性'的。"①

第二,没有脱离必然性的纯粹的偶然性,偶然性体现并受制于必然性。偶然性是必然性的表现形式和补充。凡是存在偶然性的地方,其背后总是隐藏着必然性。凡是偶然性起作用的地方,都始终受着内部必然性的支配。任何偶然性都不能完全地、绝对地摆脱必然性的支配和影响。比如,社会发展的一定时代的历史任务,总要通过一定的历史代表人物来组织实现,这是必然的。至于这些历史人物是谁,就带有极大的偶然性。而历史人物的气质、性格、品行和爱好等对社会发展的这样或那样的影响,给历史事件涂上各种各样的色彩,看来是偶然的,但在历史舞台上演出的丰富多彩的活剧中又贯穿着一定的必然性。前面我们在讲到马克思主义产生的时候,就曾经讲过这种必然性和偶然性的关系。也就是说,19世纪中叶的现实状况和时代精神,决定着一种新的理论来总结、概括、表达它,这是必然的;但是由谁来承担这个历史重任,这又带有偶然性,它决定于表达者个人的气质、性格、品行、爱好及其实践情况,而马克思和恩格斯刚好具备时代精神所要求的条件,因而就成了时代精神的表达者,因此,马克思主义以及任何具有历史意义的伟大理论的产生,都是必然性和偶然性相结合的产物。古希腊哲学家、原子论哲学的最大代表德谟克利特曾经举了一个有趣的例子来说明必然性和偶然性的关系。他说,一只老鹰在地上抓起一只乌龟,飞到空中又把乌龟扔下来,而乌龟刚好落在一个秃子的头上。人们都认为这是一个纯粹偶然的事情。但是德谟克利特却不这么看,他认为,这里面也蕴含着必然性。因为,老鹰抓到乌龟以后,往往会从高处将它扔到石头上,砸破乌龟的壳,这样才可以食用。老鹰之所以把乌龟扔到秃子的头上,是因为老鹰把秃子的光头当作了石头。这就表现了一种必然性。

① 中共中央马克思恩格斯列宁斯大林著作编译局:《马克思恩格斯选集》(第四卷),北京:人民出版社1972年版,第383页。

第三，必然性和偶然性在一定条件下可以相互转化。由于事物范围的极其广大和发展的无限性，必然性和偶然性的区分又不是绝对的，而是相对的。在一定条件下，偶然性可以转化为必然性，必然性也可以转化为偶然性。这种转化，在生物进化过程中表现得十分明显。生物物种的变化开始时是微小的、偶然的变异，其中有些变异因为适应周围环境的变化而得到发展，逐渐巩固了下来，最后使生物机体发生根本性的变化。这样，起初是个别的、偶然的生物性状最后就变成新物种的必然性状。相反，生物体原来的一些必然性状，由于越来越不适应环境的变化而最终退化掉，以至于发展成为一种偶然性的东西。比如，在人类的祖先类人猿那里，全身长毛是一种必然的现象，而对于现代人来说，全身长毛则是一种偶然的"返祖"现象。又例如，在原始社会生产力极其低下的情况下，自给自足的自然经济的产品交换是必然的，商品交换是偶然的，但随着生产力和社会分工的发展，产品交换逐渐发展为商品交换，这时商品交换就从偶然性转化为必然性。而在通货膨胀、货币贬值、经济不稳定的条件下，原来以物易物的交换方式就会重新出现，不过这种情况从总体上看是个别的、偶然的，这又是必然性转化为偶然性的表现。

3.必然性与偶然性辩证关系原理的意义

首先，必然性和偶然性辩证统一的原理，是反对形而上学机械决定论和唯心主义非决定论的有力武器。形而上学机械决定论只承认必然性，否认偶然性，认为一切现象都是必然的，偶然性不过是人们为了掩盖自己的无知而虚构出来的概念。在机械决定论看来，连一个豆荚中豆粒的多少，一条狗尾巴的长短等等，都是必然的。这种把必然性绝对化的观点，是把实际上的偶然性当作了必然性，从而就把必然性降低到了偶然性。显然，把诸如某一粒尘土的分布等现象当作必然性来加以研究，这无异于取消了科学。同时，如果把事物发展的一切偶然细节都说成是纯粹必然的，等于说它产生的必然链条早已在太阳系形成以前就已经确定了，这就同"天数""神意""命中注定"等宿命论和神学目的论走到了一起。与机械决定论相反，唯心主义非决定论只承认偶然性，否认必然性，把世界看作偶然现象的堆积，认为偶然性支配一切。他们甚至用某个英雄人物的偶然念头来说明某一战争的爆发。非决定论最终会导致不可知论和怀疑论。无论是机械决定论还是非决定论，都割裂了必然性和偶然性之间的辩证关系，各自走向了一个极端。我们要坚持辩证唯物主义的决定论,反对任何把必然性和偶然性割裂开来的错误倾向。

其次,坚持必然性和偶然性辩证统一的原理,使人们的认识和实践活动立足于客观必然性的可靠基础之上。同偶然性相比,必然性代表事物发展的本质和总趋势,处于事物发展的主导地位。因此,人们在认识世界和改造世界的活动中,就要把主要力量放在探求事物的必然规律上,力求按照客观的必然规律来规划自己的行动,使每一个行动都具有明确的目的性和高度的自觉性。毛泽东同志说过,自由是对必然的认识和对客观世界的改造。人们只有认识客观必然性并根据客观必然性来确定自己的行动,才会有主动权,才会获得自由。对于客观存在的必然性即规律性,在没有认识它之前,人们的行动总是不自觉的,难免带有盲目性。我们的任务在于,走发展的必由之路,严格按照客观规律办事,不断地实现由必然到自由的转化,提高自觉性,避免盲目性。在一切实际工作中,如果不去努力认识客观必然性,把希望寄托在侥幸的偶然事件上,就会盲目被动,办出蠢事,得不到预期的结果。

再次,坚持必然性和偶然性辩证统一的原理,也要重视并善于利用偶然性因素的作用。强调在实践活动中必须尊重客观必然性,决不意味着可以不重视偶然性。恰恰相反,我们不但应该充分估计到各种偶然性因素及其影响,而且要学会利用一切有利的偶然性因素来推进我们的工作,并尽可能地避免和削弱有害的偶然因素的干扰和破坏,做好应付突发事变的准备,抓好预警、风险保障等环节,做到有备无患、应付自如。只有这样,我们的工作才能立于不败之地。

现代科学研究和历史活动中对机遇作用的强调,进一步证实和深化了马克思主义关于必然性与偶然性辩证关系的原理。所谓机遇,从广义指一切偶然性,从狭义说则是指对事物存在和发展起积极作用、特别是对人有利的偶然性。量子力学突破了把必然性与偶然性看作外在对立的经典决定论框架,把随机性引入规律之中,揭示了微观客体的运动遵循的是统计规律,即体现于大量偶然的、随机的现象总和中的规律性。分子生物学和系统科学又进一步把偶然性和随机性的思想带入了生命起源和系统演化的研究之中,认为进化并不是预先决定的,而是由一系列的偶然变异和随机涨落促成的。由于人类实践活动的能动性,特别是商品经济和市场经济下必然性表现为外在的强制,偶然性或机遇在历史发展特别是现代社会生活中扮演着极为重要的角色:经济生活中的"机会成本""风险利润",社会生活中的"机会均等",历史演化中的"发展机遇",都集中体现了这一点。可以说,机遇已成为当代世界观和历史观中的重要范畴。

邓小平同志敏锐地把握了科学和历史发展中的这一动向,在运用历史机遇观点观察和处理中国发展问题的过程中,对机遇与发展、机遇与挑战、历史偶然性与历史必然性、人的主观能动性与客观规律性的关系,作了多方面的论述和深刻的揭示,突出强调了抓住机遇不仅是加速我国经济发展的重大问题,而且是关系到中华民族命运和社会主义兴衰成败的重大问题。他一再提出:"要利用机遇,把中国发展起来",要"抓住时机,发展自己,关键是发展经济"。以江泽民同志为核心的党的第三代领导集体根据邓小平上述思想,制定了"抓住机遇,深化改革,扩大开放,促进发展,保持稳定"的基本方针,强调指出:"能否抓住机遇,历来是关系革命和建设兴衰成败的大问题,过去我们抓住了重要的历史机遇,也丧失过某些机遇。现在全党一定要高度自觉,牢牢抓住世纪之交的历史机遇,迈出新的步伐。"同样,善于抓住机遇,对于我们个人的成长、个人价值的实现也有重要意义。不过,需要指出的是,抓住机遇是充分利用有利的偶然性,但这种偶然性又不是脱离必然性的,"机遇只偏爱那些有准备的头脑",那种认为重视机遇就是碰运气、图侥幸、冒险投机的观点是与马克思主义的机遇观根本不相容的。我们一定要从偶然性与必然性相统一的观点,正确把握机遇问题,为中国的发展和个人的进步大胆实践,努力开拓。

(五)可能性和现实性

可能性和现实性是揭示事物的过去、现在和将来的相互关系的一对范畴。

1.可能性和现实性的含义

可能性是指包含在事物发展过程中的,预示着事物发展前途的种种趋势。所以,对于未来的事物来说,它既是一种非存在,又是一种存在。为了全面理解可能性这个范畴,必须区分以下几种情况。

第一,要分清可能性和不可能性。可能性是指在现实事物中有内在的根据、在一定条件下能够变成现实的趋势。不可能性是指在现实事物中没有任何根据,在任何条件下都不会变成现实的事情。区分可能性和不可能性是任何自觉实践的逻辑前提。如果把可能当做不可能,就会错失良机,后悔莫及;而如果把不可能当做可能,就会陷于空想,走向失败。

第二,要分清现实的可能性和抽象的可能性。现实的可能性是指具备了充分的根据和必要的条件,目前就可以实现的可能性。抽象的可能性是指虽有一定根据,但根据还不充分,尚不具备必要条件,当前无法实现的可能性。抽象的可能性虽然当前无法实现,但随着现实的发展,条件的成熟,它在将来有转化为现实的可能性。尽管如此,我们还是要明确现在的目标和将来的目标,首先做好那些具有现实可能性的事情,而不是去做只具有抽象可能性的事情。

第三,要分清两种相反的现实可能性——好的可能性和坏的可能性。在事物发展的具体过程中,由于必然性和偶然性都会起作用,存在多种现实的可能性。这些可能性从对人有利还是不利的角度看,基本上可分为两种:好的可能性和坏的可能性。我们做事情应从最坏的可能性着想,争取使事物向着最好的可能方面发展。

第四,要分清不同程度的可能性。对于可能性,不仅要注意质上的区别,还要注重量上的差异。或然率(也叫"概率""几率")是对可能性大小的一种科学说明和测定。或然率是所要测定的偶然事件的数目与全部可能发生的偶然事件总数之间的比率。把握可能性的大小,可以正确地规定自己行动的目的和任务,并创造条件使有利可能性的或然率增长,使不利可能性的或然率减小。

现实性的存在是指一切包含内在根据的、合乎必然性的存在。这里合乎必然性就是合乎规律,合乎规律的存在才是现实,失去必然性,即便存在着,也不是现实存在,按照黑格尔的思想,那叫现存。黑格尔说过一句名言:"凡是现实的都是合理的,凡是合理的都是现实的。"他讲这话时,德国正处在封建普鲁士王朝统治时期,德国资产阶级思想家们正在为资产阶级革命造舆论,一些资产阶级学者认为黑格尔的这句话是在为普鲁士王朝辩护。黑格尔当时没有公开解释,只是把他的思想私下告诉了他的朋友席勒。黑格尔的本意是说,普鲁士王朝失去了它存在的必然性,不再是现实的,因而是不合理的,是要灭亡的。应该说黑格尔的这个思想是很深刻的。把握可能性范畴,还要注意以下三个区别:其一,要区分可能性与不可能性。可能性虽然还不是现实,但它是有现实根据的,条件具备,时机成熟了,可能就会变为现实。不可能性则是没有任何客观根据的东西,公鸡不能下蛋,"永动机"永远不会成功,因为它们都没有现实的客观根据。其二,要区分现实的可能与非现实的可能。现实的可能是指有充分根据,在现阶段通过努力可以实现的可能;非现实的可能或叫抽象的可能是指在现实中有一定根据但根据不足,在现阶段缺乏成为现实的条件的可能,这样的可能性,即使经过人们的主观努力,仍然不能成为现实。20世纪50年代"大跃进"时期,提出了三年"超英赶美"的口号,这个目标显然根据不充分,条件不成熟,是一种非现实的可能。其三,区分相反的两种可能性。在事物的矛盾发展中,之所以会存在两种相反的可能性,是因为矛盾双方斗争的过程,是两种力量、两种趋势在竞争,每一种可能的趋势都想实现自己。如两支军队作战,双方都有胜利和失败两种相反的可能,最终哪一方胜利,取决于多种因素,包括战争的性质、战斗力强弱、战略战术的制定、武器装备的状况等等。

2.可能性和现实性的辩证关系

二者相互区别。在相对确定的条件下,可能性和现实性是相互区别和对立的,二者界限分明。抹杀这种区别和对立,不是想入非非,就是走向诡辩。邓拓在他的《燕山夜话》中讲过一个故事:某人拾得一只鸡蛋,回家对妻子说,我要发财。妻问何故,此公说我拾得鸡蛋一只,蛋可孵鸡,鸡又会生蛋,如此下去,还不发财。妻子怒气大发,一巴掌打碎了鸡蛋,言道锅里尚没有中饭米,你这里只管做春秋梦。此公见鸡蛋打碎,痛惜地说,你一巴掌打断了我的财源。这个人的问题就是将可能当成了现实,分不清二者的区别,犯了想入非非的错误。

二者相互统一。一方面,可能性与现实性相互依存。就是说,二者不可分割,彼此不是孤立存在的。可能性是潜在的还没有展开的现实,现实是充分展开并且已经实现了的可能。现实之所以为现实,它必须首先是可能的,没有可能永远成不了现实。反过来,可能之所以为可能,是因为它存在于现实之中,以某种现实性为根据。另一方面,可能性和现实性在一定条件下相互转化。可能性实现了,就是由可能转化为现实,在现实的条件下,又会产生种种新的可能,这是由现实转化为可能。可能和现实的对立统一就是发展。发展是新事物的产生和旧事物的灭亡,新事物一开始只是可能性,由于事物矛盾的发展,旧事物发生质变灭亡了,新事物产生了,这就是由可能性转化为了现实。

3.可能性和现实性辩证关系原理的意义

首先,由于可能性不等于现实性,所以我们在想问题和做事情时首先要从现实出发,不能完全寄托于可能(考研、就业、买车、买房、找对象等都要立足于现实);其次,要立足现实,积极争取好的可能,尽力避免坏的可能,同时要有遭遇坏的可能的思想准备,以免出现不利局面时手忙脚乱,惊慌失措;三是要发充分发挥人的主观能动性,积极创造有利条件,促进人们的理想和希望向现实转化。

参考文献:

[1]中国科学院语言研究所词典编辑室:《现代汉语词典》(第6版),北京:商务印书馆2012年版。

[2]中共中央马克思恩格斯列宁斯大林著作编译局:《马克思恩格斯选集》(第三卷),北京:人民出版社1995年版。

[3]中共中央马克思恩格斯列宁斯大林著作编译局:《斯大林选集》(下卷),北京:人民出版社1979年版。

[4]毛泽东:《中国共产党第八次全国代表大会开幕词》。

[5]中共中央马克思恩格斯列宁斯大林著作编译局:《马克思恩格斯全集》(第二卷),北京:人民出版社版2005年版。

[6]中共中央马克思恩格斯列宁斯大林著作编译局:《列宁全集》(第38卷),北京:人民出版社1959年版。

[7]中共中央马克思恩格斯列宁斯大林著作编译局:《资本论》(第三卷),北京:人民出版社,2004年版。

[8]中共中央马克思恩格斯列宁斯大林著作编译局:《马克思恩格斯选集》(第四卷),北京:人民出版社1972年版。

第五讲　对立统一规律

教学目标

从总体上把握哲学矛盾的基本特征,理解矛盾的同一性和斗争性在事物发展过程中的作用,理解矛盾的普遍性和特殊性及其辩证关系,学会运用矛盾的普遍性和特殊性辩证关系原理以及矛盾特殊性原理去分析问题、解决问题。

教学要点

矛盾的同一性和斗争性;
矛盾是事物发展的动力;
矛盾的普遍性和特殊性及其辩证关系。

教学时数

3课时。

世界在普遍联系和永恒运动发展中存在,事物的联系、运动并不是杂乱无章的,而是有其固有规律的。辩证唯物主义揭示了世界联系和发展的三大基本规律:质量互变规律、对立统一规律和否定之否定规律。其中对立统一规律是唯物辩证法的实质和核心。

对立统一规律也叫矛盾规律。"矛盾"一词最早出自《韩非子·唯一》:"楚人与鬻木盾与矛者,誉之日:'吾木盾之坚,物莫能陷也',又誉之日:'吾予之利,于物不能陷也'。或曰:'以子之矛,陷子之盾,何如?'其人弗能应也"。所谓矛盾,就是这么来的。矛盾这个概念,有两种用法,一是逻辑矛盾,就是指同一条件下对同一对象作出既肯定又否定的两个不相容的判断,上面提到的《韩非子》中的故事,就是典型的逻辑矛盾,逻辑矛盾是思维混乱的产物,平时我们写文章、讲话,都要注意这个问题。"悖论"不属于逻辑矛盾,它是指给出的条件相对于不同的关系会产生不同的含义,引出不同的结论,如罗索的"乡村理发师"悖论,还有数学上的悖论,都不在逻辑矛盾的范畴之列,这是一种形式特殊的矛盾。矛盾概念的另一种用法,就是哲学上所说的矛盾。哲学辩证法所讲的矛盾,是反映事物内部或事物之间对立和统一关系的范畴,它是客观存在的对立统一关系在理论上的概括和反映,因而是合乎实际的。

一、矛盾的同一性和斗争性

同一性和斗争性,是矛盾两种相反相成的基本属性。

同一性是指矛盾着的对立面之间内在的、有机的、不可分割的联系,是体现对立面之间互相吸引的一种趋势。同一性具体包含三个方面的内容:

一是矛盾着的对立面之间互相依赖,矛盾着的双方都不能孤立地存在和发展,而必须以对方为条件,如生与死,作为矛盾的双方,它们是互相依赖的,没有生就没有死,没有死也无所谓生,二者统一在生命这个统一体之中。再如夫妻关系,失去了丈夫的女人就成了寡妇,不再是妻子。妻子是自己对方的对方,对方不存在了,对方的对方这种关系就不存在了,存在的只是某某寡妇这个人,不再是某个人的妻子。自然界和人类社会的任何矛盾的双方,都是这样互相依赖,互为条件的。

二是矛盾着的对立面之间互相贯通。互相贯通包括矛盾双方互相包含和互相转化。互相包含,就是矛盾双方"你中有我,我中有你",如在人们的认识过程中,感性认识和理性认识是一对矛盾,这两个方面是互相包含的,即人们总是带着一定的理解去感觉,反过来,人们在理性认识时,也往往夹杂着一些感性形象的东西。

三是矛盾双方的相互转化,是说在一定条件下,矛盾双方各自走向自己的对立面。老子在《道德经》中说"反者道之动",向对立面的运动和转化是合乎规律的运动,讲的正是这个道理。这里需要强调,矛盾的转化只能是向自己的对立面转化，不是向随便什么别的东西的转化，不是人们常说的"变来变去"。为什么？因为只有在矛盾对立面之间才存在一条由此达彼的桥梁，例如和平在一定条件下转化为战争，反之亦然，因为只有在和平与战争之间才存在一条由此达彼的桥梁。矛盾的转化在内容上包括三方面：①性质的转化，如真理和谬误的转化；②地位的转化，如统治者与被统治者、领导者与被领导者的转化；③作用的转化，如积极作用与消极作用的转化，还有平时人们说的"化腐朽为神奇"等。

矛盾的斗争性是指矛盾着的对立面之间相互排斥、相互否定的属性，体现着对立面相互分离的趋势。矛盾的斗争性是个普遍的哲学范畴，有着丰富的内容和多样的形式，社会领域的阶级斗争、民族纠纷、国家争端，生物界的弱肉强食、生存竞争，机械运动中的作用力与反作用力，化学运动中的分解与化合等都属于矛盾斗争。因此，不能将矛盾的斗争性局限于某个具体领域或某种具体的形式。此外，矛盾斗争在其发展的不同阶段还具有不同的表现形态。一般说来，矛盾的初期，矛盾双方只表现为差异、差别（城乡差别、贫富差别等），双方对立的性质处在萌芽状态，随着过程的发展，差异扩大、深化了，原来处于萌芽状态的差异就明朗化起来，并得到充分地展开而成为真正意义上的对立、对抗，再往后，对立进一步尖锐化、激烈化，直到最后矛盾的解决。这整个过程即矛盾发展的各个阶段，都有矛盾的斗争，不同的只在于程度的深浅，所以不能认为只有尖锐的对立才是矛盾斗争。毛泽东在《矛盾论》中说"差异就是矛盾"，就特别强调了这一点。差异是矛盾的潜在状态或萌芽状态；对立、对抗是矛盾明显化，已由潜在走向显在；转化则是一种矛盾系统向另一种矛盾系统的飞跃。

同一性和斗争性固然是矛盾双方两种不同的属性和趋势，但双方又是互相联结的。列宁强调要在同一中把握对立，在对立中把握同一，就是着眼于二者的相互联结。一方面，没有斗争性便没有同一性，同一性以差别和对立为条件，就是说，如果没有矛盾双方的差别和对立，就谈不上双方的联系，同一性何来？谢林形而上学的绝对同一哲学的错误就是在于只承认同一而否认差别和对立，黑格尔批评这是种"a=a"的知性的同一，抽象的同一。另一方面，斗争性的存在也以同一性的存在为前提，斗争性是寓于同一性之中的。也就是说，对立一定是具有同一性的矛盾双方之间的对立，没有同一性，对立性双方不存在相互依赖、贯通的联系的性质，斗争性就失去了前提，事物之间便是"风马牛不相及",何来斗争？宣称绝对的排斥的否定,同样是否认矛盾辩证性质的形而上学错误,法兰克福学派的代表人物马尔库塞的绝对否定论就是一个典型的代表。

二、矛盾是事物发展的动力

发展是什么？从对立统一学说看,事物的发展是由事物的矛盾推动的,列宁指出"发展是对立面的同一和斗争"。也就是说,一切矛盾着的事物的双方,总是既相互依赖,又相互排斥和否定,即同一又斗争。这种同一和斗争,使得矛盾双方的力量对比处在此消彼长的不断变化之中。一旦双方的力量对比发生了根本性的变化,就会实现矛盾的转化或者说矛盾的解决,于是新事物取代旧事物,新矛盾取代旧矛盾,从而实现事物的发展。

既然发展是对立面的同一和斗争,同一性和斗争性在事物的发展过程中就都要发生作用。同一性在事物发展中的作用主要表现为两方面:一方面,同一性表明了矛盾双方的相互依存是事物存在的基础,同时又为事物的发展提供了前提条件。为什么？因为矛盾双方力量的变化过程是在相互依存的矛盾统一体中实现的,发展是在矛盾统一体中的发展,矛盾一方不能脱离它的对立面孤立发展,它要以另一方的发展为条件。如社会主义与资本主义,这是一对矛盾,它们在经济全球化这个相互联系的统一体中,相互吸取对方的长处来发展自己。所以说,矛盾双方的相互依存为事物的发展提供了前提和条件。另一方面,矛盾双方的相互渗透和贯通为双方的相互转化提供了由此达彼的桥梁。矛盾的转化实现了事物的发展,而这个转化离不开同一性这个桥梁和中介,没有这个桥梁和中介,转化向哪里去转？因此,同一性所包含的矛盾双方相互贯通的属性,也是事物实现发展所不可缺少的。

斗争性在事物发展中的作用也表现为两个方面:一方面,矛盾的斗争促使矛盾双方力量的消长,推动着事物不断地发生着量变,为事物的质变创造着条件;另一方面,矛盾的斗争推动事物发生质变即根本性质的变化,现实由旧事物向新事物的转化即实现事物的发展。

讲到同一性和斗争性在事物发展中的作用,还要掌握一个重要的原理,那就是同一性的相对性和斗争性的绝对性。所谓同一性的相对性,是说同一性是有条件的,任何矛盾统一体以及贯穿于其中的同一性的存在,都受着特定条件的限制,也就是说,只有当某种特定条件具备时,矛盾双方才具有同一性,才能共居于一个矛盾统一体中,如果这种条件消失了,矛盾双方就丧失了同一性,也就不能共居于一个统一体中而成为一对矛盾。在辩证法看来,任何条件都不是凝固的,而是可变的,当然,矛盾同一性所赖以存在的条件也是可变的。正因为如此,所以说矛盾的同一性是暂时的、易逝的和相对的。所谓斗争性的绝对性,是说斗争性是无条件的,这里要说明的是,斗争性的无条件性不是说矛盾斗争不需要任何条件。我们可以想想,矛盾斗争性的基本条件是什么? 是同一性,没有同一性这个条件,双方构不成矛盾,何来斗争呢。我们这里讲斗争的无条件性,是说斗争性能够突破特定条件的限制,提供矛盾发展所必需的新条件,直至打破旧的统一体,建立新的统一体。换句话说,斗争性是不受具体条件的限制、在任何条件下都要贯彻下去的一种趋势。也只是在这个意义上,我们才说斗争性是绝对的、无条件的。总之,在事物的发展过程中,同一性和斗争性各自有其不可代替的作用,不能片面地夸大一方面而贬低另一方面,正如毛泽东在《矛盾论》中所说的,"有条件的相对的同一性和无条件的绝对的斗争性相结合,构成了一切事物的矛盾运动","矛盾着的对立面又统一、又斗争,由此推动事物的运动和变化"。

正确认识矛盾在事物发展中的作用,还要区分事物的内部矛盾和外部矛盾。所谓内部矛盾,是指一个确定的事物或系统本身内部构成要素之间的对立统一,通常简称内因;外部矛盾则是指事物与事物之间或系统与系统之间的对立统一,简称外因。唯物辩证法认为,事物的运动、变化和发展是由事物自身的内部矛盾即内因决定的,同时又受着外部矛盾即外因的影响,内因是事物变化发展的根据,是第一位的原因,外因是事物变化发展的条件,是第二位的原因。外因通过内因起作用。

内因之所以是事物变化发展的根据和第一位的原因,就在于内因是事物存在和发展的深刻基础,它提供了事物自己运动的源泉,规定着事物发展的方向。当年罗马帝国为什么灭亡,本质的原因是什么? 有史家提出罗马帝国灭亡的根本原因是日耳曼人、西哥德人、汪达尔人等外族人不断入侵。其实外族入侵只是造成罗马帝国灭亡的外因条件,本质的、根本的原因在内部。晚期的罗马帝国,阶级矛盾尖锐,城乡经济日趋衰落,加上统治者的腐败,导致国力急剧下降,奴隶主统治者的统治难以为继,这才是罗马帝国灭亡的深刻的内部原因。蛮族入侵只是罗马帝国灭亡的外部条件,只是第二位原因。当然,我们说外因是事物发展变化的第二位原因,外因必须通过内因起作用,这决不等于说外因不重要。事实上,任何事物的矛盾都不能脱离同其他事物的联系而存在,有这种联系,外部条件就必然或大或小地影响该事物内部矛盾的运动过程,从而影响它的存在和发展。《三国志》中记载的赤壁之战,孙刘联军用火攻曹军"万事俱备,只欠东风",东风是外部条件,是外因,但在这里却起着影响战争的进程和结果,甚至是决定战争胜负的关键性作用。

三、矛盾的普遍性和特殊性及其辩证关系

按照毛泽东在《矛盾论》中的解释,矛盾的普遍性,"其一是说,矛盾存在于一切事物的发展过程中;其二是说,每一事物的发展过程中存在着自始至终的矛盾运动"。通俗地讲,就是矛盾无处不在,无时不有,或事事有矛盾,时时有矛盾;矛盾的特殊性是指不同事物的矛盾及每一个侧面各有其特点,矛盾的特殊性规定了一事物区别于他事物的特殊本质,是事物存在和发展的内在根据。

矛盾的普遍性和特殊性是辩证统一的关系,表现在三个方面:

第一,二者相互区别。这是说,在确定的范围内,普遍性就是普遍性,特殊性就是特殊性,二者不能混淆。例如,生产力和生产关系是一对矛盾,这对矛盾存在于任何社会之中,这是矛盾的普遍性。但如果我们具体讨论中国封建社会生产力和生产关系的矛盾,那就要研究中国封建社会的具体情况,这是矛盾的特殊性。整个人类社会生产力和生产关系的一般矛盾与中国封建社会的这对特殊矛盾是有区别的,区别在于前者比较抽象,后者比较具体,前者是一般的,后者是个别的。

第二,二者辩证统一。矛盾的普遍性和特殊性的关系,就是一般和个别的关系,二者是辩证统一的。一方面,一般存在于个别之中,没有个别就没有一般。哲学上讲的一般,是从具体事物中抽象出来的共同的、本质的东西,既然从具体事物中抽象,那就离不开具体事物,这个本质也只能在具体事物身上体现出来。如没有张三李四一个个具体的人,就不能抽象出一般的人的本质,还有水果的本质只能从苹果、桔子、香蕉等具体事物身上体现,如此等等。所以说,一般存在于个别之中,没有个别就没有一般。另一方

面,任何个别都是与一般相联系的,没有脱离一般的个别。列宁在《谈谈辩证法问题》中举过一个例子,说"哈巴狗是狗","伊万是人"。在这里。狗、人是一般,哈巴狗、伊万是个别,说哈巴狗是狗,伊万是人,就等于说个别是一般。当然,说个别是一般,不是说个别等同于一般,而是说个别具有一般的本质属性。既然个别具有一般的本质属性,离开了一般,也就无所谓个别了。(这里可以举例分析公孙龙的"白马非马"命题)

第三,二者相互转化。这是就事物存在的范围和条件而言的,范围和条件变了,一般和个别即可以相互转化,如中国特色相对于全世界这是个别,相对于更小的范围如湖南,则转化为一般。

掌握矛盾普遍性和特殊性辩证关系的原理,对于人们认识世界和改造世界都具有重要意义。

就人的认识而言,人总是先认识个别事物,然后从大量个别事物的内部认识该类事物普遍的、共同的本质,这是从个别到一般。人们有了对事物一般的本质的认识后,再以它为指导,继续研究新的、个别的、特殊的事物和现象,这是从一般到个别。"个别——一般—个别",这是认识的秩序,只有遵循这个认识秩序,才能正确认识和把握对象事物。

就人类改造世界的实践活动而言,同样要坚持矛盾普遍性和特殊性的辩证统一。改造世界的实践活动,需要一般的、正确的理论指导,但客观事物的矛盾又是具体的,仅仅通过作为普遍性的一般的即便是正确的理论,是不能正确有效地解决具体矛盾的。只有从普遍性和特殊性的相互联结上把握具体矛盾,才能找到解决矛盾的具体有效的方法和途径。中国特色的社会主义之所以获得成功,就是遵循了矛盾的普遍性和特殊性相结合的原理。

四、矛盾特殊性的丰富内容

第一,矛盾性质的特殊性。就是说,不同事物的矛盾都有自身矛盾的特殊性质和特点,不是千人一面,千篇一律的,如大陆和台湾的矛盾,不同于中美两国之间的矛盾,也不同于中日两国的矛盾,它们的性质不同,必须区别对待。还有我们经常说的人民内部矛盾与敌我矛盾、非对抗性矛盾与对抗性矛盾等等,也都是性质不同的。

第二,矛盾地位的特殊性。矛盾地位的特殊性具体包括三种情况:

一是就事物发展过程而言,有根本矛盾和非根本矛盾之分。根本矛盾即基本矛盾,是指贯穿于事物发展过程的始终并且规定事物和过程的基本性质的矛盾,非根本矛盾则是指事物发展过程中的那些阶段性质矛盾和不决定事物基本性质的矛盾。例如,近代中国资产阶级民主革命的根本矛盾,是中国人民同帝国主义封建主义和官僚资本主义的矛盾,这个矛盾贯穿于中国资产阶级民主革命的始终,并且规定着这个革命的基本性质,至于其他的社会矛盾,如各革命阶级之间的矛盾、反动阶级内部各集团、各派系的矛盾,还有民族之间的矛盾、各宗教派别之间的矛盾等等,则均属于非根本的矛盾。根本矛盾和非根本矛盾的关系是辩证的,根本矛盾规定非根本矛盾的发展,非根本矛盾又反过来影响根本矛盾,加速或延缓根本矛盾的解决,从而加速或延缓整个事物的发展进程,并使这一进程呈现出阶段性。

二是就事物发展的诸多矛盾而言,可分为主要矛盾和非主要矛盾。在一个矛盾群中,主要矛盾是处于支配地位、对事物的发展起决定作用的矛盾,非主要矛盾则是处于从属地位的矛盾。主要矛盾和非主要矛盾的关系也是辩证的。一方面,主要矛盾决定和支配非主要矛盾,另一方面非主要矛盾影响主要矛盾的解决。这告诉我们,观察事物,分析和解决问题,要善于抓住主要矛盾,毛泽东在《党委会的工作方法》中说,党委班子要善于抓大事,抓具有决定意义、全局意义的大事,平时人们说的"牵牛要牵牛鼻子",讲的就是这个道理。抓主要矛盾,哲学上讲就是"重点论"。但是抓重点又不是忽视非主要矛盾,在抓重点的同时,又要兼顾作为非重点的一般,这就是哲学上讲的"两点论"。矛盾分析方法就是要告诉我们,观察、分析和处理问题,必须做到"重点论"和"两点论"的统一,反对不讲重点的"均衡论"和单打一的"一点论"。毛泽东曾用"弹钢琴"的比喻形象地说明了这个道理。另外,主要矛盾和非主要矛盾在一定条件下是相互转化的,例如抗日战争胜利后,民族矛盾就不再是当时我国社会的主要矛盾,阶级矛盾这时上升为主要矛盾。新民主主义革命胜利、社会主义制度确定后,怎样发展生产力,把经济建设搞上去,成为我国社会面临的主要问题,这时就不能再以阶级斗争为纲,不能将阶级矛盾仍看作我国社会的主要矛盾。

三是就每一矛盾内部对立的双方而言,分为矛盾的主要方面和非主要方面。主要方面是指处于支配地位、起主导作用的方面,事物的性质就是由矛盾的主要方面决定的,非主要方面则是处于被支配地位的方面。矛盾的主要方面和非主要方面的关系同主要矛盾和非主要矛盾一样,有着相同的理论原则和方法论意义。具体说,在一对矛盾中,要善于抓住主要的方面,坚持"重点论",反对平均看待和平均使用力量的"均衡论",但同时也不能忽视矛盾的非主要方面,即看问题要全面,这同样是坚持"两点论",同样要反对形而上学片面性的"一点论"。例如,在我国的改革中,存在着改革同人们的实际承受力不相符这样的一对矛盾。改革是我国社会发展的必然要求,是当下我国社会生活的主旋律,毫无疑问它是矛盾的主要方面,必须坚持改革不动摇。但改革也确实影响到一部分人的利益,目前我国社会生活中存在的贫富悬殊、"马太效应"现象和所谓弱势群体等,可以说是改革成果中的负产品,这是个现实问题,是个不容忽视的社会问题,虽然它是这对矛盾中的非主要的方面,但处理解决不好,后果可想而知。另外,矛盾的主要方面和非主要方面也不是一成不变的,一定条件下也会相互转化。有人说"婆媳矛盾"是天生的一对矛盾,旧中国,婆婆是矛盾的主要方面,"三年的媳妇熬成婆",熬成婆,在家庭的地位就改变了。现在的社会条件下,人们一般认为在婆媳矛盾中,媳妇转化成为了矛盾的主要方面。是否实现了这个转化,为什么会有这个转化,这当然要作社会学的调查和分析,我们这里举此例,只是为了说明矛盾的主要方面和非主要方面在一定条件下相互转化的道理。

第三,矛盾解决方式的特殊性。认识和分析矛盾是为了解决矛盾,而不同质的矛盾只能用不同的方法手段去解决。由于事物的矛盾多种多样,矛盾的性质、地位、特点各不相同,因此矛盾的解决方式也是多种多样的。从人们已经认识到的情况看,矛盾解决的基本形式有以下三种:

一是矛盾的一方克服另一方。这是大量存在的,也是最常见的解决矛盾的方式,如和平压倒战争,科学战胜迷信,真理克服谬误等,都属于这种方式。

二是矛盾双方"同归于尽",为新的对立的双方所代替。这种解决矛盾的方式不论在历史上还是在现实中都是存在的。例如,奴隶社会中奴隶主阶级和奴隶阶级的矛盾斗争,就是以这种形式解决的。奴隶主阶级和奴隶阶级两大阶级对抗和斗争的最终结局是"同归于尽",双方都消亡了,他们被地主阶级和农民阶级这对新的矛盾统一体所取代。

三是有些矛盾经过一系列的发展阶段,最后实现了对立面的融合。这里讲的融合,不是调和矛盾的意思,而是说对立双方通过长期的矛盾斗争,不断地缩小差别,互相靠拢,之后融合为一个新的事物,使矛盾得到解决。

例如,脑力劳动和体力劳动的矛盾,从社会发展的趋势看,最可能的解决方式就是双方融合。就是说,随着社会生产力的高度发展和科学文化的普及,脑力劳动和体力劳动之间的差别会逐渐缩小,最终实现二者的融合,形成一种完全新型的劳动。

参考文献:

[1]中共中央马克思恩格斯列宁斯大林著作编译局:《马克思恩格斯全集》(第二卷),北京:人民出版社2005年版。

[2]中共中央马克思恩格斯列宁斯大林著作编译局:《马克思恩格斯选集》(第三卷),北京:人民出版社1995年版。

[3]中共中央马克思恩格斯列宁斯大林著作编译局:《列宁全集》(第38卷),北京:人民出版社1959年版。

[4]中共中央文献研究室:《毛泽东选集》(第一卷),北京:人民出版社1991年版。

[5]肖前等:《马克思主义哲学原理》,北京:中国人民大学出版社1994年版。

[6]叶敦平等:《马克思主义哲学原理》,北京:高等教育出版社2003年版。

[7]逢锦聚等:《马克思主义基本原理概论》,北京:高等教育出版社2015年版。

[8]国防科学技术大学"马克思主义基本原理概论"精品课程授课教案:http://jpkc.nudt.edu.cn/mkszyjbyl/。

第六讲　质量互变规律

┃ 教学目标

学习量变、质变和度三个事物发展过程中重要的哲学范畴,掌握其相互转化的基本形式、状态和辩证关系。深入理解唯物辩证法就事物"发展"过程的规律之二透析:量变的渐进性和质变的飞跃性,凸显历史车轮前进的不经意性。学会运用"质量互变规律"来分析和解决问题。

┃ 教学要点

量、量变,质、质变,度等哲学范畴;
量变的特征;质变的特征;
量变和质变的辩证关系;
质量互变在事物"发展"上的意义。

┃ 教学时数

3课时。

案例　中国互联网的历史发展

阶段	时间起止	主要事件	特征
引入期	1980—1994年	1.1980年3月,在中国香港建立了一个国际在线信息检索终端 2.1981年12月,北京通过传真线设立了一个国际在线检索终端 3.1986年8月25日,中国科学院高能物理研究所吴为民发出第一封在中国境内操作发出的电子邮件 4.1987年9月,王运丰教授和李澄炯博士等在北京计算机应用技术研究所(ICA)建成中国第一个电子邮件节点,并于9月20日向德国成功发出了著名的"越过长城,走向世界"的电子邮件 5.1994年4月20日,NCFC(中国国家计算机与网络设施)工程通过美国Sprint公司接入Internet的64K国际专线开通,中国实现了与国际互联网的全功能连接,互联网被正式引入中国	学术需求(信息检索、通信)推动互联网在中国落地、生根、发芽
商业价值发展期	1994—1996年(准备)	中国互联网的基础设施、骨干网络开始布局 1.1994年5月21日,中国科学院计算机网络信息中心完成了中国国家顶级域名(.cn)服务器的设置 2.1994年9月,中国公用计算机互联网(CHI-NANET)的建设启动,于1996年1月完成第一期骨干网建设 3.1996年12月,北京瀛海威科技有限责任公司的8个主要节点建成开通,初步形成了全国性的主干网	互联网借助商业化获得快速发展
	1996—1999年(加速)	1.1996年6月,新浪网的前身"四通利方网站"开通 2.1996年8月,搜狐的前身"爱特信信息技术有限公司"成立 3.1997年5月,网易公司成立 4.1998年11月,腾讯公司成立 5.1999年3月,阿里巴巴成立 6.2000年1月,百度公司成立 7.1997年到1999年,中国的网站规模迅速从1500个发展到15000余个	

阶段	时间起止	主要事件	特征
商业价值发展期	1999—2002年（泡沫）	1.1999年7月12日,中华网在纳斯达克首发上市,市值一度高达50亿美元 2.2000年,新浪、网易、搜狐等相继在纳斯达克上市,但由于无成熟的盈利模式,互联网泡沫破裂 3.2002年第三季度,搜狐、新浪率先实现盈利,中国互联网企业逐渐熬过寒冬	互联网借助商业化获得快速发展
	2002—2006年（可持续发展）	1.2005年,伴随中国网民规模达到1亿以上,中国互联网的商业价值也逐渐得到了认可,盈利模式逐渐成熟 2.网络广告、网络游戏、搜索引擎和电子商务等成为主要的盈利模式 3.2013年网络购物用户达到3亿,全国信息消费整体规模达到2.2万亿元人民币,电子商务交易规模突破10万亿元人民币 4.2015年12月,中国网民规模达6.88亿,物联网、云计算、大数据、"互联网+"和"中国制造2025"等使互联网商业价值发生质的飞跃	
社会价值凸显期	2006年至今	1.2003年"孙志刚事件"、2006年的"虐猫事件""铜须门",2007年的"最牛钉子户",都是首先从互联网上引爆的,互联网媒体地位获得认可 2.2006年7月18日,第16届"中国新闻奖"揭晓,13件网络新闻作品首次纳入该奖评选,互联网作为主流媒体地位得以确立 3.2006年12月,美国《时代》杂志评出了2006年时代人物——你(you)。"你"的当选,标志着在全球范围,互联网已经成为一支影响社会进程的重要力量 4.2008年6月20日,胡锦涛同志通过人民网"强国论坛"同网友在线交流;2009年2月28日两会前夕,温家宝同志与网友在线交流,了解民意,互联网作为信息交流的重要渠道,正受到政府高层越来越多的重视 5.2009年——中国互联网"治理年"	互联网推动社会进入"人即传媒"的时代,出现与网络民意理性、和谐互动的社会治理模式

阶段	时间起止	主要事件	特征
社会价值凸显期	2006年至今	6.2012年,手机首次超越台式电脑成为中国网民的第一上网终端。2013年,中国微博用户超过3.31亿,在网民中的渗透率达到56.0%。这些降低了人即传媒的门槛 7.互联网的加入,推动了一系列社会事件发展进程,如2008年山西娄烦山体滑坡事故瞒报死亡人数事件,2009年上海"钓鱼执法"事件,2010年"李刚"事件,2011年"微博打拐"事件,2012年,"表哥""房叔""雷政富"等微博反腐事件 8.2015年,中央政府工作报告提出制定"互联网+"行动计划的重要举措,催生社会治理领域新的变革	互联网推动社会进入"人即传媒"的时代,出现与网络民意理性、和谐互动的社会治理模式

中国互联网从无到有,从单纯的检索、通信等科研需求到商业价值、社会治理模式的"互联网+",作为中国信息社会的基础设施,互联网已全面开启其推动社会、政治、经济、文化转型与发展的新阶段,中国已是名副其实的"网络大国"。这一发展过程正是马克思主义唯物辩证法发展观中"质量互变规律"的时代体现。请同学们学习理解中国互联网的历史发展的质量互变过程。

一、三个重要哲学范畴:量、质和度

质和量都是事物的规定性,也就是规定某一事物是某一事物的规定性,这是二者的共性。质和量这两种规定性又是有区别的。黑格尔的辩证法虽然是"颠倒着"的,但正如马克思所言,其"内在核心"是正确的。因而在理解马克思主义唯物辩证法相关哲学范畴时,黑格尔的理解能提供给我们很准确的解读,只需抛弃掉其中的唯心主义成分即可。

(一)质

质:一事物区别于其他事物的内在规定性。

对什么叫"内在的"规定性,可以参照黑格尔在《小逻辑》中对"质"的解释:

　　"定在或限有是具有一种规定性的存在,而这种规定性,作为直接的或存在着的规定性就是质";"质是与存在同一的直接的规定性……某物之所以是某物,乃由于其质,如失掉其质,便会停止其为某物。"①

(二)量

　　量:事物存在的规模、等级和发展的程度及内部组成要素的排列结构,是可以用数量来表示的规定性。

　　"量"与"质"是相对的。黑格尔对"量"的解释:

　　"量虽然也同样是存在的规定性,但不复是直接与存在同一,而是与存在不相干的";"量是纯粹的存在,不过这种纯粹存在的规定性不再被认作与存在本身相同一,而是被认作扬弃了的或无关轻重的。"②

　　对比黑格尔的言语可知:

　　质——直接的规定性,量——纯粹的规定性;
　　质——与存在同一,量——与存在不同一;
　　质——内在的、根本的,量——无关轻重的。

(三)度

　　度:保持事物质的稳定性的数量界限,即事物的限度、幅度和范围,事物的量和质是统一的,量和质的统一在度中得到体现,超出度的范围,一物就转化为他物。同样,黑格尔的定义:

　　"尺度是有质的定量,尺度最初作为一个直接性的东西,就是

---

　　① 黑格尔:《小逻辑》,贺麟译,北京:商务印书馆1980年版,第202页。
　　② 黑格尔:《小逻辑》,贺麟译,北京:商务印书馆1980年版,第202、218页。

定量,是具有特定存在或质的定量。"

"尺度既是质与量的统一,因而也同时是完成了的存在。"①

简单地说,尺度等于质+量,是"有质的定量",而有质的定量构成的尺度就是已经"完成了的存在",即某一确定的物质。

由于定量,因而"度"是一个区间,当超出这一区间,物质的稳定性就发生变化,就不再叫"某物"。度的两端叫关节点或临界点。

"度"哲学范畴的启示:认识和处理问题时要掌握适度原则。

二、联系和发展的两种状态和形式:量变和质变

马克思主义认为物质世界是按照它本身固有的规律运动、变化和发展的。这个"固有的规律"大致有三个:对立统一规律、质量互变规律和否定之否定规律。三个规律可谓各有使命,聚焦诠释。其中对立统一规律揭示了运动、变化和发展的动力之源(对立之张力和统一之合力),否定之否定规律揭示了运动、变化和发展这一过程中各个环节是如何交替、展开和完成的。而质量互变规律则是对这一过程中运动、变化和发展所采取的状态、形式和趋向性的揭示。唯物辩证运动是一个变化的过程,而这一变化过程只会采取两种形式加以展开,即量变和质变,事物的发展过程是一个不停的量变和质变的过程。

> "事实上,精神从来没有停止不动,它永远是在前进运动着。但是,犹如在母亲长期怀胎之后,第一次呼吸才把过去仅仅是逐渐增长的那种渐变性打断——一个质的飞跃——从而生出一个小孩来那样,成长着的精神也是慢慢地静悄悄地向着它新的形态发展,一块一块地拆除了它旧有的世界结构。"②

《精神现象学》是黑格尔早年阐述自己的哲学观点和方法论的第一部纲领性著作,是一部关于意识的经验科学,系统地分析了意识是如何一步一步,通过不停的量变和质变,最后达到"绝对精神"这一黑格尔哲学最高范畴

① 黑格尔:《小逻辑》,贺麟译,北京:商务印书馆1980年版,第234页。
② 黑格尔:《精神现象学》(上),贺麟、王玖兴译,北京:商务印书馆1979年版,第7页。

的。黑格尔关注的是精神层面的量变和质变。恩格斯说：唯物辩证法"是关于自然、人类社会和思维的运动和发展的普遍规律的科学"[①]，"头脑的辩证法只是现实世界即自然界和历史的各种运动形式的再现"[②]。

将"精神"置换成"物质"，上述黑格尔的话告诉我们：①物质的运动是不停的量变和质变过程；②量变是一种渐变性变化；③质变是一种飞跃性变化；④旧有的世界结构被拆除，新的形态出现，说明运动是前进的。

联系和发展的两种状态和形式 { 量变（事物数量的增减和次序的变动，是保持事物的质的相对稳定性的不显著的变化，体现了事物渐进过程的连续性）

质变（事物性质的根本变化，是事物由一种质态向另一种质态的飞跃，体现了事物渐进过程和连续性的中断）

(一)量变

也称渐变，是一种逐渐的、不显著的变化，是事物数量的增加或减少而又不影响质的规定性的变化。或者说，量变是事物在原质的基础上的量的规定性范围内的变化，虽然在数量上可能出现显著变化，但这一变化是在量与质相统一的度的范围内，质依旧是稳定的。其特征是：渐进性、连续性。

举例：

(1)"小狗变大狗"，"小"变"大"只是体形上的显著变化，但"狗""质"本身没有中断和飞跃。

(2)"太阳总是太阳"，太阳处于稳定期内，虽然也有激烈的黑子、耀斑等变化，但太阳的"质"并未变。

---

① 中共中央马克思恩格斯列宁斯大林著作编译局：《马克思恩格斯选集》(第三卷)，北京：人民出版社1995年版，第484页。

② 中共中央马克思恩格斯列宁斯大林著作编译局：《马克思恩格斯选集》(第四卷)，北京：人民出版社1995年版，第302页。

(二)质变

也称突变。质变是事物由一种质向另一种质的显著变化。或者说,质变是事物根本质的变化,是一事物变为另一事物。质变是量变的中断,是旧质向新质的飞跃,质变后的事物已不是原事物。由于事物不是孤立存在的,而是通过一定的量表现出来的,因而我们看到的质变实际上是事物突破自身量的规定性即突破度的变化。其特征是:中断性、飞跃性。

举例:

(1)鸡蛋孵化成鸡。鸡蛋的孵化过程大部分是量变,只有当小鸡破壳出来后,鸡蛋质变为小鸡。

(2)中国互联网络的发展历史。20世纪80年代,中国互联网从美国舶来,经过漫长的不断积累量变,最终到近期与社会、政治、经济、文化转型与发展"无缝结合",互联网本身发生了"质"的飞跃,中国社会本身也转向了"信息社会"的"质变"。

注意1:质变是一种"突变",但这种"突变"是体现在"质"上的"突",而非仅是感官上爆发性的"突"。故质变的形式可以有爆发性和非爆发性两种。上述鸡蛋变成鸡,以及地震、火山喷发属于爆发性的质变,互联网在中国社会的发展则属于非爆发性的质变,再如类人猿进化成人类也是如此。

注意2:量变和质变都是由事物内部矛盾双方力量的变化引起的。当矛盾双方力量的对比还没有达到主次地位的改变时,事物呈现出量变状态。当矛盾双方地位发生改变,原有统一体破裂,事物便呈现出质变状态。

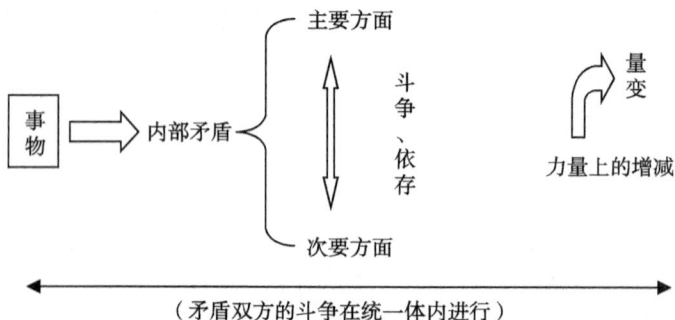

(矛盾双方的斗争在统一体内进行)

（统一体破裂）由该事物变成他事物

（矛盾双方的斗争还在统一体内进行）

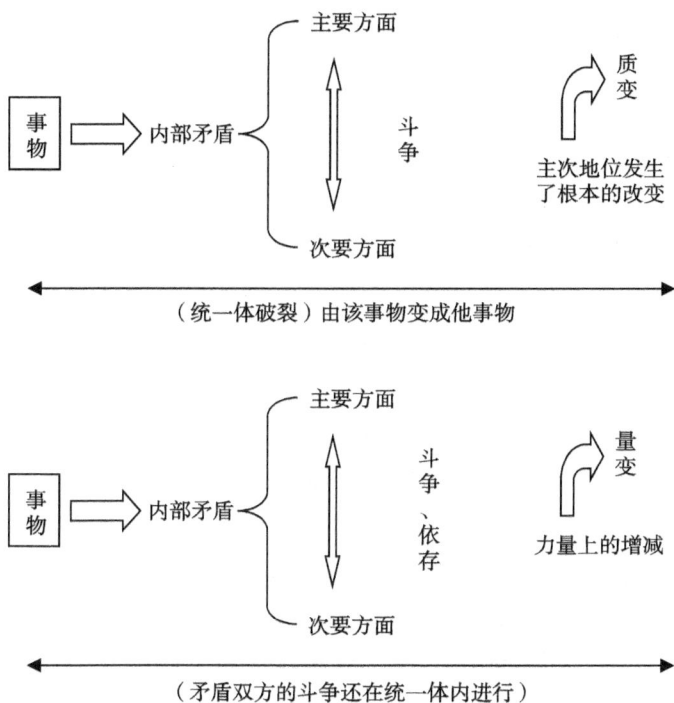

三、量变和质变的辩证关系

(一)量变和质变关系的误区

量变和质变是同一辩证运动过程中出现的两种状态和形式,对于二者关系的认识,存在不少误区。大致有这样几种情况:

(1)事物的发展过程中,先有量变,后有质变,量变和质变是截然分开的。

(2)有了量变就一定会引起质变。

(3)事物的发展是一次量变到质变就结束了。

(4)质变对事物的发展具有重要意义,量变对事物的发展没有意义。

上述四种情况,都是源于对唯物辩证法没有真正把握而造成的。对于二者的关系,必须要彻底地坚持"辩证"的逻辑。

(二)量变和质变的辩证关系

1.量变是质变的必要准备

恩格斯在《自然辩证法》中说：

> "在自然界中,质的变化——在每一个别场合都是按照各自的严格确定的方式进行——只有通过物质或运动(所谓能)的量的增加或减少才能发生。"[1]

量变和质变虽然是两种规定性,但质变不是凭空、偶然发生的,而是由量变的积累达到一定的限度引发的。任何事物的变化都有一个量变的积累过程,没有量变的积累,质变是不会发生的。没有前面几个烧饼,最后一个烧饼是不会填饱肚子的。没有手脚分工、直立行走、制造并使用工具、语言的产生并用于广泛的社会交流等不断的量变,类人猿是不会一下子变成人类的。腐败就是从"抽你几根烟""喝你几瓶酒""收你几个红包"逐渐养成的。忽视量变的基础意义,孤立地强调质变,容易出现"跃进"主义和"激变论"的错误。上述误区4就是。历史上我们已有深刻的教训。

2.质变是量变的必然结果

恩格斯曾经把事物的质变称之为"决定性转折",列宁也说过:"没有飞跃,渐进性就什么也说明不了。"[2]这是因为事物发展的关键在于质变。质变意味着旧事物的死亡,新事物的产生,是事物由旧质向新质的过渡的完成。因此,单纯的量变不会永远持续下去,量变达到一定程度必然会引起质变。水只要不停的加热,最终必会到达"开了"的质变。鸡蛋不会永远孵下去,要么变成臭蛋,要么孵出小鸡。战争不会永远打下去,和平必将到来。人类社会在生产力与生产关系这一基本矛盾的驱动下,不停的量变,必将导致某一社会形态的"质变"产生。

在这里,要注意上述的误区2,质变虽是量变的必然结果,但质变的前提

---

① 中共中央马克思恩格斯列宁斯大林著作编译局:《马克思恩格斯选集》(第四卷),北京:人民出版社1995年版,第311页。

② 列宁:《哲学笔记》,中共中央马克思恩格斯列宁斯大林著作编译局译,北京:人民出版社1993年版,第103页。

不仅是量变的积累，还需这一积累必须突破"量"的规定区间即度，才会发生质变。因此，"质变"的必然性并非泛泛空谈、盲目崇信的、坐等而来的。

3.量变和质变是相互渗透的

这一渗透体现在两个方面：一方面，在总的量变过程中有阶段性和局部性的部分质变；另一方面，在质变过程中也有旧质在量上的收缩和新质在量上的扩张。也就是说量变中有质变，质变中有量变。上述误区1就是将量变、质变作截然"先后"之分。对于这一误区，首先要正确理解"先后"一词。量变、质变的"先后"并非日常生活中时间上的"先后"起止。量变、质变的"先后"实际是一种逻辑"先后"，即条件和结果的先后，只是表达量变是条件，质变是结果，无关时间性的起止。由于"先后"的逻辑性，再加上同一量变或质变过程可以不断地细分，就有了量变、质变在日常时间上"同时"发生的可能，二者是相互渗透的。其次，在量变、质变的发生源上，由于内部矛盾发展在时间上、区域上的不均衡性，并未出现全局性的质变，自然就会出现阶段性和局部性的质变；而当质变展开的同时，新的量变也在局部同样已经开始。量变和质变是条件和结果的环环相扣，交替发展，辩证统一，不断前进，以至无穷，没有所谓的发展"裂缝"。上述误区3将事物的发展作一个个"阶段式"的排列就是对这一"渗透"关系的误解。

举例：人的一生有婴儿、童年、少年、青年、壮年、老年的不同发展阶段，每一阶段的形成都是一个"质变"，但整个人生的发展又时刻不停在"量变"中。每一质变不是突然在某一刻就出现了的，而新的量变也不是在等前一质变完成后再展开。人生的质变、量变总是在不停地发生着。越是复杂的事物的发展越能体现二者的渗透关系。前述中国互联网的发展如此，整个人类社会的发展史更是如此。

四、质量互变规律的启示

（一）现实实践维度

重视量的积累、坚持适度原则和不失时机地促进"质"的飞跃。

首先要在哲学认知上正确区分质变和量变，掌握其不同的特征，并在现实生活中加以理解和运用。

1.要重视量的积累

《老子六十四章》:"合抱之木,始于毫末,九层之台,起于累土,千里之行,始于足下。"《荀子·劝学》:"不积小流,无以成江海。"任何事物的发展都必须首先从量变开始,没有一定程度的量的积累,就不可能有事物性质的变化,就不可能实现事物的飞跃和发展。在学习和实践中要高度重视量的积累工作,要有脚踏实地,埋头苦干的精神,要一点一滴地做细小的事情,反对急于求成,立竿见影,拔苗助长,须知欲速则不达。

2.要坚持适度原则

先秦法家韩非子在《解老》篇中比喻人饮水"溺者多饮之即死,渴者适饮之即生"。由于量变只有在一定的范围和限度之内,事物才能保持其原有的性质,所以,当我们需要保持事物性质的稳定时,就必须把量变控制在一定的限度之内。做事情要注意分寸,掌握火候。

3.要不失时机地促成飞跃

事物的发展最终是要通过质变来实现的,没有质变就没有发展。所以,在量变已经达到一定程度,只有改变事物原有的性质才能向前发展时,我们要果断地不失时机地突破其范围和限度,积极促成质变,实现事物的飞跃和发展。

(二)哲学思考维度

质量互变规律揭示了"发展"的必然趋势,而这个必然趋势是在"不经意"之中发生的。

量变与质变的区分使"度"成为焦点,适"度"、突破"度"都是现实实践中有益的指导。但不仅于此,量变与质变的相互转化更是要揭示运动、变化、发展的必然趋势,让我们谨慎、注意这种变化可能出现的未来。对此,黑格尔以"理性的狡计"作了非常形象的比喻。理性为了实现自己的目的,假装对事物的发展不顾不问,任其本性,甚至发展的过程出现逆向迂回,但最终却达到自己的目的(质变)。黑格尔列举了三个有代表性质量互变之"狡计"案例。

> "水的温度最初是不影响水的液体性的。但液体性的水的温度之增加或减少,就会达到这样的一个点,在这一点上,这水的聚合状态就会发生质的变化,这水一方面会变成蒸气,另一方面会变

成冰。当量的变化发生时，最初好像是完全无足重轻似的，但后面却潜藏着别的东西，这表面上无足重轻的量的变化，好像是一种机巧，凭借这种机巧去抓住质(引起质的变化)。"

"就用钱而论，在某种范围内，多用或少用，并不关紧要。但是由于每当在特殊情况下所规定的应该用钱的尺度，一经超过，用得太多，或用得太少，就会引起质的改变，而原来可以认作节俭的行为，就会变成奢侈或吝啬了。"

"在某种限度内，一个国家的宪法可以认为既独立于又依赖于领土的大小，居民的多少，以及其他量的规定。譬如，当我们讨论一个具有一万平方英里领土及四百万人口的国家时，我们毋庸置疑即可承认几平方英里的领土或几千人口的增减，对于这个国家的宪法决不会有重大的影响。但反之，我们必不可忘记，当国家的面积或人口不断地增加或减少，达到某一点时，除开别的情形不论，只是由于这种量的变化，就会使得宪法的质不能不改变。瑞士一小邦的宪法决不适宜于一个大帝国，同样罗马帝国的宪法如果移置于德国一小城，也不会适合。"①

质变、量变相互渗透，不停转化，循环向前正体现了这一"犾计式"的发展。不仅理性，自然、人类社会各方面的发展都是这种"犾计式"的发展。质变是必然要到来的，发展的车轮是挡不住的。

五、类比讨论：耗散结构理论

耗散结构理论(Dissipative Structure)是1969年以普里戈金为首的布鲁塞尔学派建立起一种关于非平衡系统自组织(能自行演化或改进其组织行为)的理论。这个理论的许多方面与马克思主义量变质变规律意思相似，可以作为比较来说明量变质变规律价值意义。其主要观点如下：

(1)一个远离平衡态的非线性的开放系统(不管是物理的、化学的、生物

① 黑格尔：《小逻辑》，贺麟译，北京：商务印书馆1980年版，第236-238页。

的乃至社会的、经济的系统)通过不断地与外界交换物质和能量(耗散),在系统内部某个参量的变化达到一定的阈值(临界值)时,通过涨落,系统可能发生突变即非平衡相变,由原来的混沌无序状态转变为一种在时间上、空间上或功能上的新的稳定的有序状态。

(2)非平衡态可成为有序之源。

(3)在临界点处,非线性机制放大微涨落为巨涨落,使热力学分支失稳,在控制参数越过临界点时,非线性机制对涨落产生抑制作用,使系统稳定到新的耗散结构分支上。

参考文献:

[1]陈建功、李晓东:《中国互联网发展的历史阶段划分》,《互联网天地》2014年第3期。

[2]王祥:《认识"量变与质变辩证关系"的几个误区》,《思想政治课教学》2009年第11期。

[3]王利、王光明:《量变与质变的辩证关系及现实意义》,《南昌教育学院学报》2013年第2期。

[4]黑格尔:《精神现象学》,贺麟译,北京:商务印书馆1979年版。

[5]黑格尔:《小逻辑》,贺麟译,北京:商务印书馆1980年版。

[6]列宁:《哲学笔记》,中共中央马克思恩格斯列宁斯大林著作编译局译,北京:人民出版社1993年版。

[7]中共中央马克思恩格斯列宁斯大林著作编译局:《马克思恩格斯选集》(第三卷),北京:人民出版社1995年版。

[8]中共中央马克思恩格斯列宁斯大林著作编译局:《马克思恩格斯选集》(第四卷),北京:人民出版社1995年版。

第七讲 否定之否定规律

教学目标

通过本专题的学习,使学生从辩证的否定观与形而上学否定观的根本对立的角度,理解辩证否定观的内涵,理解辩证法的革命批判精神的实质。使学生牢固树立创新意识,树立辩证否定思维观念,用创新精神看待我国的传统文化。树立民族文化必须现代化,古为今用,洋为中用,推陈出新,才能生生不息,永续发展的意识。最终目标是培养学生创新实践能力。

教学要点

"辩证的自我否定"与形而上学的外在否定观的对立;
否定之中有肯定、肯定之中有否定与全盘否定、全盘肯定的对立;
否定之否定规律的方法论上的意义。

教学时数

3课时。

恩格斯在《反杜林论》的否定的否定这一章中,批判了杜林对马克思主义辩证法否定之否定规律的歪曲和攻击,批判形而上学的否定观,阐明了马克思主义的辩证否定观。阐述了否定否定规律的基本内容,特别指出辩证法不是单纯的证明工具,而是无产阶级的科学世界观和方法论。

一、马克思主义的辩证否定观与形而上学否定观的根本对立

(一)"辩证的自我否定"与形而上学的外在否定观的对立

首先,唯物辩证法认为,组成事物内部的各个要素之间,以及事物与事物之间都存在着相互影响、相互制约的关系。前者是事物的内部矛盾即内因,后者即事物的外部矛盾即外因。由于内因是事物变化发展的根据,决定事物总体上的变化发展,所以从归根结底的意义上说,辩证的否定是事物的自我否定。另外,外因是事物变化发展的条件,外因通过内因而起作用,外因使事物发展的总趋势发生某种摇摆和偏离。一方面,外因对事物发展的正方向起作用时,事物便会加速发展;另一方面,外因对事物发展的反方向起作用时,其力度超出接受力时,就会给事物的发展造成某种曲折。基于这种观点,"辩证的否定是事物的自我否定"观,强调事物的自我内在否定是关键的、根本的,唯有此才能揭示出事物发展的根源,说明事物的发展是自我生成、自我完善的过程。基于普遍联系的观点,任何事物的发展,都必定要受到其他事物的作用和影响,因此,它并不否认外因的作用,甚至有时是外因的直接作用的结果。如地震使人伤亡、使房屋倒塌;动物被意外伤害,昆虫被踩死、剑被人折断;等等,这是自然界中一种典型的外在否定形式。即使是人们所说的事物自我否定,如麦种否定自己变成麦苗的过程,也离不开温度、水分等外部因素对麦种的作用。

同时,否定是一个过程,要持续或长或短的时间,就整个否定过程而言,内外因作为对立的双方是可以相互转化的。另外,当代系统论揭示,一切事物都是作为系统而存在的,系统的层次性决定了事物内部矛盾的相对性。因此,以内外矛盾为界限的自我否定和外在否定的区分是相对的,而不是绝对的。任何外在否定相对于对象本身虽然是外在的,但相对于该对象所处的同类或领域则是内在的,例如"昆虫被踩死",就昆虫而言是外力的否定,而就整个动物界而言则毫无疑问的是自我否定。因此,应当把外在否定看成是自我否定总规律的一种具体表现和反映。恩格斯曾指出:"否定的方式在这里首先取决于过程的一般性质,其次取决于过程的特殊性质。""如果我磨碎了大麦粒,如果我踩死了昆虫,那么,我虽然完成了第一个动作,却使第二个动作成为不可能了。因此,每一种事物都有它的特殊的否定方式。"在

恩格斯看来,这个特殊的否定方式就是外在否定。由此可见,外在否定同自我否定一样,都客观地对事物的运动、变化发展起着作用,只是起作用的方式有所不同。因此,必须认识到,辩证的否定既是事物的自我否定,又不否认外力的作用,是自我内在的否定与外在否定的辩证统一。

"辩证的自我否定"与形而上学的否定观都承认事物外部因素的作用,问题在于由于形而上学否认事物的内部矛盾是事物变化发展的根本原因,而是外部力量推动的结果,因而形而上学否定观片面地强调外在否定是事物发展过程中唯一的否定,如踩死昆虫,磨掉大麦粒等。[1]根本不存在所谓的自我否定。

(二)否定之中有肯定、肯定之中有否定与全盘否定、全盘肯定的对立

唯物辩证法认为,否定是事物联系的环节。任何新生事物都不是凭空产生的,都是在旧事物的基础上孕育成长起来的,还与旧事物有着千丝万缕的联系,因为他还保留了旧事物中积极、合理、有益的因素,这一点是不可否认的。比如,社会主义的新中国,继承了半殖民地半封建中国的生产力、优秀的文化传统等。另一方面,否定是事物发展的环节。通过辩证的否定,抛弃了旧事物中的消极、落后、腐朽的因素,并且增添了旧事物所不具有的新内容,是一种前进性、上升性的运动,其实质就是旧事物的灭亡与新事物的产生,是事物质的飞跃与发展。形而上学不承认否定是事物联系的环节和发展的环节,否认新旧事物间的内在联系,否认通过否定所实现的发展。主张否定就是全盘否定,肯定就是全盘的肯定。与此相反,恩格斯引证斯宾诺莎的名言"任何的限制或规定同时就是否定"来表达辩证否定的实质。由此可见,辩证的否定的实质是扬弃,是肯定之中有否定,否定之中有肯定,是肯定和否定的对立统一。

二、方法论上的意义

区别辩证否定和形而上学的否定,在方法论上有着重要的意义。意义在于我们对于事物变化、发展过程的认识需要进行具体的分析,对于旧事物的批判,不能采取割断历史过程的否定一切的态度,要了解新事物总是从旧

---

[1] 中共中央马克思恩格斯列宁斯大林著作编译局:《马克思恩格斯选集》(第二卷),北京:人民出版社1972年版,第182页。

事物中孕育发展起来的,事物的发展遵循着由低级到高级,由简单到复杂的规律。应该在否定旧事物中的一切消极因素的同时,注意发扬和保留其一切仍然有积极意义的因素。马克思主义的辩证否定观要求我们对于一切事物,包括文化传统、外国的东西都要做到肯定与否定的辩证统一,古为今用,洋为中用,推陈出新。马克思主义哲学直接的理论渊源就是德国的古典哲学,他批判地继承了费尔巴哈唯物主义的基本内核和黑格尔辩证法的合理内核。如果没有德国古典哲学所提供的积极内容,就不会产生马克思主义哲学。

古为今用、洋为中用、推陈出新的根本问题是进一步发展保留下来的积极因素,而不是原封不动地保存下来,因此必须科学地解决好民族文化现代化的问题。

(一)民族文化现代化的内外因

马克思主义哲学认为,内因是指组成事物内部的各要素间的对立统一,即内部矛盾。外因是指该事物与它事物之间的对立统一,即外部矛盾。事物的产生、发展和灭亡都是内因外因共同作用的结果,但是二者在事物发展中的地位和作用是不同的。外因作为事物存在和发展的必要条件,可以加速或延缓事物的发展,外因通过内因而起作用。内因则是一事物区别于他事物的内在本质,是事物变化发展的根据,它决定着事物发展的方向。要理解和掌握事物的发展过程,必须首先把握事物的内因。

在民族文化现代化的过程中,民族文化始终是内因,是中华民族实现伟大复兴的原初动力。民族性是任何文化共同具有的本质特征,它是特定民族在特有的生存条件下生产和生活方式的凝练和体现。美国文化学家菲利普·巴格比曾指出:"正是在民族这一层次上的社会才具有最鲜明的文化差异。我们感到自己所属的是某个民族,我们试图仿效我们同胞的习俗和风度。而且,我们非常方便地辨别出法国人、英国人和美国人,以及他们各自的言谈方式、风俗和服饰等等。"①

现代化,就最一般的涵义而言,是指在科学技术革命冲击下各个社会业已进行或正在进行的转变过程。它常被用来描述现代发生的社会和文化变

① 菲利普·巴格比:《文化:历史的投影——比较文明研究》,夏克、李天纲、陈江岚译,上海:上海人民出版社1987年版,第123页。

迁的现象。根据马格纳雷拉的定义，现代化是发展中的社会为了获得发达的工业社会所具有的一些特点而经历的文化与社会变迁的，包容一切的全球性过程。现代化是人类文明的一种深刻变化，是文明要素的创新、选择、传播和退出交替进行的过程，是追赶、达到和保持世界先进水平的国际竞争。我们一般认为：由于现代化带来了深刻的社会变迁或称"社会转型"，所以现代化不仅是物质生活方式的变化而且是从物质到精神、制度到观念的社会总体的变迁，是特定社会的现代性因素不断增加的过程。现代化是人类社会由传统农业社会向现代工业社会发展、转变的必经过程，它具有全球性的趋势。世界上任何一个国家、民族以至每个人，都不能完全置身于这个过程之外。

马克思主义认为，"每一历史时期的观念和思想也可以极其简单地由这一时期的生活的经济条件以及由这些条件决定的社会关系和政治关系来说明"[1]。我国民族文化是中华民族在五千年的历史演变中，由于特定自然、社会和历史的作用而积淀成的文化成果，是指中华民族共有的、以儒家思想文化为基线的，包括其他各种不同思想文化内容如佛教文化、道家文化、法家文化、墨家文化等的有机的构成体系。它塑造并影响着中国人的生活方式和价值观，也是维系中华民族的根本纽带，并曾经创造出农业文明时代最为灿烂的物质文明、精神文明和政治文明，为世界做出了巨大的贡献。

我国曾在很长的时期实行的是较为单一的农业自然经济结构，这就决定我国民族文化基本上是自然经济下的农业文化。形成了我国古代中央集权的君主专制制度和带有血缘的宗法制度相结合的"家国同构"的社会政治结构，这也使得血缘关系长期影响着我国社会的发展，这样，在我国的民族文化中就长期保留了专制主义思想和家族主义观念。这种农耕文化，具有封闭、保守、停滞的特点，在其长期的发展过程中不仅没有发生根本性的变革，反而日渐暴露其缺点。这种文化缺乏自我反省和自我批判的精神，变革、维新的内在动力不足。在近代，与西方蒸蒸日上的新兴工业文明相比，两者之间呈现明显的落差。中国独特的文化价值体系由于延续的时间长，形成了自己的惯性，表现出顽强的生命力。中国在以前各个历史时期所形成的各种文化观念，都未曾与市场经济体制发生过太多的联系，更谈不上为

① 中国社会科学院马克思主义研究院：《马克思 恩格斯 列宁 论意识形态》，北京：人民出版社2009年版，第75页。

社会主义市场经济提供文化基础了。而社会主义市场经济体制的建立和完善，必将从根本上改变人们思想观念、生活方式，从而推进民族文化的转型。党的"十七大"旗帜鲜明地提出了实现我国民族文化现代化的重要使命，指出："要全面认识祖国的民族文化，取其精华，去其糟粕，使之与当代社会相适应、与现代文明相协调，保持民族性，体现时代性。"[①]由此可见，我国民族文化的现代化，既是理论也是实践问题。

1.民族文化现代化的内因

在建设现代化新文化方面，自戊戌变法以来，中国几代思想家一直在思索并寻求这一问题的答案，却始终未能达成一致。问题突出表现在如何处理中国民族文化与西方文化的关系上。主要表现为国粹主义、全盘西化、中西调和这三种不同观点理论。国粹主义，实质上就是对民族文化的全盘肯定，主张靠民族文化的重新定位来解决现代化过程中出现的困境、矛盾和价值错位等问题。全盘西化，则是对民族文化的全盘否定、对西方文化的全盘肯定，认为中国民族文化本身没有现代化的因素，与现代化的发展不适应，更难以适应市场经济。在中国现代史上，三种倾向，经常是交锋、对抗，此消彼长。张岱年先生跳出这种模式的怪圈。他指出：无论是"中体西用"还是"西体中用"，也无论是国粹主义"全盘西化"，都走不通，只有辩证的综合创造，才是中华民族文化复兴的坦途。中国的出路只有一条，那就是中国的现代化。中国特色社会主义文化发展道路，反映了新形势下党和国家事业发展对文化建设的新要求，符合我国国情，顺应时代发展潮流，是我们党长期领导文化建设实践经验的集中体现，是对我国文化发展规律的深刻揭示，是建设社会主义文化强国唯一正确的道路。

马克思主义辩证的否定观认为，一事物被否定的根据是通过事物内部的否定方面战胜肯定方面来实现的。马克思主义哲学认为，任何事物内部都包含着肯定和否定两个方面。肯定方面是指事物中维持其存在的方面，即肯定这一事物是它自身而不是他物的方面。否定方面是指事物中促使其灭亡的方面，即破坏现存事物使它转化为他物的方面。任何事物都是肯定方面和否定方面的统一体。如果没有肯定方面，事物就不能存在；如果没有否定方面，事物就丧失了变动性而成为僵死的东西。当肯定方面处于支配

[①] 胡锦涛：《在中国共产党第十七次代表大会上的报告》，北京：人民出版社2007年版。

地位时,事物保持其原有的性质和自身的存在;一旦否定方面取得了支配地位,事物就会丧失其原有的性质而发生质的变化。肯定和否定是事物内部两个相反的方面,它们又是辩证统一的。一方面,肯定和否定相互依存。离开了肯定没有否定,离开了否定也没有肯定,另一方面,肯定和否定相互渗透。

纵观西方文化发展史,可以说,"理性"的产生与完成以及现代对理性的批判,都与西方文化发展史形影相随,西方文化发展中的"理性"以及对理性的批判从实质上讲就是马克思主义哲学上的肯定和否定两个方面,西方文化的三个主要传统之间的关系是一种相互否定和彼此超越的关系。古罗马文明是对古希腊精神的更为世俗化的发展,而基督教文明则起源于古希腊罗马晚期的神秘主义传统。因此,每一种文化既继承和吸收以前文化的精华,又会通过创新给人类和历史提供一种全新的面貌和形象,形成更高的理性主义文化。正是基于这种优势西方近现代文化才能迅速崛起、后来居上。

民族文化的现代化,实现中华民族的伟大复兴是中国人自己的事,要靠中国人民的辛劳、智慧和创造逐步实现。我们应该立足于民族文化的根基,重新挖掘其中生生不已的内在源泉和动力,使之在内力的作用下,保留其中积极、合理有益且富有生命力的因素,抛弃其中落后、腐朽消极的因素。要认真总结现代化建设中的经验教训,探索社会发展的规律,根据自身不断变化的国情、民情与时俱进地调整各项方针政策,不断地进行理论创新,用新的思路和理念指导民族现代化建设的伟大实践。

2.民族文化现代化的外因

在经济全球化的时代里,民族文化现代化应该以一种新的视角来给以审视,即在民族文化现代化的路径中坚持辩证的否定观,把民族文化看成是内因,把西方文化看成是外因。因此,我们当前建设社会主义市场经济体制,意味着我们必须不仅要抛弃历史上形成的农耕文化传统,而且要抛弃以往的与计划经济体制不相适应的文化理念,建立起一套与社会主义市场经济相一致的文化体系。要做到这一点,我们需要对中华民族的民族文化理念进行扬弃,对计划经济的文化理念进行超越,通过吸收外来文化的先进成分,推动一种与社会主义市场经济相适应的文化形态的生成和转型,这是我们目前和将来一段时间都需要认真完成的艰巨任务。从外在否定的角度讲,西方文化是民族文化现代化的外因,在经济全球化的今天,各种文化交融碰撞,应该注意的是我们要对自己的民族文化有一种"理性"的批判态度,要敢于自我否定和自我超越,我们要努力自觉地吸收、借鉴西方文化。我们要以充分的民族文化自信心,大胆地敞开胸怀,博采众长,接纳吸收西方文化中的理性科学、现代人文精神,近代民主法治思想、现代市场经济理论、可持续发展的理念等,在碰撞中扬弃升华,在交融中丰富发展。对于西方文化中的极端个人主义、享乐主义、拜金主义、无政府主义等腐朽文化思想必须坚定不移地抵御。在此基础上,进一步进行理论创新,从而营造出自己民族特色的文化,准备迎接各种困难和挑战。这样才符合唯物辩证法。

(二)实践活动要创新

马克思说:"辩证法在对现存事物的肯定的理解中同时包含对现存事物的否定的理解,即对现存事物的必然灭亡的理解;辩证法对每一种既成的形式都是从不断的运动中,因而也是从它的暂时性方面去理解;辩证法不崇拜任何东西,按其本质来说,它是批判的和革命的。"[①]在辩证法看来,任何事物都不是永恒的、绝对的,总是要被否定的。否定是事物发展的推动力量。纵观西方文化的发展过程,理性的批判与辩证的否定始终伴随这一过程。我国民族文化现代化的过程也应该如此。

对我党来说,在新的历史条件下,必然会不断遇到一些前所未有的问题。这就需要在认识活动中,勇于进行"理论创新"。理论创新的目的就是要正确处理已知与未知的关系,绝对真理和相对真理的辩证关系,从而达到理论和实践具体的、历史的统一,为实践活动创新提供科学的指导。在现实中,尊重人的自主选择性和创造性,坚持实践的多样性,要把以往的和外来的理论和实践经验同我国的实际相结合,既体现民族性,又体现时代性。避免犯教条主义和经验主义的错误。创新的前提是质疑。质疑本质上是主体对客体的那些失去了生命力、丧失了发展前途的肯定因素的揭露,为富有生命力的否定因素战胜这些肯定因素即新事物的产生开拓道路。要敢于对古今中外的、传统的和现实的,一切滞后的、错误的思想观念和做法进行诘问,不唯书、不唯上,只唯实。马克思一生的座右铭是"怀疑一切",爱因斯坦强调,"提出一个问题往往比解决一个问题更重要。"人类社会的进步史表明,

---

① 中共中央马克思恩格斯列宁斯大林著作编译局:《马克思恩格斯选集》(第二卷),北京:人民出版社1995年版。

无论是理论创新还是实践创新,都是从理性质疑开始的。哥白尼质疑托勒密的"地心说",提出天体运行的"日心说";伽利略质疑亚里士多德的落体猜测,提出自由落体定律;爱因斯坦质疑经典物理学的绝对时空观,提出广义相对论;袁隆平质疑书本中关于水稻无杂交优势的定论,创建水稻"二系"杂交高产法,成为"杂交水稻之父";马克思恩格斯质疑黑格尔和费尔巴哈哲学,创立辩证唯物主义和历史唯物主义;毛泽东质疑"左""右"倾机会主义者的错误思想路线,提出党的实事求是思想路线,创建中华人民共和国;邓小平质疑"两个凡是"的唯心主义真理观和社会主义计划经济体制的弊端,开创中国特色社会主义建设道路,等等。

质疑的最终目的是立新,立新即是建立符合客观规律、顺应时代潮流且具有强大生命力和远大前途的新事物。立新就要坚持辩证否定观。不仅要继承,还必须破旧,在破旧中立新是创新的必然选择。破旧就是对前人认识和实践成果继承基础上的突破和超越,是扬弃。在经济发展新常态下,在民族复兴的征途中,要突破和超越,毫无疑问首先要不断地与时俱进,进行理论创新。要在毫不动摇地坚持社会主义市场经济体制、毫不动摇地在深化经济体制改革的基础上深化政治体制改革、毫不动摇地坚持科学发展观的基础上,坚决果断地抛弃以往一些不合时宜的理念和做法。例如,把GDP增长作为衡量社会发展水平唯一指标;只懂得让群众辛勤付出却不懂得让群众共同分享劳动成果的等等思想和做法都要抛弃。与此同时,要坚持物质文明、精神文明、政治文明、社会文明和生态文明共同建设;在保护环境就是保护生产力,改善环境就是发展生产力,环境舒适是最根本的幸福保障的思想指导下,发展绿色经济、循环经济。不仅建设生态化的城市,也要建设生态化的农村理念;树立人民群众既是幸福生活的创造者,也是美好生活的享受者的理念,让全体人民共享改革开放的成果,更加关注弱势群体、更加关注社会公平正义。

当然理论和实践创新均要坚持"适度"的原则,坚持马克思主义的价值观和基本立场。例如,在经济上,要坚持公有制的主体地位不能动摇;在政治上,要坚持四项基本原则不能动摇;在利益分配上,要坚持实现最广大人民群众的根本利益的原则不动摇。唯物辩证法告诉我们,发展是一个由量变到质变的过程,没有量的逐渐积累就不会发生质的变化。作为发展的创新过程同样需要脚踏实地、循序渐进地量的累积过程,不可能在朝夕之内取得成功。事实证明,任何一项创新成果的完成都要历经一个或长或短的过程。达尔文完成《物种起源》历经二十年,马克思撰写《资本论》历经四十年,微积分的发明从古希腊的"化圆为方"到牛顿、莱布尼茨完成最后关键性的一步,历经两千多年。

唯物辩证法还告诉我们,发展是螺旋式上升、波浪式前进的过程。因此立新的过程就必然是披荆斩棘的过程。这种困难和挫折除了源于探索创新本身的高难性,还源于保守思想的排斥,因循守旧者的抵制等。社会领域中的制度和体制变革,斗争之激烈有目共睹。即便是远离世俗的数学,当其概念、原理、理论的创新违反传统数学观念、触犯宗教神学、背离日常经验时,也会遭到保守者的激烈反对。牛顿、莱布尼茨创立微积分,把上帝赶出无穷世界,遭到大主教贝克莱的恶意攻击;罗巴切夫斯基创立非欧几何,背离世俗的空间概念,终生受到世人非难;康托尔创立集合论,冲击传统无穷观念,受到数学家的长期讥讽。立新的艰难曲折性,要求创新主体必须具有在困境和逆境中勇于坚持真理的大无畏精神。

总之,在民族文化现代化的过程中既要正确看待民族文化与西方文化的关系,坚持内因与外因的辩证关系,又要充分认识民族文化的优点与不足,坚持辩证的否定观,继承、批判和创新,这样才能建设具有中国特色社会主义的文化强国,实现中华民族的伟大复兴。

参考文献:

[1]张开泽:《辩证的否定包括外在否定》,《佛山科学技术学院学报》(社会科学版)1999年第1期。

[2]戴贞标:《传统文化现代化路径的当代审视》,《淮海工学院学报》(人文社会科学版)2014年第9期。

[3]王远、刘静:《创新精神的内核及其哲学底蕴》,《长春工程学院学报》(社会科学版)2005年第1期。

第八讲　认识的本质及发展规律

┃教学目的和要求

学习马克思主义认识论的基本原理,掌握实践、认识、真理、价值的本质及其相互关系,树立实践第一的观点,自觉培育和践行社会主义核心价值观,努力在改造客观世界的同时改造主观世界。

┃教学要点

科学的实践观;
能动的反映论;
实践是认识的基础;
认识的本质及发展规律。

┃教学时数

3课时。

一、实践是认识的基础

实践是人类生存和发展的最基本的活动,是认识产生和发展的基础。"实践的观点是辩证唯物论的认识论之第一的和基本的观点。"[①]

---

① 中共中央文献研究室:《毛泽东文集》(第八卷),北京:人民出版社1999年版,第284页。

(一)科学的实践观

1.实践的内涵

实践是人类能动地改造世界的感性物质活动。在中国古代哲学中,实践被称为"践行""实行"或"行",主要是指道德伦理方面的行为。而在西方哲学史中,有思想家论述了其合理性,但没有形成科学的实践观。马克思主义哲学吸取了哲学史上关于实践概念的合理因素,正确阐明了实践的本质及其在认识世界和改造世界中的作用,创立了科学的实践观。马克思在《关于费尔巴哈的提纲》中阐明了实践是感性的、对象性的物质活动,认为"全部社会生活在本质上是实践的"①,强调哲学的重要使命在于指导实践改造世界。

2.实践活动

人们的实践活动,是以改造客观世界为目的、主体与客体之间通过一定的中介发生相互作用的过程。实践活动的基本要素:主体、客体、中介,三者的有机统一构成实践的基本结构。

实践主体,是指具有一定的主体能力、从事现实社会实践活动的人,是实践活动中自主性和能动性的因素,担负着设定实践目的、操作实践中介、改造实践客体的任务。实践主体的能力:自然能力,精神能力(包括知识性因素和非知识性因素)。主体形态:个体主体,群体主体,人类主体。

实践客体,是指实践活动所指向的对象,是主体活动对象的总和。实践客体与客观事物不完全等同。(客观事物只有在被纳入主体实践活动的范围之内,为主体实践活动所指向并与主体相互作用时才成为现实的实践客体。)客体的类型:如从是否为实践所创造的角度,可分为天然客体与人工客体;从自然界与人类社会两个领域相区分的角度看,可划分为自然客体和社会客体;从物质性和精神性相区分的角度看,可划分为物质性客体和精神性客体,等等。

实践中介(手段),是指各种形式的工具、手段以及运用、操作这些工具、手段的程序和方法。实践的中介系统,可分为两个子系统:物质性工具系统、语言符号工具系统。具体而言,一是作为人的肢体延长、感官延伸、体能

① 中共中央马克思恩格斯列宁斯大林著作编译局:《马克思恩格斯选集》(第一卷),北京:人民出版社2012年版,第135页。

放大的物质性工具系统,这在生活中很常见,请同学们列举一些出来;二是作为人的大脑延伸、智力放大的语言符号工具系统,请同学们列举一些出来。

总的来说,实践和认识作为主体和客体之间的相互作用是需要通过中介来实现的。

3.实践的主体与客体的关系

(1)实践关系:改造与被改造的关系(这是实践主体与客体之间的最根本关系)。实践的主体和客体与认识的主体和客体在本质上是一致的。认识的主体和客体的关系不仅仅是认识和被认识的关系,而且首先是改造和被改造的关系。主体认识客体的过程,也是主体改造客体的过程。在主体改造客体的实践过程中,人创造环境,同样环境也创造人。

(2)认识关系:是主体在改造客观对象的实践中能动地反映对象的过程。

(3)价值关系:主体对客体的认识和改造,说到底是为了满足自己的需要,获得一定的价值。

(4)审美关系:主体在改造和认识客体中得到的美感。

4.实践的基本特征

(1)实践是改造世界的客观物质活动,具有直接现实性。原因:构成实践活动的诸要素都是可感知的;实践的水平、广度、深度和发展过程,都是受客观条件的制约和客观规律的支配;实践能够引起客观实际的某种变化,可把人脑中观念的存在变成现实的存在,给人们提供现实的成果。实践的这一特征,把它同人的主观认识活动区别开来。

(2)实践是人类有意识的活动,体现了自觉能动性。原因:与动物本能的、被动的适应性活动不同,人的活动总是有意识、有目的的,在人的实践活动结束时得到的结果,在这个过程开始时就作为目的在实践者头脑中以观念的形式存在着,这个目的决定着实践者的行为。如建筑师在建房以前,已经在头脑中把它建成了。因此,实践是人的自觉能动的活动。

(3)实践是社会的、历史的活动,具有社会历史性。原因:实践从一开始就是社会地进行的,任何人的活动都不能离开与社会的联系。作为实践主体的人总是社会的人,即处在一定社会关系中的人。实践的社会性决定了它的历史性,因为实践的内容、性质、范围、水平都是受一定的社会历史条件所制约的,都是随着一定的社会历史条件的变化而变化的,因而实践又是历史地发展着的实践。

5.实践的基本类型

随着人与世界关系的发展,特别是随着社会分工的进步,人类实践的具体形式越来越多样化。从内容上看,实践可分为三种基本类型,即物质生产实践、社会政治实践和科学文化实践。

物质生产实践,是人类最基本的实践活动,它解决人与自然的矛盾,满足人民物质生活资料和生产劳动资料的需要,同时生产与再生产社会的基本经济关系,由此决定着社会的基本性质和面貌。

社会政治实践,是改造社会关系的实践活动,表现为人们之间的社会交往和政治活动。人们在物质生产基础上,形成了复杂的社会政治关系。与物质生产方式发展变化相适应,社会政治实践的方式也是历史地变化的。在阶级社会中,它主要采取阶级斗争的形式。

科学文化实践,是创造精神文化产品的实践活动。它有各种不同的形式,最重要的形式有科学、艺术、教育等。精神文化的生产不是一个纯粹的意识过程。人类的任何实践形式无疑都离不开意识活动,但一种活动能否称为实践活动,关键是看它是否超出了纯粹的意识活动,是否改变了除实践主体的意识状态之外的其他存在物的状态。科学文化实践也是如此,如教师的教学活动就是一个很好的事例。

三者的关系:以上三种实践类型既各具不同的社会功能,又密切联系在一起,其中物质资料的生产活动是最基本的实践活动。其他两个类型在物质生产实践基础上产生和发展起来,受物质生产实践的制约并对其发生能动的反作用。

虚拟实践,是伴随信息化和网络化发展而产生的,其实质是主体和客体之间通过数字化中介系统在虚拟空间进行的双向对象化的活动,主要活跃于网络世界,具有交叉性、开放性、间接性等特点。它的出现,为人的发展提供了多样的自由空间,极大地提升了人的活动的自主性、创造性,对人类社会生活产生了重大影响,同时也带来许多新的问题。因此,虚拟实践是社会物质实践的派生形式,只是具有相对独立性,应给予高度关注,并加以合理引导。

(二)实践对认识的决定作用

辩证唯物主义认识论认为,实践决定认识,实践是认识的基础,它对认识的决定作用主要体现在以下四个方面:

1.实践是认识的来源

人们只有通过实践实际地改造和变革对象,才能准确把握对象的属性、本质和规律,形成正确的认识。离开实践的认识是不可能的。一切真知都是从直接经验发源的。一个人的知识,不外乎直接经验和间接经验两部分。在我为间接经验者,在他人则仍为直接经验,多数知识都来自于间接经验。

案例:

> "百尺竿头立不难,一勤天下无难事。""问渠那得清如许? 为有源头活水来。""近水知鱼性,近山识鸟音。""不登高山,不知天之高也;不临深溪,不知地之厚也。""你要有知识,你就得参加变革现实的实践。你要知道梨子的滋味,你就得变革梨子,亲口尝一尝。"

2.实践是认识发展的动力

实践需要推动认识的产生和发展,推动人类的科学发现和技术发明,推动人类的思想进步和理论创新。人们认识发展的可能性及其实现的必要条件,如经验资料、实验仪器和工具等,也是实践提供的。更为重要的,实践改造了人的主观世界,锻炼和提高了人的认识能力。

案例:

> 实践需要——认识产生。如:农牧业生产——天文学;丈量土地——数学;建筑、手工业——力学;战争——孙子兵法;环境污染和生态失衡——生态科学;无产阶级的革命斗争——马克思主义;中国改革开放——邓小平理论。历史上从结绳记事——珠算——计算机。"社会一旦有技术上的需要,这种需要就会比十所大学更能把科学推向前进。"①

---

① 中共中央马克思恩格斯列宁斯大林著作编译局:《马克思恩格斯选集》(第四卷),北京:人民出版社2012年版,第648页。

3.实践是认识的目的

人们通过实践获得某种认识,不是"猎奇""雅兴",不是为科学而科学、为认识而认识,其最终目的还是为实践服务,指导实践,以满足人们某种生活和生产的需要。自然科学研究的不断创新,目的是推进技术的更大发展,创造更丰富的物质财富,给人类带来更多的福祉。社会科学研究的不断创新,目的是认识社会和改造社会,建设社会的精神文明,创造更高质量的精神财富,促进人的自由而全面的发展。

案例:

> "哲学家们只是用不同的方式解释世界,问题在于改变世界。"——马克思

4.实践是检验认识真理性的唯一标准

只有通过实践才能使正确认识得以确证;使错误认识得以修正。认识的真理性只有在实践中才能检验。

案例:

> 地球的形状问题可以从哥伦布、麦哲伦等的航海实践中得到证明。伽利略在比萨斜塔上的实验:两个铁球同时着地。"判断认识或理论之是否真理,不是依主观上觉得如何而定,而是依客观上社会实践的结果如何而定。真理的标准只能是社会的实践。"[①]

总之,认识依赖于实践,人的认识从实践产生,服务于实践,随实践发展,并接受实践的检验。实践是认识的来源、动力、目的和检验其真理性的标准,实践决定认识。所谓实践第一,理由就在此。

案例:

天花——人类的噩梦

天花是最早被人类记载的一种烈性传染病。早在3000多年前

① 中共中央文献研究室:《毛泽东选集》(第一卷),北京:人民出版社1991年版,第284页。

的古埃及,就曾流下天花流行的痕迹。在古埃及法老拉美西斯五世的木乃伊上,考古学家在其脸部发现天花的印记,通过考古学和病理学的研究,证明这可能是人类历史上目前所能找到的最早的一个天花病例。据史载,天花伴随战争,席卷整个罗马帝国,自165年之后的15年,意大利人口中1/3死于此瘟疫。846年,在入侵法国的诺曼人中突然爆发了天花,诺曼人的首领只好下令将所有的病人统统杀死。11世纪,罗马教皇组织十字军远征,也是此传染病致使十字军全军覆没。1519年,当西班牙军队入侵美洲时,他们带去的不仅是枪炮,也带去了天花这种秘密武器。结果,美洲土著人认为这是神的意志,是神站在了入侵者的一方,故放弃了抵抗。

天花在中世纪的欧洲也留下了阴影。18世纪时,天花在欧洲流行了数十年,导致6000万人死亡。在当时,欧洲幸存下来的人中平均每5人就有一位是"麻脸"。许多皇族权贵也逃不过天花。法国路易十四曾得到一枚名贵的钻石,名为"蓝色希望",可惜他只戴了一次,不久便得天花身亡,这枚名贵的钻石从此也成了邪恶的代名词,以至于以后无人再敢碰它。那时,英国、俄国、德国的几位国王也都死于天花。在随后的几百年间,天花的数次大流行夺去了欧洲3亿人的生命,而20世纪所有的大战死亡人数最多几千万,还不及因患天花死亡人数的1/3。

我国最早有关天花的记载,始于晋代葛洪的《肘后备急方》。天花大约是公元1世纪的战争中由俘虏带来的,所以当时被称做为"虏疮"。唐宋以后,天花在中国逐渐流行起来。明代以后,由于交通发达,人员往来频繁,天花的流行范围更广。满族人入关之前,因为没有受过天花的侵袭,不具有免疫力,以至于他们因为害怕患上此病而不敢出征。据史料记载,清朝的顺治皇帝和同治皇帝都是死于天花。

案例评析:

此案例介绍了人类对天花病的认识和防治的历程,说明人的认识来源于实践,是随着实践的发展而发展的。在早期,由于对天花的了解甚少,人们认为这是一种可怕的神秘疾病。可见,人类对于防治天花手段的认识正是随着人类防治天花的实践不断发展的。如果没有这些实践，人们对于防治天花手段的认识就不会发展。

苯环结构的发现

科学发现不仅是实验观察和逻辑推理的过程，也是科学家思维创造的过程，要受到人的非理性因素的影响。化学家凯库勒发现苯分子环状结构的过程就是一个典型的例子。

1864年的冬天，凯库勒在比利时的根特大学任教，这时他正在研究苯分子的结构问题，但进展缓慢，几乎陷入了困境。一天晚上，他在书房中打起了瞌睡，眼前出现了旋转的碳原子。在梦中，碳原子的长链像蛇一样盘绕卷曲，忽然看到一条蛇抓住了自己的尾巴，并旋转不停。凯库勒像触电般地醒来，并由此联想到苯分子的结构，提出了苯环结构假说。后来，凯库勒在1890年的讲演中描述道："我坐下来写我的教科书，但工作没有进展，我的思想开小差了。我把椅子转向炉火，打起了瞌睡。原子又在我眼前跳跃起来，这时较小的基团谦逊地退到后面。我的思想因这类幻觉的不断出现变得更敏锐了，现在能分辨出多种形状的大结构，也能分辨出有时紧密地靠近在一起的长行分子，它们盘绕，旋转，像蛇一样运动着。看，有一条蛇咬住了自己的尾巴，这个形状虚幻地在我的眼前旋转着。像是电光一闪，我醒了……我花了这一夜的其余时间，作出了这个假想。"对于他的发现，凯库勒说："我们应该会做梦……那么，我们就可以发现真理……但不要在清醒的理智检验之前，就宣布我们的梦。"

案例评析：

"苯环结构的发现"，说明了非理性因素对于人的认识的影响和作用。凯库勒正是从他的梦出发，联想到了苯环的建构。其实，认识是认识主体的认识，而认识主体并不是一个仅仅具有实验观察和逻辑推理能力的理性动物，他还是一个具有意志和情感的主体，所以人的认识必然要受到情感、意志等非理性因素的影响。科学发现不仅仅是实验观察和逻辑推理的过程，也是科学家思维创造的过程，要受到人的非理性因素的影响。

"昂贵的旧石板"

五代南唐时,江宁府(今南京市)已是客商云集的繁华之地。一天,一位来自西域的胡商看见一户农家门前有块石板,是个浑然天成的大圆盘,胡商欲出十两银子购买它,农夫顿生戒心,觉得这块本是耕田时偶然发现的石板或许有些用场,值更多的钱。于是不肯轻易交易。胡商走后,农夫立即将这块石板抬进院子支起来,除继续用它当饭桌外,农夫再也想不出可以有其他的用场。次日,胡商又登门商议购买这块石板,农夫开价一斗黄金或一升珠宝才肯出卖。胡商答应并回去筹措这笔钱。农夫在胡商走后,把石板从院子抬进屋里,点灯连夜清洗石板上泥迹油污,并用砂石把石板打磨的非常光溜。准备等胡商再来时,将石板的价钱再抬高一倍。

第三天,胡商带着珠宝来到农夫家,当他看到石板时,大叫可惜。原来,这块石板是一个天然日晷,石板上原排列十二个小孔,分别表示子丑寅卯辰巳午未申酉戌亥十二时辰,每交一个时辰,小孔里就会爬出一只红蜘蛛,并在孔的周围布一个六角形的网,到了下一个时辰,另一个红蜘蛛也会从下一个孔出来布同样的网,然后上一个时辰的蛛网就会自动消失。如此交替进行,人们就会准确无误地判断出现在的时刻。普通的日晷只能以太阳光的投影来判断时刻,而这个天然日晷无论天晴下雨、白天黑夜都能使用,这就是它的奇妙之处。但如今石板已被磨损,再也不会有红蜘蛛出来布网了,石板也就一文不值。农夫听完胡商的解释后,后悔莫及。

案例评析:

面对同一个破旧的石板,农夫认为除当饭桌外没有其他用途,而胡商则视为至宝,愿意出高价购买,二者的看法有天壤之别。原因在于,二者的生活经历、知识背景不同,形成的认识也不同,导致对这块石板的用途和价值的判断也不同。因此,农夫把石板打磨光溜,认为这样能卖好价钱,而胡商则认为打磨后的石板一文不值。

二、认识是主体对客体的能动反映

(一)唯物主义与唯心主义对认识的不同回答

一是"从物到感觉和思想"的路线,主张物质引起感觉、思想从客观到主观,这是唯物主义认识路线。一是"从思想和感觉到物",主张感觉、思想派生物质,从主观到客观,这是唯心主义认识路线。

唯物主义认识路线,坚持反映论立场,认为认识是主体对客体的反映。人的一切知识都是从后天接触实际中得来的。如荀子认为,人非"生而知之",而是"求之而后得";"非天性也,积靡使然也。"唯心主义认识路线,否认认识是人脑对客观世界的反映,把认识看作是先于物质、先于人的实践经验的东西,是主观自生的。如孟子认为,"人之所不学而能者,其良能也,所不虑而知者,其良知也。""仁、义、礼、智,非由外我也,我固有之也。"

客观唯心主义认识路线,认为人的认识是上帝的启示或某种客观精神的产物,如古希腊柏拉图认为存在一个独立于现实世界之外的"理念世界",人的知识就是来源于对其中的"理念"的认识和回忆,故而提出了"认识即回忆"的观点。

总之,各派说法和表现形式不同,但都否认认识是人脑对客观世界的反映,本质是唯心主义先验论。

(二)辩证唯物主义与旧唯物主义对认识本质的不同回答

辩证唯物主义和旧唯物主义都坚持反映论,认为认识是主体对客体的反映,但二者又有性质上的区别。旧唯物主义认识论的基本特点:以感性直观为基础,把人的认识看成是消极地、被动地反映和接受外界对象,类似于照镜子那样的反射活动,故又称为直观的、消极被动的反映论。

旧唯物主义的认识论即形而上学唯物主义认识论,把人的认识看成是消极的、被动地反映和接受外界对象。它有两个严重的缺陷:

一是离开实践考察认识问题,因而不了解实践对认识的决定作用。它把认识的主体只是看作生物学意义上的人,把认识的客体只是看作人们静观的对象,把主客体之间的关系只是看作反映和被反映的关系,而不是改造和被改造的关系,所以认识就只能是消极直观的反映。

二是不了解认识的辩证本性，离开辩证法来考察认识问题，因而把复杂的认识过程简单化了。不能把认识看作一个不断发展的过程，而认为认识是一次性完成的。这种直观的消极被动的反映论是不科学的。

换言之，只从直观的客体一方来说明认识的形成及其本质，把认识的产生简单地看作是主体接受对象的刺激和对象把自身"烙印"在主体大脑中的结果，把主体与客体的地位完全颠倒了。在这样的认识论理论中，认识主体的作用被完全排除在哲学家的视野之外。

辩证唯物主义认识论有两个基本特征：一是把实践的观点引入认识论，作为整个认识论的基础，因而科学地规定了认识的主体和客体及其相互关系，对认识的发生和发展、认识的目的和作用、认识正确与否的检验标准等一系列重要的认识论问题，作出了同旧唯物主义认识论完全不同的解释。二是把辩证法应用于反映论，应用于考察认识的发展过程，科学地揭示了认识过程中多方面的辩证关系。如主观和客观、认识和实践、感性和理性、真理的绝对性和相对性、真理和价值等方面的关系，把认识看成一个由不知到知、由浅入深的充满矛盾的能动的认识过程，因而能够全面地揭示认识过程的辩证性质。

这种以实践观点和辩证观点为特征的反映论，就是能动的反映论。它不仅克服了旧唯物主义认识论的局限性，也彻底驳倒了不可知论。

（三）能动反映的基本特点（即摹写性、创造性）

辩证唯物主义认识论认为，认识的本质是主体对客体的能动反映，它不但具有再现客体内容的反映性特征，而且具有实践所要求的主体能动的、创造性特征，认识是主体以实践为基础对客体能动的、创造性的思维再现。

（1）反映的摹写性是人类认识的基本规定性。反映的摹写性是指人的认识作为对客观事物的反映，必然要以客观事物为原型和摹本，在思维中再现客观事物的状态、属性和本质。也就是一种"复写""摄影""摹写"。这种反映的特性就是摹写性，反映的摹写性表明了反映的客观性。

（2）能动的反映具有创造性。反映的摹写性绝不是说认识只是人的主观对客观对象简单、直接的描摹，或照镜子式的原物映现，而是一种在思维中的能动的、创造性的活动。能动反映的创造性对于人的认识的形成、发展和运用更为重要。

（3）在人的认识活动中，摹写、反映的特性与能动、创造的特性，二者是不可分割的。创造和反映不是人类认识的两种不同的本质，而是同一本质的两种不同功能。创造离不开反映，创造过程是在多方面反映相互联系的基础上实现的；反映也离不开创造，反映是在创造过程中实现的。人对客观世界及其事物的能动反映是摹写性与创造性的统一。否认反映的摹写性，使创造性脱离反映论的前提，就会把创造变成主观随意的创造，从而滑向唯心主义和不可知论；如果把反映完全等同于摹写，忽视反映的创造性，就会重复旧唯物主义直观反映论的错误。只有以科学的实践观为基础，坚持反映的摹写性和创造性的统一，才能真正揭示认识的本质和规律。

哲学史上对认识本质的不同的理解：

1.旧唯物主义直观反映论

（1）德谟克里特的"影像说"。古希腊唯物主义哲学家德谟克里特认为，事物都在空间中投出各自由原子所构成的影像，这些射出来的影像作用于我们的感官，才产生了感觉。他认为：从事物流射出来的影像与流射影像的事物是一致的、相似的，这样人的感觉与事物本身也是一致的。

（2）亚里士多德的"蜡块说"。"心灵在一种意义下，潜在地是任何可思维的东西，虽然实际上在已经思维之前它什么也不是……心灵所思维的东西，必须在心灵中，正如文字可以说是在一块还没有写什么东西的蜡板上一样：灵魂的情形完完全全就是这样。"[1]

古希腊最伟大的思想家亚里士多德认为：人的感官就像蜡块，外物在蜡块上印下的痕迹就是感觉，它是以是否同外界物相符合为标准的。亚里士多德虽然认为感官有认识能力，但这只是潜在的感觉，只有当现实的感觉对象作用于感官时，才可能产生现实的感觉。因此，人的认识过程中是被动的。[2]

（3）约翰·洛克的"白板说"。英国唯物主义哲学家约翰·洛克提出了"白板说"，他认为：人的心灵原就好像一块白板，上面没有任何记号、任何观念，

---

① 北京大学哲学系外国哲学史教研室：《西方哲学原著选读》（上卷），北京：商务印书馆1981年版，第152—153页。

② 亚里士多德把人的感觉比作蜡块，把作为事物的形式比作金属的图纹，就像只有金属的图纹作用于蜡块，蜡块上才会产生印记一样，只有外界事物的形式作用于人的灵魂，人才会产生知识。尽管亚里士多德的形式不完全等于我们今天所说的客观事物，但他肯定了认识来源于外界。经验论是哲学认识发展过程中的一个重要派别。

外界事物把它们的标记、形象和名称刻在人脑这块白板上，就形成了我们的各种感觉和经验。"白板说"把人的认识看成是完全被动的过程。"人的心灵天生就好比一块白板，不是白颜色的板，而是空白的板，上面没有任何记号，没有任何观念。人出生时心灵犹如白纸或白板一样，对任何事物都没有印象。""我们的全部知识是建立在经验上面的；知识归根到底都是导源于经验。"①

洛克把经验分为感觉和反省两类。感觉是观念的外在来源，是通过外物的刺激而产生观念的过程；反省是观念的内在来源，是"内部感官"，是心灵反思内部活动而获得的观念。洛克还将物体的一切性质分为"第一性的质"和"第二性的质"；前者指物体的大小、广延、可动等，后者指由第一性的质所派生的、使他物发生变化的能力以及在我们感官上产生颜色、声音、气味、滋味和冷热、硬软等感觉的能力。他认为，物体的第一性的质是客观的，是"实在的性质"，不以人的意志为转移；第二性的质是物体在人心中造成的不同于第一性的质的性质，是凭借物体的第一性的质的能力在人的心灵中引起的观念，它在物体中并不存在"原型"。

英国经验论哲学家约翰·洛克的"白板说"，反对当时盛行的天赋观念论，洛克认为一切知识来源于经验，表明他坚持了唯物主义经验论的原则，但把反省也视为知识的一个来源，则表明了其唯物主义经验论的不彻底性。洛克的"白板说"奠定了近代经验主义认识论的基础，成为18世纪法国唯物主义哲学的理论源泉。洛克的哲学思想对贝克莱的经验唯心主义、休谟的不可知论经验主义以及康德的"批判哲学"都产生了深远影响。

2.唯心主义先验论

客观唯心主义先验论认为人的认识是上帝的启示或绝对精神产生的，即从天上掉下来的。古希腊哲学家柏拉图主张，在现实世界之外，有一个超越经验、超越时空、永恒存在的理念世界；人们的经验是无法认识理念世界的；人们关于理念世界的知识是先天地存在于人的心灵之中的，通过后天的学习，可以把它们回忆起来。主观唯心主义先验论认为人的认识是主观自生的，是"内正反省"的结果，即认为是自己头脑里所固有的，是心灵的自由创造物。

（1）柏拉图的"回忆说"。回忆说是古希腊哲学家柏拉图为论证他的理

① 北京大学哲学系外国哲学史教研室：《西方哲学原著选读》(上卷)，北京：商务印书馆1981年版，第450页。

念论而提出的一种认识说。柏拉图认为,人的感觉只能认识有变化生灭的、不真实的现实事物,而不能认识永恒的、真实的理念,人们关于理念的知识只有通过回忆的途径才能获得。

柏拉图认为,"如果是我们在出世前获得了知识,出世时把它丢了,后来又通过使用各种感觉官能得到了原来具有的知识,那么,我们称为学习的这个过程,实际上不就是恢复我们固有的知识吗? 我们把它称为回忆对不对呢? 完全对。"①

人在出生前,灵魂中原本已经具有了关于理念的知识,只是在灵魂和肉体结合出生时忘记了。在人出生后,通过对一些具体事物的认识,并加以启发,人们便回忆起与这些具体事务相类似的知识。正如看到一个人的肖像或他用过的物品时就能回忆起这个人一样,人通过美的花、美的人等具体的美的事物,便回忆起绝对的完全的美的理念。柏拉图在对话《美诺篇》中以一个童奴为例,说这个童奴虽然从来没有学过几何学和数学,但通过诘难和启发,却能解答几何学的难题,由此证明:这些知识本来就存在于人的心中,只不过是需要通过辩驳和诘难才能回忆起来。②

(2)笛卡尔的"天赋观念论"。"各种感官有时是会犯错误的,因而要过分信赖曾经欺骗过我们的事物,也是很鲁莽的。"③

认为真正的知识只能来自于人的天赋观念,只有人类先天就具有的这些天赋观念才是知识的源泉。他指出一切知识都是由观念构成的,这些观念可分为三类。第一类是通过感官从外界得来的,带着个别性和偶然性,而且常欺骗人们,因此单凭感性经验不能形成无可怀疑的科学知识。第二类是人们由理性直观得到的,如数学的、形而上学的公理,一见就明白,无可怀疑,这类观念是一切科学的基础。第三类是人们凭空虚构的,如飞马、金山之类,没有客观有效性,当然不能成为科学。

笛卡尔认为,第二类观念是普遍必然的,不可能来自个别的、偶然的感

① 北京大学哲学系外国哲学史教研室编译:《西方哲学原著选读》(上卷),商务印书馆1981年版,第81页。

② 柏拉图认为知识为人先天固有,对外界的感受知识起到促进知识回忆的作用,外界并不是知识的来源。这样,在柏拉图看来,认识就是回忆人先天就具有的知识。属典型的唯心主义先验论。

③ 笛卡尔:《哲学原理》,关文运译,北京:商务印书馆1958年版,第1页。

性经验,只能是理性自身固有的"天赋观念"。①

(3)休谟的"怀疑论"。18世纪英国经验主义哲学家,温和的怀疑论或不可知论者。休谟从经验论出发,提出了以怀疑论为特色的哲学理论。"如果我们是哲学家的话,那么我们就应该对一切持怀疑态度。这样才能名副其实。"在认识论上,休谟怀疑感觉的来源。他把经验的对象称为知觉,它分为印象与观念两大类,其中印象又分为感觉印象和反省印象。观念来源于印象,反省印象来源于感觉印象,一切知识都来源于感觉印象。至于感觉印象的来源,休谟认为是一个不能回答的问题。"至于由感觉所发生的那些印象,据我看来,它们的最终原因是人类理性所完全不能解释的。我们永远不可能确实地断定,那些印象是直接由对象发生的,还是被心灵的创造能力所产生,还是由我们的造物主那里得来的。""心中除了知觉以外既然再也没有其他东西存在,而且一切观念又都是由心中先前现在的某种东西得来的;因此,我们根本就不可能想象或形成观念和印象有种类差别的任何事物的观念。……我们实际上一步也超越不出自我之外。"②

休谟认为自己的怀疑论不同于皮罗的"极端怀疑论",而是一种"温和怀疑论",即不是为了怀疑而怀疑,怀疑只是追求确定知识的手段。他的怀疑仅限于思辨领域,在实践中仍然相信健全的常识。③

三、认识运动的基本规律

认识不但来源于实践,而且是一个在实践基础上不断深化的发展过程。

(一)从实践到认识

认识运动的辩证过程,首先是从实践到认识的过程,即在实践基础上由感性认识能动地飞跃到理性认识的过程。在这个过程中,无数客观外界的

---

① 笛卡尔是唯理论的著名代表人物,他根据当时自然科学所取得的成就,把"清楚明白""普遍必然"作为衡量标准,认为从经验得来的观念不符合这一要求,只有来自理性自身的才是真正的知识,所以知识的来源是人先天就有的天赋观念。在西方哲学史上,经验论与唯理论之间的争论非常激烈,双方的观点各有长短,于是怀疑论出现了。

② 休谟:《人性论》,关文运译,北京:商务印书馆1980年版,第83—84页。

③ 休谟认为,经验论与唯理论之间的争论,其根源在于它们都想超出人类的感觉印象,而实际上,我们能确定的是人类的知识来源于感觉印象,至于感觉印象的来源,则是人类理性所不能认识的。这样,休谟就把认识的直接来源确定为人的感觉印象,而不管认识的最终根源。实际上,休谟的怀疑论回避了认识的来源问题。

现象通过人的眼、耳、鼻、舌、皮肤五种感官反映到自己的头脑中来，形成感性认识。

1.由感性认识到理性认识

(1)感性认识，是人们在实践基础上，由感觉器官直接感受到的关于事物的现象、事物的外部联系、事物的各个方面的认识，它是认识的初级阶段。感性认识有三种形式：感觉、知觉和表象。

感觉，是人的感觉器官对客观事物的个别属性、个别方面的直接反映，如人的视觉、听觉、触觉等，它是感性认识从而也是整个认识过程的起始环节。知觉，是人的感觉器官对客观事物外部特征的整体的反映。如将色、香、味等方面的感觉结合起来，就形成对一个苹果的整体知觉。表象，是感性认识的高级形式，它是人脑对过去的感觉和知觉的回忆，是曾经作用于感觉器官的客观对象的形象再现。

感性认识具有直接、具体、生动、形象等特点。直接性是其突出的特征，感性认识是用具体的、生动的形象直接反映外部世界，以事物的现象即外部联系为内容，还没有深入到对事物的本质的认识。故感性认识是生动的、形象的，但不深刻，这是其局限性所在，必须上升到理性认识。

(2)理性认识是指人们借助抽象思维，在概括整理大量感性材料的基础上，达到关于事物的本质、全体、内部联系和事物自身规律性的认识。

理性认识的三种形式：概念、判断和推理。概念，是对同类事物共同的一般特性和本质属性的概括和反映，是思维的细胞，也是最基本的思维形式，如家庭、社会、国家、民族等，就是一些基本的概念。理性认识的其他形式，都是在概念的组合和深化的过程中形成和发展的。判断，是展开了的概念，是对事物之间的联系和关系的反映，是对事物是什么或不是什么、是否具有某种属性的判明和断定。推理，在形式上表现为判断与判断之间的联系，它是从事物的联系或关系中由已知合乎逻辑地推出未知的反映形式。

理性认识的特点：抽象的、间接的、深刻的。从概念到判断再到推理，是理性认识由低级到高级的发展，是"抽象的思维"阶段，是认识的高级阶段，具有抽象性、间接性的特点，它以反映事物的本质为内容，因而是深刻的。由感性认识能动地发展到理性认识，这是认识过程的第一次飞跃。

2.感性认识和理性认识的辩证关系

第一，感性认识有待于发展和深化为理性认识。只有使感性认识上升到理性认识,才能把握事物的本质,满足实践的需要。坚持了这一点,就是坚持了认识论的辩证法。第二,理性认识依赖于感性认识,理性认识必须以感性认识为基础。坚持理性认识对感性认识的依赖关系,就是坚持了认识论的唯理论。第三,感性认识和理性认识是相互渗透、相互包含的,二者在实践的基础上统一起来。同时二者的区分是相对的,人们不应当也不可能把它们截然分开。

方法论:如果割裂二者的辩证统一关系,就会走向唯理论或经验论,在实际工作中就会犯教条主义或经验主义的错误。

3.从感性认识向理性认识过渡的基本条件

(1)勇于实践,深入调查,获取丰富而真实的感性材料。这是正确实现由感性认识上升到理性认识的基础。

(2)经过理性思考的作用,将丰富的感性材料加以去粗取精、去伪存真、由此及彼、由表及里的制作加工。这样才能将感性认识上升为理性认识。即,必须运用辩证思维的科学方法,才能获得真正的认识。

4.关于理性因素与非理性因素的作用问题

在认识的辩证运动过程中,既要注重理性因素的作用,也不可忽视非理性因素的重要作用。人的认识过程是理性因素和非理性因素协同作用的结果。

非理性因素:主要是指认识主体的情感、意志。从广义上看,人们还常把认识能力中具有不自觉、非逻辑性等特点的认识形式,如联想、想象、猜测、直觉、顿悟、灵感等,也包括在人的非理性因素中。

非理性因素对于人的认识能力和认识活动具有激活、驱动和控制作用,美好的心境、坚忍的意志、饱满的热情,往往能调动主体的精神力量去努力实现认识的目标。因此,人们应当在理性认识的指导下,充分发挥非理性因素的积极作用。

原因(参考):首先,主体的意志、情感等因素影响主体能动性的发挥,从而影响主体认识的过程和结果。其次,主体在许多情况下能以直觉、灵感等非逻辑的形式达到对客体的领悟和认识。再次,主体在提出假说、猜测以及进行想象时,也伴有意志、情感、灵感、直觉等非理性因素的作用。主体的精神素质在认识过程中的作用,是人的认识具有能动性的重要表现。

案例：

（1）达尔文与华莱士，都因在读马尔萨斯人口著作时受到启发而联想到生物进化，从而提出"生存斗争""自然选择"原理；后者是在研究过程达到高潮时，由于内在的省悟而使百思不解的问题突然顿悟，有时还表现为梦中的启示而省悟。

（2）德国化学家凯库勒在研究苯的化学结构时，久攻不克，后来在一个梦中梦见原子像蛇一样盘旋弯曲，忽然一条蛇咬住了自己的尾巴，在他眼前轻蔑地旋转。他如从电掣中惊醒。"惊醒后的他彻夜未眠，最终提出了苯的环状结构式。

（3）爱因斯坦："想象力比知识更重要，因为知识是有限的，而想象力概括着世界的一切，推动着进步，并且是知识进化的源泉。严格地说，想象力是科学研究中的实在因素。"狭义相对论（人以光速运行）；广义相对论（光线穿过升降机发生弯曲）。

（4）鲁班：从丝茅草中获得启发，发明了锯子。

（二）从认识到实践

1.认识过程的第二次飞跃

从认识到实践，是认识过程的第二次能动的飞跃。第二次飞跃比第一次飞跃更为重要、意义更加重大。一是认识世界的目的是改造世界，此外再没有别的目的。理性认识回到实践的过程，既是理论指导实践的过程，又是理论实现自身的过程。二是认识的真理性只有在实践中，才能得到检验和发展。理论是否正确，在从感性认识到理性认识的第一次飞跃中，是没有得到证实也不可能得到证实的。

只有将已获得的理论运用到实践中去，通过实践的检验，正确的理论才能得到证实，错误的理论才能被发现、纠正或推翻，并在指导实践、实现自身的过程中得到完善和发展。这就是检验理论和发展理论的过程，是整个认识过程的继续。如果没有这个阶段，对事物的认识就还没有完成。

2.实现由理论向实践的飞跃的条件

第一，必须从实际出发，坚持一般理论和具体实际相结合的原则。第二,理论要回到实践中去,还必须为群众所掌握,转化为改造社会、改造自然的物质力量。第三,理论要回到实践,包括确定实践目的、形成实践理念、制定实践方案、进行中间实验、运用科学的实践方法等。第四,要有正确的实践方法即工作方法。

(三)认识运动的不断反复和无限发展

(1)认识运动:"完成了"与"没有完成"。实现了认识到实践的飞跃,认识运动就算完成了吗? 回答是完成了,又没完成。

"完成了"的原因:在由认识到实践飞跃的这个阶段,如果能够实现预想的目的,即将预定的思想、理论、计划、方案在该同一过程的实践中变为事实,或者大体上变为事实,那么对于这一具体过程的认识运动就算是完成了,或者说人们对于在某一发展阶段内的某一客观过程的认识运动就算是完成了。

"又没有完成"的原因:对于认识运动过程的推移而言,任何过程,不论是属于自然界还是属于社会,由于内部的矛盾和斗争,都是向前推移、发展的,人们的认识运动也应随之推移和发展。一切客观世界的辩证运动,都或先或后地能够反映到人的认识中来。社会实践的发生、发展和消灭的过程是无穷的,人们的认识的发生、发展和消灭的过程也是无穷的。客观现实世界的变化运动永远不会完结,人们在实践中对于客观现实的认识也就一次又一次地深化,对于真理的认识也就永远没有完结。

(2)认识辩证运动发展的基本过程,是一个反复循环和无限发展的过程,实践、认识、再实践、再认识,循环往复以至无穷,而实践和认识之每一循环的内容,都比较地进到了高一级的程度。

这个过程既是认识在实践的基础上沿着科学性方向不断深化发展的过程,也是实践在认识的指导下沿着合理性方向不断深入推进的过程。这个过程既不是封闭式的循环,也不是直线式的发展,往往充满了曲折以至反复,因而是一个波浪式前进和螺旋式上升的过程。这个过程中的人们所获得的认识总是具体的、历史的认识。

(3)把握认识发展总规律的意义。①它体现了认识和实践的具体的历史的统一,为防止和克服"左"的和"右"的错误倾向提供了认识论基础。②这一原理是党的群众路线的重要哲学基础。

参考文献:

[1]中共中央马克思恩格斯列宁斯大林著作编译局:《马克思恩格斯文集》(第一卷),北京:人民出版社2012年版。

[2]中共中央马克思恩格斯列宁斯大林著作编译局:《马克思恩格斯文集》(第九卷),北京:人民出版社2012年版。

[3]中共中央马克思恩格斯列宁斯大林著作编译局:《列宁选集》(第二卷),北京:人民出版社2012年版。

[4]中共中央文献研究室:《毛泽东选集》(第一卷),北京:人民出版社1991年版。

[5]中共中央文献研究室:《毛泽东选集》(第三卷),北京:人民出版社1991年版。

[6]中共中央文献研究室:《毛泽东文集》(第八卷),北京:人民出版社1999年版。

第九讲　真理和价值

教学目标

　　通过本专题的学习,使学生在理解真理和价值的内涵,理解真理和价值的辩证关系的基础上,把握和理解科学精神和人文精神的内涵及其辩证关系。使学生树立适合现代化需要的创新型人才必须是人文精神和科学素养兼具于一身的复合型人才的意识。在实践中,努力培养自身兼具科学精神与人文精神的能力。

教学要点

　　真理和价值的内涵及其辩证关系;
　　科学精神与人文精神基本内涵及其辩证关系;
　　科学精神与人文精神分离的反省;
　　培养科学精神与人文精神兼具的创新型人才;

教学时数

　　6课时。

一、真理和价值的内涵及其辩证关系

(一)真理和价值的基本内涵

真理是人们对客观事物及其规律的正确反映,其实质就是主观认识和客观实际相符合。哲学上的"价值"是揭示外部客观世界对于满足人的需要的意义关系的范畴,是指具有特定属性的客体对于主体需要的意义。

(二)真理和价值的辩证关系

真理和价值统一于人类的实践活动之中。人类在自己的实践活动中,要把真理原则和价值原则结合起来,通过一定的自我调节来解决真理和价值的冲突,实现真理与价值的统一。首先,成功的实践必然是以真理和价值的统一为前提的。任何成功的实践都必然是既遵循真理尺度,又符合价值原则。真理原则与价值原则是人类活动中的两大原则。真理原则是指人类必须按照世界的本来面目去认识和改造世界,追求和服从真理。价值原则是指人类必须按照自己的尺度和需要去认识和改造世界,使世界适应人的生存和发展。真理原则与价值原则的侧重点是不同的:第一,真理原则体现客体尺度的要求,它要求人们在认识真理时按照世界本来的面目及其规律,从事实践活动的思想和行动符合客观对象的规定性和规律,即按照客体的尺度来规定主体的活动,而不去考虑人的主体需要和利益;价值原则体现主体尺度的要求,它要求人们的思想和行动要体现主体需要和利益的满足。第二,真理原则主要表明人的活动的客观制约性;而价值原则主要表明人的活动的目的性。第三,真理原则是社会活动中的统一性原则,价值原则是社会活动中的多样化原则。真理的作用在于使不同的人和具有不同目的的活动服从统一的客观规律。真理是一元的,真理本身没有主体的差别,它服从于社会活动的统一性,归根结底是世界的物质统一性在人类活动中的体现;而价值是多元的,不同的主体有不同的需要、不同的价值要求和价值选择。

其次,价值的形成和实现以坚持真理为前提,而真理又必然是具有价值的。

最后,真理和价值在实践和认识活动中是相互制约、相互引导、相互促进的。人们在实践中通过真理与价值的相互引导、相互结合、相互过渡来实现真理和价值的具体的历史的统一。

方法论意义：坚持真理和价值的辩证统一，要求我们在实践中必须坚持和弘扬科学精神和人文精神，既坚持以科学的实事求是的精神去认识和改造世界，又把人民的利益和人的发展看做一切认识和实践活动的出发点，贯彻"以人为本"的原则。

二、科学精神与人文精神基本内涵及其辩证关系

(一)科学精神、人文精神基本内涵

(1)科学精神是指从科学中凝结、提炼和抽象出来的理论精髓和价值观念体系。尽管它产生于人们对于自然界的科学研究活动中，但并非为科学工作者所独有。主要包括以下几个方面的含义：

第一，探究求识的理性精神。科学活动是认识和揭示自然界本质和规律的精神活动。科学家求知的理性和灵魂表现为对自然界本身所固有的规律的笃信及对人们正确认识和把握规律能力的坚信。自然界本身所固有的规律性是人们进行科学活动的客观基础，而人们所具有的探究、求识的主观精神则是科学活动的精神基础。

第二，实践检验的求真精神。科学理论来源于人们的实践活动，但来源于实践的理论，未必正确地反映了客观事物的本质和规律。理论只有回到实践中去，其科学性与真理性才能得以验证，才能真正发挥科学的力量。

第三，敢于批判、发展的创新精神。马克思主义哲学认为：任何真理，都是绝对性与相对性的辩证统一，都应处在不断发展之中。怀疑与批判的过程就是发现真理、发展真理的过程，它是促进科学永恒发展的不竭动力，也是使之区别于非科学、伪科学的本质特征。

第四，求同存异、兼收并蓄的宽容精神。对不同的观点、不同学派理论，应有的态度是求同存异、兼容并蓄。合规律性与和目的性的统一，即客观尺度和主观尺度的统一是评判一切事物的标准。

第五，坚持不懈、义无反顾的献身精神。对于真理坚持不懈地追求，淡泊名利、义无反顾、勇于献身，是科学得以产生、创新的必要条件。

(2)人文精神，表现为对人的道德、尊荣、生命价值的追求、关心和庇护，是一种普遍意义的人类自我关怀。它不仅对人类遗留下来的各种精神文明

十分地珍爱,而且致力于塑造全面发展的理想人格。其内涵十分丰富,如追求道德信仰、道德人格的价值;期望和渴求自由、公正的功用;对人的尊严和主体性的尊重;对人类的生命、死亡、幸福以及人生价值的终极关怀和思考。如果说科学精神的本质是求真,那么人文精神的本质就在于求善、求美,以人的全面自由发展为目的。

(二)科学精神与人文精神的辩证关系

科学精神与人文精神,是两种基本的人类精神形式。它们相辅相成,对立统一,成为人类认识和改造世界必不可少的两种基本方式和精神能力。

1.科学精神与人文精神作为两种基本的人类精神形式,两者具有对立性

第一,科学精神是人的理性品质,它提倡理性至上,追求真实、协调与完整的现实世界。人文精神是人的感性成分,通过情感、意志、信仰等感性活动来理解生命的价值和追寻。

第二,科学精神外化为人的理性力量。它建立在对自然界本质和规律探索的基础上,重视的是外部世界的客观性、有序性、完整性等。人文精神则主要内化为人的素养、气质和品格,它是建立在对于人和人类社会认识和美好理想的基础上,强调的是人的主体性、尊贵性、价值性、向往性。

第三,科学精神更具有客观性,强调的是符合客观世界的本来面目。人文精神则更倾向主观性,强调的是符合人的目的和要求性,它主要关注人生在世的价值和命运等理想问题。

2.科学精神与人文精神作为两种基本的人类精神形式,两者又具有统一性

第一,科学精神与人文精神统一于人们的实践活动中。人类必须通过实践来改造世界才能满足自身生存、发展的需要。在实践的过程中,不仅要使人的主观认识和客观实际相符合,获得真理性的认识,而且还要按照主体的意志和需求去认识世界和改造世界,实现特定的价值目标。真理和价值是同时制约人们实践活动的两个尺度,人们只有坚持科学精神按照真理办事,才能在实践中取得成功。实践活动只有秉承人文精神,实现特定的价值目标,才能满足人自身的的需要,二者有机地统一于人们的实践活动中,不可偏废。

第二，科学精神和人文精神的统一性源于人类精神的统一性。科学理性表面看来是对外部客观世界的认知，但归根结底的意义上都是为了满足人的欲望，寄予了人的情感需求。认知理性满足人的求知欲望；自然科学理论满足人的物质欲望；社会科学理论满足人的情感倾向。因此，科学精神作为外化的人类理性力量，它貌似指向外在的客观，实则指向人的内在主观。以求得自然规律与社会规律的和谐统一，合规律性与合目的性的有机统一。从这种意义上讲，科学精神中内蕴着人文精神。人类精神的统一性决定了此两者的统一性。同时，人文精神中也内蕴着科学精神。人文精神必须以现实为基础。它在关注人的同时，也要关注外在的客观世界，关注人与客观世界的辩证关系。所谓价值，即是客体对于满足主体需要所具有的积极意义。价值本身就具有客观性，人的需要，无论是物质的还是精神的，都是由人的客观生存状态决定的；用来满足人的需要的客体也是客观的。人们的需要是否能够得到满足以及满足的程度，取决于客体与客体本身的性质和属性。否则，作为主体的人的需要就会成为虚无缥缈主观臆想，对人生的引导力和感召力也必定随之丧失。人文精神对人生目的、价值的思考和理解，不仅要以生活实践为基础，也要以理性思辩为指导。比如政治法律思想、道德、宗教、哲学、艺术，这些社会意识形式作为人文精神，都影响着人们对人生目的、价值的思考和领悟。由此可见，人文精神中也内蕴着科学精神。

总之，科学精神和人文精神是对立统一的。人文精神必须具有现代的科学理念；科学精神也必须具有崇高的人文情怀。二者统一于人们的创新思想与创新实践之中。

三、科学精神与人文精神分离的反省

(一)科学技术本身是柄双刃剑

当今时代科学突飞猛进地向前发展，它使人们的生活日益便利，物质产品日益丰富。但是科学技术本身是柄双刃剑，如果人们一味沉醉于用新兴的科学技术向自然掠夺式地索取，那么就会造成危害人类自身的资源问题、生态环境问题以及信息安全等一系列全球性的问题。以科学研究的名义进行的生物、人体试验，如克隆技术，不可否认它的科学价值，但他们的活动却有悖于人类的道德伦理、道德良知,必须受到良心的谴责和法律的惩处。恐怖主义是21世纪的政治灾难,值得人们警醒的是一些学历和智商高的知识分子加入了恐怖组织,从而导致该组织智能化水平显著提高,这加剧了恐怖主义的危害性和战胜它的艰巨性,更反映了人类道德良知的堕落。

(二)竞争全球化呼唤科学精神与人文精神兼备的人才

全球化的经济是诚实守信、遵守道德和法律规范的经济,而不是坑蒙欺骗、投机掺假,违反法律和道德准则的经济。公平、透明和非歧视的道德规范是企业立于不败之地的关键。世界上,任何富有竞争力的企业,都有内在的道德力量在支撑。在经济全球化的前提下,我们应重新反思和定位创新性人才的素养,坚决克服单向化的人格塑造模式。要使之兼备科学精神与人文精神。既要具有实事求是、追求真理、敢于质疑创新的科学精神;又要有正确地认识和处理与自然、与社会、与他人、与自己的内心世界的关系的人文精神。爱护环境、关注民情、体恤民生、关注自己的心理健康,关注整个人类的命运和发展。

总之,科学精神和人文精神的融合是人类真正地认识世界,达到求真、向善、审美相统一的基础。当前,我们已跨入了21世纪,审视上一世纪的不足之处,科学精神与人文精神在新世纪相融合的迫切性和必要性不容置疑。

四、培养科学精神与人文精神兼具的创新型人才

深化改革,走可持续发展的道路,培养创新型人才是当代中国的迫切需求。创新型人才是一个不断发展和完善的动态过程,现代的创新型人才必须是人文精神和科学素养兼具于一身的复合型人才,且其内涵应是一个动态的发展过程。

(一)极强的好奇心和发现探索的勇气

爱因斯坦在谈到自己成功时说:"我没有什么特别的天赋,我只有强烈的好奇心。"创新能力的重点是创新思维。其中科学主要运用抽象、逻辑的理性思维,而人文主要运用形象、直觉的感性思维。抽象、逻辑的理性思维在创新活动中提供科学理论的指导,好奇、直觉、灵感、顿悟等感性思维在创新思维中有时也能够达到对客观事物本质和规律的正确认识。因此,创新型人才不仅

要有理性思维的能力，还要有感性思维的能力。如作为感性思维的好奇心就是充分激发人们潜在能力的加速器。好奇心，可以使人对正在从事的工作充满兴趣，并乐于、勇于去进一步发现和探索事物内在的本质和规律，所以极强的好奇心和发现探索的勇气是创新型人才最为宝贵的素养。

(二)崇高的责任心、使命感和探索、批判精神

创新型人才必须在科学的世界观的指导下树立正确的人生观与价值观；必须具有对国家、对民族、对社会乃至整个人类强烈的责任心和使命感；必须关注社会可持续发展的需要，尤其要关注国家与人类迫切需要解决的问题。同时，包容互助的道德修养，认同的价值观念，利于形成团结协作的攻坚团队，坚毅、乐观、进取的态度为战胜一切艰难困苦提供了强有力的精神支撑。当然要实现对现实社会的不健全、不完善、不合理方面的批判和否定，建构新的理论和机制，从而促进社会的进步和发展，还必须有勇为天下先的探索精神，善于发现相异见解的批判精神。

(三)遵循创新规律与拥有科学的态度和理念

基于人文角度，创新型人才不应参加任何反社会、反人类的组织，也不能参加具有封建迷信色彩的组织，这是创新人才必须遵循的创新规律。科学态度是指主体对客体等应有的求真务实、严谨细致、开拓创新的态度。科学理念，其本质是关于自然界和科学的哲学观，他给科学研究活动提供思想上的指导。拥有了科学的态度和理念，创新者就能以敏捷锐利的目光与当代进步的思维方式和手段去观察现实生活中的事物，对其存在的合理性提出质疑，从而产生创新意识和欲望，进行理论创新和物质创新。才能在创新中兼容并蓄、求同存异。既积极作为、大胆突破，又谨慎求真、脚踏实地，从而实现理想超越的创新目标。

(四)坚持客观和主观两个尺度

科学精神对于创新虽然重要，但是它只是人们认识世界和改造世界，认识自身发展自身的工具和手段，是一种客观标准。如果没有人文精神的主体尺度和对生命的关怀，会致使科学主义得以滋生、蔓延，科学创新就会给人类带来灾难。因此，由人文精神对于科学创新进行导向就非常必要。创

新实践必须同时坚持客观和主观两个尺度。既要遵循客观规律,又要以满足人的需要,推动社会的可持续发展、造福于人类为目的。这就需要创新者必须具有社会道德良知,关爱生命、关注人类共同的命运。

(五)独立自由的个性与良好的心理品质

创新型人才不仅要具备无拘无束、独立自主地发挥才智的特性,还要具有优良的心理品质。创新活动必然充满了曲折与艰辛,因而创新性人才,是否具有坚定的信念、乐观向上的态度、百折不挠的精神和克服一切困难的勇气,就成为创新目标能否实现的关键。某种意义上说,心理品质的高低决定着创新能力的高低。

基于以上的分析,可以清醒地认识到:创新型人才必须同时兼具科学精神和人文精神,二者不可或缺。既要有现代的科学精神,也要有崇高的人文情怀。二者统一于创新人才的创新思想与创新实践之中。总之,深化改革需要创新性人才,经济全球化呼唤创新型人才,培养具有科学精神与人文精神兼备的创新型人才需要家庭、学校、社会的共同努力,需要我们每个人都有家国情怀的理念和对人类共同命运的深切关注。

参考文献:

[1]张瑶:《科学精神和人文精神融合的必然性——新时期对科学精神和人文精神的反思》,《时代报告》2011年第10期。

[2]陈民、李勋琼:《科学精神与人文精神融合是人类把握世界的基础》,《辽宁行政学院学报》2006年第8期。

[3]何芳:《科学精神与人文精神:人生幸福的精神支撑》,《内蒙古师范大学学报》(哲学社会科学版)2007年第5期。

[4]胡安娜:《科学精神与人文精神:冲突与融合》,《九江学院学报》(社会科学版)2014年第4期。

[5]苏丹:《论科学精神与人文精神之融合》,《学术交流》2013年第1期。

[6]于丽:《科学精神与人文精神融合教育的当代价值——以理工院校为例》,《边疆经济与文化》2013年第4期。

[7]胡秀杰:《浅论科学精神与人文精神兼具的创新型人才》,《考试周刊》2016年第20期。

第十讲　社会历史观的基本问题

▎教学目标

在唯物史观与唯心史观的对立比较中,讲授社会历史观的基本问题,使学生切实把握这一原理的基本内容、观念、方法和原则,由此使学生意识到唯物史观发现的伟大意义及其在马克思主义理论体系中的核心地位。在正确把握社会存在与社会意识辩证关系的基础上,促使学生在现实生活中树立科学的历史观,学会运用唯物史观思考和处理相关的实际问题。

▎教学要点

唯物史观和唯心史观;
社会存在和社会意识及其辩证关系。

▎教学时数

3课时。

大家在中学阶段都学过这篇课文——《在马克思墓前的讲话》。1883年3月17日,马克思被安葬在伦敦海格特公墓,他生前最亲密无间的战友恩格斯代表全世界无产阶级发表了这一著名的悼词。

这篇讲话是恩格斯对马克思一生主要成就的概括性总结。讲话中有这样两段:

"正像达尔文发现有机界的发展规律一样,马克思发现了人类历史的发展规律,即历来为繁芜丛杂的意识形态所掩盖着的一个简单事实:人们首先必须吃、喝、住、穿,然后才能从事政治、科学、艺术、宗教等等。所以,直接的物质的生活资料的生产,因而一个民族或一个时代的一定的经济发展阶段,便构成基础,人们的国家设施、法的观点、艺术以至宗教观念,就是从这个基础上发展起来的,因而,也必须由这个基础来解释,而不是像过去那样做得相反。"

"不仅如此。马克思还发现了现代资本主义生产方式和它所产生的资产阶级社会的特殊的运动规律。由于剩余价值的发现,这里就豁然开朗了,而先前无论资产阶级经济学家或社会主义批评家所做的一切都只是在黑暗中摸索。"①

用恩格斯的话来说,马克思的一生最主要的成就有两个,即发现了历史唯物主义和剩余价值理论。这一观点,恩格斯在《反杜林论》(1876年—1878年)和《卡尔·马克思》(1877年)等著作中曾作过更详尽的分析表达。"这两个伟大的发现——唯物主义历史观和通过剩余价值揭破资本主义生产的秘密,都应当归功于马克思。由于这些发现,社会主义已经变成了科学"②;"现代科学社会主义就是以这两个重要事实为依据的。"③由此,足见历史唯物主义在整个马克思主义体系中的重要地位,而历史唯物主义正是马克思主义者对以前的社会基本历史观的"颠覆性"变革。

一、唯物史观和唯心史观的对立

(一)社会历史观

社会历史观是指人们对社会历史的总体看法和根本观点。

---

① 中共中央马克思恩格斯列宁斯大林著作编译局:《马克思恩格斯选集》(第三卷),北京:人民出版社1995年版,第776页。

② 中共中央马克思恩格斯列宁斯大林著作编译局:《马克思恩格斯选集》(第三卷),北京:人民出版社1995年版,第366页。

③ 中共中央马克思恩格斯列宁斯大林著作编译局:《马克思恩格斯选集》(第三卷),北京:人民出版社1995年版,第338页。

社会历史(socialhistory)与自然历史(naturalhistory)相对,指人类社会已发生的事件、经历的过程、未来的必然趋势以及对这些事件和过程的记述,是社会中的个人、群体、整个人类从事各种活动所造成的事物和过程的总和。不同于自然历史的相对单纯而言,人类社会历史由于能动的、主体的人的参与,使这个本身就庞大、复杂、多元的体系更加令人迷惑不解,社会历史现象扑朔迷离。不过,正由于它是关于自身的历史,在对自身之谜的好奇和追求真理的动力驱使下,人类在很早就开始对各种社会现象进行观察、探索和思考,并逐渐由具体、个别社会现象上升为哲学一般,最终形成理论体系,即社会历史观。

以中国传统文化为例,比如儒家以"天下有道""天下无道"为标准将人类社会历史划分为"大同之世""小康之世"和当代的"乱世",主张"崇三代""法先王""克己复礼";老子的"失道而后德,失德而后仁,失仁而后义,失义而后礼"(《老子·三十八章》),以道为核心,道、德、仁、义、礼逆向前进的五种社会形态发展观;韩非子将人类历史划分为"上古之世""中古之世""近古之世",认为"世异则事异","事异则备变"(《韩非子·五蠹》,社会历史是不断发展变化的,看待社会历史的眼光也应是发展的;佛家认为宇宙万法皆由因缘所生,"诸行无常""诸法无我""涅槃寂静"("缘起论"),众生皆可成佛("佛性论"),因造作善不善诸业而有业报的"六道轮回"。这些都属于社会历史观。

(二)唯心主义历史观

在马克思主义唯物史观创立之前,主要流行的是唯心主义社会历史观。如:

(1)神创论。神、上帝→自然、社会和人。(从神的观点来观察社会,观察一切,用天意、神意、命运等社会之外的神秘的精神本体解释历史,是一种客观唯心主义的历史观。典型代表人物:奥古斯丁。)

(2)客观唯心主义英雄史观。绝对精神→世界(自然、社会)。(将历史的命运归为某种绝对的精神、绝对的意志,历史人物不过是绝对精神的受托人。典型代表人物:黑格尔,曾将拿破仑比喻为"骑在马背上的世界精神"。)

(3)主观唯心主义英雄史观。英雄豪杰的意志和观念→社会历史。(把历史的发展看作是由少数英雄人物和帝王将相的意志、品格、才能决定的,人民群众只是他们的附庸和追随者。典型代表人物:尼采。历史的意义在于"超人"的诞生,"超人"具有"决定一切的力量","可以使千万年的历史生色",人民群众"是一堆任人使用的无定形的材料,是一块需要雕刻家加工的石头"。)

（4）人道主义历史观。人性→社会历史。（以先验的人性论为起点,用人的眼光来观察社会,观察国家并解释历史,主张人性是决定并推动人类社会前进和社会变革的根本动力,否定社会发展的客观规律,否定人民群众的历史作用。典型代表人物:费尔巴哈。）

唯心史观的"缺陷":

缺陷一:至多考察了人们活动的思想动机,而没有进一步考究思想动机背后的物质动因和经济根源;

缺陷二:片面夸大少数英雄人物的作用,而没有看到人民群众创造历史的作用。

（三）马克思主义唯物史观的形成

年青时代的马克思由于受到前人的、特别是费尔巴哈和黑格尔等的思想观念的影响,在社会历史观上也曾是唯心主义的。伴随着社会生活实践的不断积累和理论思考的不断深入,特别是大学毕业后在《莱茵报》的工作经历,使其逐渐洞悉到社会历史的深处真实——社会存在的决定性地位。在写《黑格尔法哲学批判》《论犹太人问题》《神圣家族》之后,通过对黑格尔和鲍威尔的批判,与"自由人"决裂,开始逐步脱离唯心主义历史观。《1844年经济学哲学手稿》中提出的异化劳动理论等重要思想,是马克思思想的一个重大转折。《关于费尔巴哈的提纲》（1845年）、《德意志意识形态》（1844年—1846年）的问世,标志着马克思唯物史观的形成。其后,《共产党宣言》《〈政治经济学批判〉序言》《资本论》等著作的问世,表明马克思的思想通过与现实不断地碰撞,其历史观也在不断地发展,并最终走向成熟。

马克思对唯物史观基本思想的概述:

"人们在自己生活的社会生产中发生一定的、必然的、不以他们的意志为转移的关系,即同他们的物质生产力的一定发展阶段相适合的生产关系。这些生产关系的总和构成社会的经济结构,即有法律的和政治的上层建筑竖立其上并有一定的社会意识形式与之相适应的现实基础。物质生活的生产方式制约着整个社会生活、政治生活和精神生活的过程。不是人们的意识决定人们的存在，相反，是人们的社会存在决定人们的意识。社会的物质生产力发展到一定阶段，便同它们一直在其中运动的现存生产关系或财产关系(这只是生产关系的法律用语)发生矛盾。于是这些关系便由生产力的发展形式变成生产力的桎梏。那时社会革命的时代就到来了。随着经济基础的变更，全部庞大的上层建筑也或慢或快地发生变革。"①

(四)唯物史观与唯心史观的根本对立

唯物史观与唯心史观对立比较

唯物史观	唯心史观
A.认为社会存在决定社会意识	A.以社会意识决定社会存在为前提，把社会历史看成是精神发展史
B.认为物质生活的生产方式制约着整个社会生活、政治生活和精神生活的过程	B.没有考究思想动机背后的物质动因和经济根源
C.承认社会历史的客观规律，承认人民群众在社会历史发展中的决定作用	C.否认社会历史的客观规律，否认人民群众在社会历史发展中的决定作用

二、社会历史观的基本问题

(一)社会历史观的基本问题

正如恩格斯第一次明确地指出哲学的基本问题是思维和存在的关系问题，是众多具体的哲学问题的一个"隐匿的"前提一样，以人类社会作为自己主要研究对象的马克思，在前人各种形态的社会历史观中，厘清头绪，化繁

---

① 中共中央马克思恩格斯列宁斯大林著作编译局：《马克思恩格斯选集》(第二卷)，北京：人民出版社1995年版，第32—33页。

为简，敏锐地洞悉到社会历史观的基本问题即社会存在与社会意识的关系问题。

考察纷繁复杂的社会现象，我们可以发现，无非是两大类：社会物质现象与社会精神现象。古今中外的思想家、史学家都不能回避社会存在与社会意识的关系问题。正确认识和处理两类社会现象的关系问题，是我们研究、解决一切社会历史和现实问题的基本出发点。

在二者的关系问题中，首先需要回答的是谁是第一性的问题即谁决定谁的问题，而正是这一回答，成为了划分唯心史观和唯物史观的标准。可以说，唯心、唯物史观的区分是在马克思这一伟大发现后才有的。

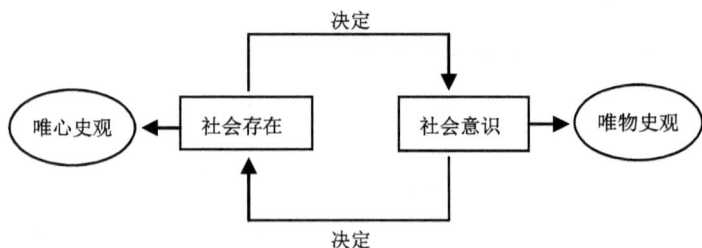

（二）社会存在

"社会存在"一词在19世纪法国空想社会主义者圣西门的著作中已有使用。

> "社会的存在取决于所有权的保存，而不取决于最初制定这项权利的法律的保存。"①

很明显，圣西门认为社会存在的主要内容是"所有权"，而非制定"所有权"的法律。但将社会存在确定为"所有权"依旧没有揭示出社会现象的真实根基，在马克思主义看来，"所有权"尚属于社会意识范围。可见，对社会存在的认识也非易事。

马克思在1845年《德意志意识形态》和1859年《〈政治经济学批判〉序

---

① 圣西门：《圣西门选集》（第一卷），王燕生、徐仲年、徐基恩等译，北京：商务印书馆1979年版，第191页。

言》中,确定了这一范畴的科学内容,即把社会物质资料的生产方式规定为社会存在的本质内容。社会存在是社会生活的物质方面和过程,主要是指自然地理环境、人口因素和物质资料的生产方式。

1.自然地理环境

人类社会生存和发展的永恒、必要条件,生活、生产的自然基础,提供了社会生活和生产资料的来源。比如地形、气候、土壤、矿藏和动植物分布等。分析比较下述关于"自然地理环境"的言论。

孟德斯鸠:"气候的影响是一切影响中最强有力的影响","土地贫瘠,使人勤奋、简朴、耐劳、勇敢和适宜于战争……土地膏腴使人因生活宽裕而柔弱、怠惰、贪生怕死","土地肥沃的国家常常是'单人统治的政体',土地不太肥沃的国家常常是'数人统治的政体'"[①]。

鲁迅:"北人的优点是厚重,南人的优点是机灵,但厚重之弊也愚,机灵之弊也狡。"[②]

林语堂:"北方的中国人,习惯于简单质朴的思维和艰苦的生活,身材高大健壮,性格热情幽默,吃大葱,爱开玩笑。他们是自然之子……,在东南边疆,长江以南,人们会看到另一种人。他们习惯于安逸,勤于修养,老于世故,头脑发达,身体退化,喜爱诗歌,喜欢舒适。"[③]

蕾切尔·卡逊:"曾经一度是那么引人的小路两旁,现在排列着仿佛火灾浩劫后的、焦黄的、枯萎的植物。被生命抛弃了的地方只有寂静一片,甚至小溪也失去了生命;钓鱼的人不再来访问它,因为所有的鱼已经死亡……"[④]

结论:第一,自然地理环境不能决定社会制度的性质和社会形态的更替,因此孟德斯鸠的"地理环境决定论"是错误的。第二,自然地理环境对人

---

① 孟德斯鸠:《论法的精神》(上册),张雁深译,北京:商务印书馆1961年版,第311、282、280页。
② 鲁迅:《鲁迅全集》(第5卷),北京:人民文学出版社2005年版,第456—457页。
③ 林语堂:《中国人》,上海:学林出版社1994年版,第31—32页。
④ 蕾切尔·卡逊:《寂静的春天》,吕瑞兰、李长升译,吉林:吉林人民出版社2004年版,第2页。

类社会生活、生产活动有重要影响,如上述鲁迅、林语堂的言论,从而对社会发展起促进或延缓作用。第三,在生态文明时代,自然生态平衡是社会得以正常发展的必要条件,如蕾切尔·卡逊对自然环境遭到严重破坏的描写。第四,自然地理环境是社会存在中重要的组成部分,其功能不应夸大也不宜缩小,自然地理环境的作用要受社会发展状况的制约,特别是物质资料生产方式的制约。

马克思在《1844年经济学哲学手稿》中的人与自然环境关系的表述,可以正确指导我们认识自然地理环境在人类社会发展中意义,他说:"人的普遍性正表现为这样的普遍性,它把整个自然界——首先作为人的直接的生活资料,其次作为人的生命活动的对象(材料)和工具——变成人的无机的身体,自然界,就它自身不是人的身体而言,是人的无机的身体。人靠自然界生活。这就是说,自然界是人为了不致死亡而必须与之处于持续不断地交互作用过程的、人的身体。"①

2.人口因素

指人口数量、素质、结构、分布、社会变动等各种因素综合范畴。人口是社会物质生活的重要条件,对社会发展起着制约和影响作用,但不能脱离社会生产发生作用,更不能决定社会的性质和社会形态的更替。

比如马尔萨斯的人口决定论,大致有四个观点:第一,工人贫困、失业是人口法则作用的结果;第二,建立在财产公有制基础上的平等社会制度,不过是幻想,相反,财产私有制的社会制度却是不可避免的,因为它是人口的自然法则产生的;第三,工人的工资同样受人口法则的支配,工资水平是受人口的增减而变动的;第四,反对救济穷人,救济穷人即帮助穷人制造穷人。

马克思对马尔萨斯的观点批判说:"抽象的人口规律只存在于历史上还没有受过人干涉的动植物世界",现实社会根本不存在这种抽象的规律,"工人人口本身在生产出资本积累的同时,也以日益扩大的规模生产出使他们自身成为相对过剩人口的手段。这就是资本主义生产方式所特有的人口规律。"②

① 中共中央马克思恩格斯列宁斯大林著作编译局:《马克思恩格斯选集》(第一卷),北京:人民出版社1995年版,第45页。

② 中共中央马克思恩格斯列宁斯大林著作编译局:《马克思恩格斯选集》(第二卷),北京:人民出版社1995年版,第256页。

3.物质资料生产方式

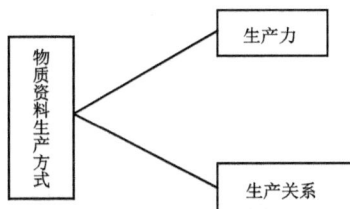

马克思主义认为物质资料生产方式是社会历史发展的决定力量：

第一，人类社会赖以存在和发展的基础，人类其他一切活动的首要前提；

第二，决定着社会的结构、性质和面貌；

第三，决定整个社会历史的变化发展，决定社会形态从低级向高级的更替和发展。

总结：我们寻找社会发展和变迁的最终的根源不应当在人们的头脑中去寻找，而应当在生产方式和交换方式的变更中去寻找；不应当在有关时代的哲学中去寻找，而应当在有关时代的经济事实中去寻找。

（三）社会意识

社会生活的精神方面和过程，是社会存在的反映。

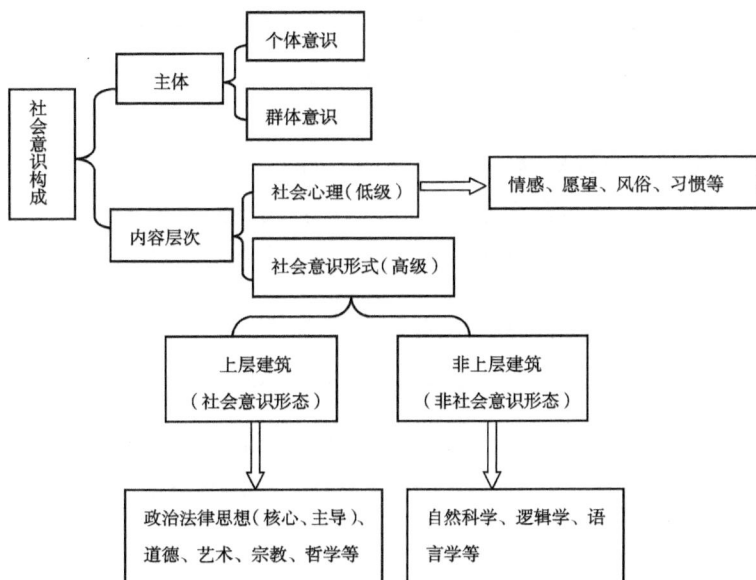

在这里要特别强调下马克思主义的宗教观,给予正确的认识。

马克思受费尔巴哈宗教认识的启发,在《〈黑格尔法哲学批判〉导言》中正确地认识到:人的本质就是人自身,宗教的产生是人性异化的后果。不是上帝创造了人,而是人创造了上帝。

> "反宗教的批判的根据是:人创造了宗教,而不是宗教创造人。就是说,宗教是还没有获得自身或已经再度丧失自身的人的自我意识和自我感觉。但是,人不是抽象地蛰居于世界之外的存在物。人就是人的世界,就是国家,社会。这个国家、这个社会产生了宗教,一种颠倒的世界意识,因为它们就是颠倒的世界。宗教是这个世界的总理论,是它的包罗万象的纲要,它的具有通俗形式的逻辑,它的唯灵论的荣誉问题,它的狂热,它的道德约束,它的庄严补充,它借以求得慰藉和辩护的总根据。宗教是人的本质在幻想中的实现,因为人的本质不具有真正的现实性。因此,反宗教的斗争间接地就是反对以宗教为精神抚慰的那个世界的斗争"。
>
> "因此,真理的彼岸世界消逝以后,历史的任务就是确立此岸世界的真理。人的自我异化的神圣形象被揭穿以后,揭露具有非神圣形象的自我异化,就成了为历史服务的哲学的迫切任务。于是对天国的批判变成对尘世的批判,对宗教的批判便成对法的批判,对神学的批判变成对政治的批判。"[①]

结论:从历史和现实看,宗教又将会长期存在并发挥作用,而且会与一定的经济、政治、文化问题交融在一起,对社会发展产生重大影响,故必须积极引导宗教与社会主义社会相适应。

三、社会存在与社会意识的辩证关系

1859年马克思在《〈政治经济学批判〉序言》关于唯物史观的基本表述是马克思自进入《莱茵报》后日益接触关注社会、经济问题以来,对社会历史规律的最终总结。其中所表达的社会存在与社会意识的辩证关系如下图示:

---

① 中共中央马克思恩格斯列宁斯大林著作编译局:《马克思恩格斯选集》(第一卷),北京:人民出版社1995年版,第1-2页。

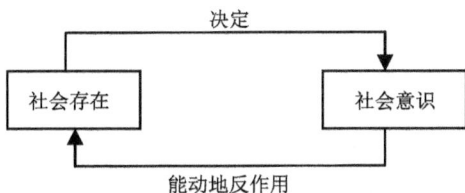

"意识[das Bewuβtsein]在任何时候都只能是被意识到了的存在[das be-wuβt Sein]，而人们的存在就是他们的现实生活过程。"①

"Bewuβt"，意识到的；"sein"，存在。在《德意志意识形态》中马克思玩了个"语言游戏"，巧妙表达出了社会存在与社会意识的关系，社会存在是社会意识的根基，而这个存在又是被社会意识"意识到"了的，社会意识因而有了能动的反作用，而社会存在就是现实的生活世界。

(一)社会存在决定社会意识(社会意识的依赖性)

1.社会存在是社会意识内容的客观来源，社会意识是社会物质生活过程及其条件的主观反映

案例：

(1)(寓言典故)负暄献曝　宋国有个农夫，披着破絮麻布熬过了冬天。来年开春，农夫在田里耕作，晒着太阳，感到浑身惬意，不知道天底下原来还有广厦温室和丝袄狐裘。他回头招呼妻子说："这般享受的办法，别人一定还不知道，等我们去告诉国王，肯定会有重赏哩。"

(2)"穷人决无开交易所折本的懊恼，煤油大王哪会知道北京捡煤渣婆子身受的酸辛，饥区的灾民，大约总不去种兰花，像阔人的老太爷一样。"②

(3)"仓廪实而知礼节，衣食足而知荣辱。"(《管子·牧民》)

---

① 中共中央马克思恩格斯列宁斯大林著作编译局：《马克思恩格斯选集》(第一卷)，北京：人民出版社1995年版，第72页。

② 鲁迅：《鲁迅全集》(第4卷)，北京：人民文学出版社2005年版，第208页。

2.社会存在的变化发展决定着社会意识的变化和发展

案例：

小小说《局长的名字》

当了15年局长，平日里，大家都喊他王局长，"局长"就成了他的名字。

王局长今年该退休了。办公室小刘给局长送来一张表，表格中有一栏是填写姓名。姓名？我的姓名就叫局长。王局长想也没有想，提笔就在姓名栏里写下"王局长"三个字。

小刘拿到填好的表格一看，局长怎么可能就叫局长呢，应该有个真实的名字啊！可局长究竟叫什么呢？

小刘问办公室主任。主任说："局长叫什么，我还真不知道。平时我们都叫他局长，哪个晓得他真实名字叫什么？"小刘问工会主席。工会主席说："我也不知道，他是一把手，平时谁敢直呼他的名字？"

小刘问了一个又一个，大家都不知道局长究竟叫什么。

单位里数老林工作时间最长，他一定知道局长的姓名。谁知，老林搔了搔头，想了又想，双手一摆："不好意思，我不知道。想不起来了，以前是晓得他的真名字，可叫了十几年的局长，早把他的真名字忘记了。"没了辙，小刘只好硬着头皮去问局长本人。

"局长，请问你的真实姓名是什么？这个表要求填写的是你本来的姓名。"小刘嗫嚅着问。"我叫什么？我就叫局长嘛。"局长感觉小刘的问话有些莫名其妙。"那不是你的姓名，那是你的职位。"小刘解释道。

"不是我的名字？十几年来谁不是叫我局长。你说我不叫局长，那我问你，我叫什么？"局长想了又想，始终想不出自己除了局长之外还有第二个名字。……

局长退下来了，终于发现"局长"确实不是他的名字。偶尔遇见过去的同事、下属，他们没有人再称他为局长，只是"喂、喂"地打招呼。我不叫"局长"，我也不叫"喂"，我一定还有一个真实的名字，我真实的名字叫什么呢？

局长拉住一个从前的副局长，请他告诉自己的姓名。那人呵呵一笑："你以前是叫局长，现在叫什么我也不晓得。"局长又拉住一个从前的下属，那人瞪了他一眼："神经病，你叫什么关我屁事！你叫局长的时候屁股翘上了天，以为能当一辈子的官噻！"局长脸红一阵，白一阵，决定回老家问自己的父亲。

"叫屁个局长！你叫王栓柱，老子给你取的名字。当局长当恍惚了，忘本忘得把自己名字都搞忘记了。"

"哦，我叫王栓柱，我还以为局长就是我的本名呢。"局长恍然大悟，这次终于知道自己的本名了。

案例：

问候的变化

案例讨论：

有人将慈禧说成是晚清近代化的最高"拍板人"，晚清新政如果能顺利实施下去，中国早已走上了富强文明的资本主义道路；有人称孙中山是为了一己私利发动革命，是阻碍历史发展的罪人；有人认为近代中国的革命包括辛亥革命和中国共产党领导的革命运动是一种破坏性的力量，造成社会动荡、破坏经济发展、阻碍社会进步、导致专制产生。这些观点犯了什么错误？（历史虚无主义，不承认特定时代社会存在，想当然地以个人意识去推测社会存在，唯物史观特别重视对历史真实即历史存在的承认。）

（二）社会意识具有相对独立性并能动地反作用于社会存在（社会意识的独立性）

1.社会意识与社会存在的发展不完全同步性和不平衡性

比如同一时期，既有官本位的"人贵言显、人微言轻"思想，又有"为人民服务"的高尚思想，既有"人不为己，天诛地灭"思想，又有义务劳动、助人为乐的思想。

再如近代德国在经济上低于法国、英国，但在社会意识上却高于它们，恩格斯说："经济上落后的国家在哲学上仍然能够演奏第一提琴。"①

任何一时期，都有超前意识、同步意识和落后意识三级划分。

2.社会意识内部各形式之间的相互影响及各自具有的历史继承性

相互影响：哲学、法律、道德、艺术、宗教等之间彼此会产生影响。比如哲学本体论对法理学的影响；比如中国传统道德中的"利天下为之""以天下为己任""天下兴亡，匹夫有责"等精神，会导致重民族、国家利益，自然也就增强遵纪守法的意识；再如佛陀"舍身饲虎""割肉贸鸽"的故事，道教"慈心于物，恕己及人""不得杀生""不探巢破卵，不攀折花果、损折园林"，对道德均有影响。

历史继承性：儒家社会意识来自尧、舜、禹、汤、文、武、周公、孔、孟至韩愈的"道统"；辩证法来自赫拉克利特、黑格尔、马克思主义的传统。

3.社会意识对社会存在具有能动的反作用。（途径：社会实践）

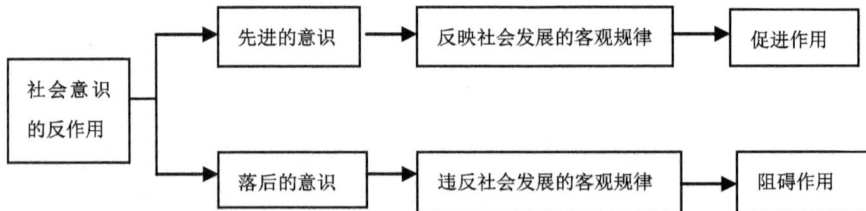

案例：

有个人专门偷邻居的鸡。有人劝告他："快不要偷了，这是不道德的。"他说："我决心痛改前非，不过我偷瘾很重，一下子不偷也很困难。这样吧，从今天起我减少到一月偷一只，到明年就可以不

---

① 中共中央马克思恩格斯列宁斯大林著作编译局：《马克思恩格斯选集》（第四卷），北京：人民出版社1995年版，第704页。

偷了。"

案例评析：

正确的意识能够指导人们有效地开展实践活动，促进客观事物的发展；错误的意识则会把人的活动引向歧途，阻碍客观事物的发展。因此，我们一定要重视意识的作用，重视精神的力量，自觉树立正确的思想意识，克服错误的思想意识。故事中的主人公明明知道是错的，为什么不及时改正、还要等到明年呢？

案例：

词汇变化与社会发展

1966至1976年间，流行词汇：走资派、当权派、革命造反派、红卫兵、最高指示、反动学术权威、大串联等。（封闭性、政治性词汇，以阶级斗争为纲，一定程度上阻碍社会发展。）

1979至1999年间，流行词汇：改革开放、中国特色、平反、万元户、股票、倒爷、打工、下海、白领、大款、年薪、市场经济、招商引资、一国两制等。（开放性、经济性词汇，以经济建设为中心，一定程度促进社会发展。）

2012年至今，流行词汇：中国梦、打老虎、拍苍蝇、正能量、人类命运共同体、八项规定、二胎、中国大妈、土豪、美丽中国、创业创新、科学发展、和谐发展等。（生活性、反腐性词汇，以生活生态为中心，一定程度促进社会发展。）

(三)社会存在与社会意识辩证关系原理的意义

社会存在与社会意识辩证关系的原理具有重要的理论意义：

(1)在人类思想史上第一次科学地解决了社会历史观的基本问题，是社会历史观革命性变革的基础。马克思主义将社会形态的发展看作自然历史过程，用"两个划分""两个归结"，破解了"历史之谜"。

两个划分：A.在社会生活的各种领域中划分出经济领域；B.从一切社会关系中划分出生产关系（原始关系）。

两个归结:A.将一切社会关系归结于生产关系;B.将生产关系归结于生产力发展的高度。

(2)对社会发展特别是社会文化建设具有重要指导意义。文化中蕴含人类的智慧、价值追求和审美情趣,其核心是价值观。历史证明,凡适应先进生产力发展要求、代表人民群众长远利益、顺应人类文明发展趋势的先进文化,都能起到促进社会进步和发展的作用。因此,在社会经济发展与文化之间,二者应做到互融共进。坚持先进文化,传承与弘扬优秀传统文化,提高文化自觉和自信,建设社会主义文化强国。

案例:

珠三角在经济发达的同时,文化事业、文化产业发展都与其经济水平相适应,表现出较高的水平:自2010年起,东莞5年投入50亿打造"文化名城","天天有舞会、周周有晚会、月月有比赛、处处有讲座(展览)";江门充分挖掘侨乡文化,开平碉楼享誉海内外,华侨华人博物馆是全球华侨的精神家园;中山大手笔投资文化事业,投4亿多元兴建中山市文化艺术中心;广州、深圳文化产业发达,文化人才聚集,动漫、创意产业发达,文化产业成为主要产业。珠三角在文化建设上有今天的成绩,也曾经历了阵痛。比如广州,2010年以前,在天河、荔湾等新老城区,人文环境保护并不如意,公园内是大大小小的臭水沟,自然环境没有保护好。纵观珠三角发达城市文化强盛之路径,一是充分挖掘历史、地域的文化遗产,形成地方文化归属感,并带动旅游、休闲等产业,如江门开平碉楼,就是华侨文化的代表,其每年所带来的旅游等相关消费十分巨大;二是政府注重文化事业的投资,建设图书馆、文化广场、大型剧院、电影院,满足市民的文化需求;三是发展文化产业,发展动漫、影视、传媒等产业。

四、对历史唯物主义的高度评价

1947年,海德格尔在《关于人道主义的书信》中说:

　　"因为马克思在经验异化之际深入到历史的一个本质性维度中,所以,马克思主义的历史观就比其他历史学优越。但由于无论胡塞尔还是萨特尔——至少就我目前看来——都没有认识到在存在中的历史性要素的本质性,故无论是现象学还是实存主义,都没有达到有可能与马克思主义进行一种创造性对话的那个维度。"①

　　1969年,海德格尔在其晚期讨论班中,再次指证了现代意识形态对社会现实的强势掩盖,从而提示了马克思主义哲学的独特意义:

　　"现今的所谓'哲学'只满足于跟在知性科学后面亦步亦趋,这种哲学完全误解了我们时代的两重独特现实,即经济发展以及这种发展所需要的架构,而马克思主义懂得这双重的现实。"②

　　海德格尔所谓的"历史的一个本质性维度"指的是社会现实。马克思或唯物史观揭示出了真实社会是一个感性的、权力的、前理论的、生活的世界,而所谓的理性的、权利的、理论的世界只是我们的意识对生活世界的反映,只是表面的,并未深入到历史的深处。正如马恩在《德意志意识形态》中所言:

　　"分工只是从物质劳动和精神劳动分离的时候起才真正成为分工。从这时候起意识才能现实地想象:它是和现存实践的意识不同的某种东西;它不用想象某种现实的东西就能现实地想象某种东西。从这时候起,意识才能摆脱世界而去构造'纯粹的'理论、神学、哲学、道德等等";"道德、宗教、形而上学和其他意识形态,以及与它们相适应的意识形式便不再保留独立性的外观了。它们没有历史,没有发展,而发展着自己的物质生产和物质交往的人们,在改变自己的这个现实的同时也改变着自己的思维和思维的产物。不是意识决定生活,而是生活决定意识。"③

---

　　① 海德格尔:《路标》,孙周兴译,北京:商务印书馆2001年版,第401页。
　　② F·费迪耶:《晚期海德格尔的三天讨论班纪要》,丁耘译,《哲学译丛》2001年第3期。
　　③ 中共中央马克思恩格斯列宁斯大林著作编译局:《马克思恩格斯选集》(第一卷),北京:人民出版社1995年版,第82、73页。

参考文献：

［1］徐磊:《马克思的历史观及其当代启示》,乌鲁木齐:新疆师范大学硕士论文,2012。

［2］胡丽美:《〈人类社会及其发展规律〉教案》,《西部教育研究》2016年第3期。

［3］中共中央马克思恩格斯列宁斯大林著作编译局:《马克思恩格斯选集》(第三卷),北京:人民出版社1995年版。

［4］中共中央马克思恩格斯列宁斯大林著作编译局:《马克思恩格斯选集》(第一卷),北京:人民出版社1995年版。

［5］中共中央马克思恩格斯列宁斯大林著作编译局:《马克思恩格斯选集》(第一卷),北京:人民出版社1995年版。

［6］中共中央马克思恩格斯列宁斯大林著作编译局:《马克思恩格斯选集》(第三卷),北京:人民出版社1995年版。

第十一讲　人类社会发展的基本规律

▎教学目标

掌握生产力和生产关系的构成以及生产力和生产关系的辩证关系。掌握生产关系一定要适合生产力发展状况的规律，明确生产关系一定要适合生产力发展状况的规律是人类社会发展的最基本规律。掌握经济基础和上层建筑的构成及其辩证关系。掌握上层建筑一定要适合经济基础发展状况的规律，明确运用这一规律推进我国政治体制改革和社会主义意识形态建设的重要性。

▎教学要点

生产力和生产关系的基本内涵；
生产力和生产关系的辩证关系；
生产关系一定要适合生产力发展要求规律的基本内容；
经济基础、经济体制、上层建筑的基本内涵；
经济基础与经济体制之间的关系；
经济基础与上层建筑之间的辩证关系；
经济基础与上层建筑之间矛盾运动规律。

▎教学时数

6课时。

一、生产关系与生产力之间的矛盾运动规律

推动社会历史发展的动力是多方面的。旧的社会历史理论把社会历史发展的动力往往归结为人们的思想动机或精神力量,而未能揭示社会历史的真正奥秘。例如,黑格尔把"绝对精神"视为推动人类历史发展的真正主体。唯物史观超越了唯心史观,它没有停留在"精神动力"的层面上肤浅的认识社会历史,而是透过历史的表象,进一步探寻并发现了社会历史深处的"动力的动力":物质生产方式是社会发展的基础,在此基础上形成的生产力和生产关系的矛盾、经济基础和上层建筑的矛盾是社会发展的基本矛盾和基本动力;根源于社会基本矛盾的阶级斗争、社会革命、社会改革,在社会发展中各具不同的重要作用;科学技术是社会发展的巨大杠杆,并且越来越成为第一生产力。矛盾是推动事物发展的动力,在社会领域也不例外。在社会生活中,存在着各种各样的矛盾,其地位和作用各不相同。从社会领域中矛盾的地位和作用来看,社会矛盾有基本矛盾和非基本矛盾之分。社会基本矛盾就是指贯穿社会发展过程始终,规定社会发展过程的基本性质,并对社会历史发展起根本的推动作用的矛盾。

生产力和生产关系、经济基础和上层建筑的矛盾是社会基本矛盾。这两对矛盾贯穿于人类社会发展过程的始终,并规定了社会过程中各种社会形态、社会制度的基本性质;制约着社会其他矛盾的存在和发展,决定社会历史的一般进程,推动社会向前发展;并且形成了人类社会发展的基本规律:生产关系一定要适合生产力发展状况的规律、上层建筑一定要适合经济基础发展状况的规律。

(一)生产力和生产关系含义及其构成

1.生产力的含义及其构成

(1)生产力的含义。生产力是人类在生产实践中形成的改造和影响自然并使之适合社会需要的力量。生产力具有客观现实性和社会历史性。深入理解生产力范畴,需要把握生产力的水平、性质、状况和发展要求等重要方面。生产力的水平是生产力的量的规定性,表现为生产发展的现实程度;生产力的性质是生产力的质的规定性,它取决于生产的物质技术性质,主要是劳动资料的性质;生产力状况是这两者的统一,表现为生产力的运行状态

或发展态势。生产力的发展要求与生产力上述三方面的规定性紧密联系在一起,是现实的生产力不断获得解放和发展的基本要求。

(2)生产力的构成。生产力具有复杂的系统结构。其基本要素包括:一是劳动资料,也称劳动手段。它是人们在劳动过程中所运用的物质资料或物质条件,其中最重要的是生产工具。人们解决社会同自然矛盾的实际能力如何,主要取决于生产工具的质量和数量;生产工具是区分社会经济时代的客观依据。"各种经济时代的区别,不在于生产什么,而在于怎样生产,用什么劳动资料生产。"①二是劳动对象。一切自然物质都是可能的劳动对象,其中引入生产过程的部分则是现实的劳动对象。劳动对象包括自然对象和人工对象。自然对象是指未经过生产深度加工的对象,人工对象是指已被生产深度加工的对象。劳动对象是现实生产的必要前提,它从一个侧面反映和体现了生产力的发展水平。劳动对象不同,往往会影响劳动产品的质量和数量。随着生产和科学的进步,劳动对象将日益增多并越来越显示出它的重要作用。三是劳动者。劳动者是人,但不是所有的人都是劳动者。劳动者是具有一定生产经验、劳动技能和知识,能够运用一定劳动资料作用于劳动对象的、从事生产实践活动的人。劳动者是生产力中最活跃的因素,人类智慧和能力的发展决定着对物质资源开发的深度和广度。劳动资料和劳动对象只有与劳动者的创造活动结合起来,才能获得自身的生产力意义,才能变为现实的生产力。所以人才资源是第一资源,劳动者是生产力中最活跃的因素。劳动者一般包括体力劳动者和脑力劳动者。在现代生活中脑力劳动者的质量和数量日益具有决定的意义;随着社会日益发展,人的发展程度的提高,脑力劳动和体力劳动具有直接同一的趋势。

(3)科学技术是生产力和第一生产力。生产力中包含着科学技术这一重要因素。科学技术作为生产力的渗透性要素,能够应用于生产过程、渗透在生产力诸基本要素之中而转化为实际生产能力。科学技术上的发明创造,会引起劳动资料、劳动对象和劳动者素质的深刻变革和巨大进步;科学技术应用于生产的组织管理,能够大幅度提高管理效率;科学技术为劳动者所掌握,可以提高劳动者素质,极大地提高劳动生产率。在现代社会,科学技术发展日新月异,应用于生产过程的周期日益缩短,对于生产发展的作用

---

① 中共中央马克思恩格斯列宁斯大林著作编译局:《马克思恩格斯选集》(第二卷),北京:人民出版社2012年版,第172页。

越来越大,日益成为生产发展的决定性因素。从这个意义上说,科学技术是先进生产力的集中体现和主要标志,是第一生产力。

2.生产关系的含义及其构成

(1)生产关系的含义。生产力与生产关系是不可分割的相互联系着的,生产关系是人们在物质生产过程中形成的不以人的意志为转移的经济关系。马克思指出:"为了进行生产,人们相互之间便发生一定的联系和关系;只有在这些社会联系和社会关系的范围内,才会有他们对自然界的影响,才会有生产。"[①]生产关系是社会关系中最基本的关系,政治关系、家庭关系、宗教关系等其他社会关系,都受生产关系的支配和制约。

生产关系有狭义和广义之分。狭义的生产关系是指人们在直接生产过程中结成的相互关系。广义的生产关系是指人们在再生产的过程中结成的相互关系,包括生产、分配、交换和消费等诸多关系在内的生产关系体系。

(2)生产关系的构成要素。生产关系主要有生产资料所有制关系、产品的分配方式及人们在生产中的地位三部分构成。在生产关系的构成要素中,生产资料的所有制关系处于决定性地位。首先,生产资料的所有制关系是人们进行物质资料生产的前提,生产、分配、交换和消费关系在很大程度上是由这种前提决定的,所以是基本的、具有决定意义的方面。

其次,它是区分不同生产方式、判定社会经济结构性质的客观依据。当然,生产关系的其他方面对生产资料所有制关系也具有重要的影响和制约作用。生产关系作为生产中人与人之间的关系,不是物,"可是这些关系总是同物结合着,并且作为物出现"[②]。例如,资本的直接形态是生产中物的要素,但它实质是一种生产关系。所以马克思说:"资本也是一种社会生产关系。这是资产阶级的生产关系,是资产阶级社会的生产关系。"[③]资本是以物的形式体现的资本家与工人之间的剥削与被剥削关系。这表明,分析生产关系必须透过"物"看到"物"后面的人与人的关系。

最后,它是区分生产关系类型的依据。历史上在社会中占统治地位的

① 中共中央马克思恩格斯列宁斯大林著作编译局:《马克思恩格斯选集》(第一卷),北京:人民出版社2012年版,第340页。

② 中共中央马克思恩格斯列宁斯大林著作编译局:《马克思恩格斯选集》(第二卷),北京:人民出版社2012年版,第15页。

③ 中共中央马克思恩格斯列宁斯大林著作编译局:《马克思恩格斯选集》(第一卷),北京:人民出版社2012年版,第341页。

生产关系,依据生产资料所有制关系的性质区分为两种基本类型:生产资料公有制的生产关系和生产资料私有制的生产关系。以生产资料公有制为基础的生产关系的根本特征是:生产资料为劳动者共同占有,人们在生产过程中处于平等地位,产品分配中不存在剥削。以生产资料私有制为基础的生产关系的根本特征是:生产资料归少数非劳动者占有,劳动者占有很少的或根本没有生产资料并在生产中处于被支配地位,人与人的关系包含剥削关系。

(二)生产力和生产关系的辩证关系

生产力和生产关系的辩证关系表现在两个方面:

第一,生产力决定生产关系。在物质资料的生产方式中,生产力是生产方式的内容,而生产关系是生产方式的形式,内容决定形式而不是相反。生产力是生产方式中居支配地位、起决定作用的方面。

首先,生产力状况决定生产关系的性质。历史上的各种生产关系都是适应一定的生产力发展需要而产生的。有什么样的生产力,就会产生什么样的生产关系。马克思说:"手推磨产生的是封建主的社会,蒸汽磨产生的是工业资本家的社会。"[①]

其次,生产力的发展决定生产关系的变革。在物质资料的生产方式中,生产力是最活跃、最能动的因素,他总是向前发展的。而生产关系则是相对稳定的。随着生产力的发展,原有的生产关系便由生产力发展的形式变成生产力发展的桎梏,由适合生产力的发展变成阻碍生产力的发展,即变革生产关系以适应生产力的发展。

第二,生产关系对生产力具有能动的反作用。这主要表现为两种情形:

首先,当生产关系适合生产力发展的客观要求时,对生产力的发展起推动作用。例如资本主义生产关系代替封建主义的生产关系极大地促进了生产力的发展,表明资本主义生产关系就是适应当时生产力发展的客观要求。再比如改革开放以来我国生产关系的变化极大地促进了生产力的发展,我国的GDP年增长平均以百分之七点八的速度向前发展,这表明当前我国的社会生产关系基本适合我国生产力发展的要求。

---

① 中共中央马克思恩格斯列宁斯大林著作编译局:《马克思恩格斯选集》(第一卷),北京:人民出版社2012年版,第222页。

其次，当生产关系不适合生产力发展的客观要求时，就会阻碍生产力的发展。例如十一届三中全会以前我国生产关系的状况超越了我国当时生产力发展的水平，结果对生产力的发展起到束缚和限制作用，不能更好地促进生产力的发展。

生产关系对生产力反作用的实际过程和情形是十分复杂的。新的生产关系总体上基本适合生产力发展，但并不排除它的某些环节或方面不适合生产力状况而阻碍其发展；旧的生产关系总体上基本不适合生产力发展，但也不排除它的某些环节或方面的调整和改变能够暂时地、局部地对生产力发展有一定的刺激作用。生产关系落后于生产力会阻碍其发展；由于人为的原因使某种生产关系"超越"生产力水平，这种"拔高"了的生产关系也会阻碍生产力的发展。例如，我国1958年的"大跃进"时期实行的"一大二公"就是超越了我国生产力发展水平，结果严重阻碍了生产力的发展。在一定条件下，生产关系对生产力发展的反作用尤为突出。"当着不变更生产关系，生产力就不能发展的时候，生产关系的变更就起了主要的决定的作用。"[①]

(三)生产力和生产关系的矛盾运动是人类社会发展的最根本动力

社会基本矛盾作为社会发展的根本动力，它在社会发展中的作用主要表现在：

首先，生产力是社会基本矛盾运动中最根本的动力因素，是人类社会发展和进步的最终决定力量。生产力是社会存在和发展的物质基础，是不能任意选择的物质力量和历史活动的前提。生产力是社会进步的根本内容，是衡量社会进步的根本尺度。人类社会是在生产力与生产关系的矛盾运动中前进的。作为社会历史发展过程基础的物质生产关系存在着双重关系：体现在生产力中的人与自然的关系，以及体现在生产关系中人与人的关系。这种双重关系犹如社会历史的经纬线，构成了社会发展过程中最基本的矛盾。生产力发展既是社会物质文明发展的基本内容，也是政治文明、精神文明、社会文明发展的基础。只有在生产力发展的基础上，才有可能充分满足人民群众的物质生活、政治生活、精神生活和社会生活的需要。

其次，社会基本矛盾特别是生产力和生产关系的矛盾，决定社会中的其

① 中共中央文献研究室：《毛泽东选集》(第一卷)，北京：人民出版社1991年版，第325–326页。

他矛盾的存在和发展。生产力和生产关系、经济基础和上层建筑这两对矛盾是相互制约的。其中,生产力和生产关系的矛盾是更为基本的矛盾。一方面,生产力和生产关系的矛盾决定经济基础和上层建筑的矛盾的产生和发展。如前所述,当旧的生产关系(马克思、恩格斯有时也称之为"旧的交往形式")成为生产力发展的束缚时,生产力状况就必然要求改变或变革生产关系,而一旦生产关系或经济基础状况发生了变化,就会同原有的上层建筑发生矛盾,并要求改变旧的上层建筑。社会基本矛盾的变化、发展又会引起其他具体的社会矛盾的产生和发展。另一方面,经济基础和上层建筑的矛盾也影响和制约着生产力和生产关系的矛盾。因为,前一对矛盾的解决必须依赖于后一对矛盾的解决。生产关系变革或经济基础的变化,有赖于社会意识形态和政治法律制度即上层建筑的变化或变革。当上层建筑适应新的经济基础时,也就必然会促进经济和社会的进步。在一定条件下,只有解决了经济基础和上层建筑的矛盾,才能解决生产力和生产关系的矛盾,进而促进生产力、发展生产力。

再次,社会基本矛盾具有不同的表现形式和解决方式,并从根本上影响和促进社会形态的变化和发展。社会基本矛盾要通过一定的阶层或阶级的矛盾表现出来,或表现为不同社会集团之间的利益的矛盾甚至冲突。社会基本矛盾的尖锐化,会导致代表或拥护不同生产力、生产关系、政治法律制度的阶级之间矛盾的尖锐化,阶级之间的利益矛盾积累到一定程度就会引发阶级斗争甚至社会革命,进而促使一定社会形态的变迁、更替。在一定社会形态的发展中,社会基本矛盾通常是通过改革的方式来解决。每一次成功的改革,都是对社会基本矛盾的某一方面或某种程度的解决,都是对社会发展的促进。无论是阶级斗争、社会革命,还是社会改革,根源都是社会基本矛盾。

(四)生产关系一定要适合生产力发展状况的规律及其意义

生产力与生产关系的相互作用表现为一个过程,表现为两者的矛盾运动。这种矛盾运动中内在的、本质的、必然的联系,就是生产关系一定要适合生产力状况的规律,亦称生产力与生产关系的矛盾运动规律。这一规律就内容看,概括了生产力和生产关系相互作用的两个方面:一方面,生产力的状况决定一定的生产关系的产生及其变化发展的方向和形式;另一方面,生产关系反作用于生产力,当生产关系适合生产力的状况时对生产力发展起着促进作用,反之将起着阻碍作用。从过程上看,它表现为生产关系对于生产力总是从基本相适合到基本不相适合,再到基本相适合;与此相适应,生产关系也总是从相对稳定到新旧更替,再到相对稳定。生产力和生产关系的这种矛盾运动过程循环往复、不断发展,推动社会生产发展,进而推动整个社会逐步走向高级阶段。

生产力与生产关系矛盾运动规律具有极为重要的指导意义。

首先,在人类思想史上彻底否定了以"道德说教"作为评判历史功过是非的思想体系,第一次科学地确立了生产力发展是"社会进步的最高标准"[①]。马克思明确指出,判断一个时代的变革不能以该时代的意识为依据,相反,这个意识必须"从社会生产力和生产关系之间的现存冲突中去解释"[②]。正是根据上述根本观点,马克思主义正确阐释了社会形态的演进过程及其历史正当性问题;正确评价了历史和现实中的事件、人物以及各种社会团体的理论、主张等,为正确认识社会和历史提供了基本理论依据。

其次,这一规律是马克思主义政党制定路线、方针和政策的重要依据。马克思主义政党必须自觉地认识和把握这一规律,把解放生产力、发展生产力,不断扫除生产力发展的障碍作为自己制定路线、方针和政策的出发点和归宿。

生产关系一定要适合生产力状况规律的原理是我国当前深化经济体制改革,建立社会主义市场经济体制的哲学理论根据。

在当前,学习和运用马克思主义关于生产力和生产关系相互关系的原理,就要敏锐地把握社会先进生产力的发展趋势和要求,坚持以经济建设为中心,积极投身改革开放和现代化建设,不断推进理论创新、制度创新和科技创新,把中国特色社会主义建设事业推向前进。

二、经济基础与上层建筑的矛盾运动规律

经济基础与上层建筑矛盾运动的规律,是人类社会发展的另一个基本

① 中共中央马克思恩格斯列宁斯大林著作编译局:《列宁全集》(第16卷),北京:人民出版社1988年版,第209页。

② 中共中央马克思恩格斯列宁斯大林著作编译局:《马克思恩格斯选集》(第二卷),北京:人民出版社2012年版,第3页。

规律。深刻地理解和掌握这一规律同样具有重要的意义。

(一)经济基础和上层建筑的含义

1.经济基础

(1)经济基础的含义。何谓经济基础？经济基础是指同一定历史阶段的生产力状况相适应的、在社会中占统治地位的生产关系的总和。

(2)经济基础的实质。经济基础实质是社会在其一定发展阶段上的基本经济制度，是一种居支配地位的制度化的物质社会关系。但社会实际运行过程是复杂的，特别是在当代经济全球化日益发展的情况下，在一定社会内部往往还存在着前一社会的经济基础成分或其他社会形态的经济基础因素以及未来社会的经济基础的萌芽。我国现阶段以公有制为主体、多种所有制经济成分共同存在的基本经济制度，实际反映了我国经济基础的复杂性。

(3)经济基础与经济体制之间的关系。经济基础与经济体制具有内在联系。经济体制也是经济制度，是具体经济制度，是社会基本经济制度所采取的组织形式和管理形式，是生产关系的具体实现形式。经济体制与生产力发展的关系更为直接、更为具体，在实践中总是与社会的基本经济制度结合在一起的。因此，经济体制的选择是否得当，对于基本经济制度即生产关系的自我完善和发展往往起着极为重大的作用。例如在我国，社会主义市场经济体制改革目标的选择和实践，引起了经济社会巨大而深刻的变化，推动了生产力突飞猛进的发展和社会的全面进步。

2.上层建筑

(1)上层建筑的含义。何谓上层建筑？上层建筑是建立在一定经济基础之上的意识形态以及相应的制度、组织和设施。因此上层建筑由政治上层建筑和观念上层建筑两部分构成。

意识形态又称为观念上层建筑，包括政治法律思想、道德、艺术、宗教、哲学等思想观念。政治法律制度及设施和政治组织又称为政治上层建筑，包括：国家政治制度、立法司法制度和行政制度；国家政权机构、政党、军队、警察、法庭、监狱等政治组织形态和设施。观念上层建筑和政治上层建筑的关系是：首先，政治上层建筑是在一定意识形态指导下建立起来的，是统治阶级意志的体现。其次，政治上层建筑一旦形成，就成为一种现实的力量，影响并制约着人们的思想理论观点。

（2）上层建筑的核心——国家政权。在整个上层建筑中，政治上层建筑居于主导地位，国家政权是核心。正如毛泽东在《论人民民主专政》一文中所指出的那样："革命的根本问题是国家政权问题"。那么国家是如何产生的？

国家不是从来就有的，它是社会发展到一定历史阶段的产物。在原始社会，人们生产和生活的主要组织形式是氏族、胞族和部落，社会秩序依靠传统习惯和氏族首领的威信来维系。国家的产生，主要是由于"这个社会陷入了不可解决的自我矛盾，分裂为不可调和的对立面而又无力摆脱这些对立面。而为了使这些对立面，这些经济利益互相冲突的阶级，不致在无谓的斗争中把自己和社会消灭，就需要有一种表面上凌驾于社会之上的力量，这种力量应当缓和冲突，并把冲突保持在'秩序'的范围以内；这种从社会中产生但又自居于社会之上并且日益同社会相异化的力量，就是国家"。[①]

（3）国家的实质及其职能。国家同原始氏族组织不同。它是按照地域来划分国民的，而不再以血缘关系来划分；它要依靠强制性或暴力手段以及征收赋税来维系。

国家是阶级矛盾不可调和的产物。在阶级已经产生且矛盾冲突愈演愈烈的情势下，为了把阶级斗争限制在一定"秩序"之内，国家作为强制性的力量应运而生。国家的实质是一个阶级统治另一个阶级的暴力工具。他是经济上占支配地位的阶级为维护其根本利益而建立起来的强制性的暴力机关，以保障其在政治上也成为统治阶级。国家是一种具有政治统治和社会管理职能的有组织的力量。作为政治统治亦即阶级统治，国家是为自己的经济基础服务的；但"政治统治到处都是以执行某种社会职能为基础，而且政治统治只有在它执行了它的这种社会职能时才能持续下去"[②]。因为，国家的产生和存在过程，是与社会管理职能的独立化过程并行不悖的。当国家成为政治统治的工具时，它实际已经在起着管理社会生活的作用；当国家在管理社会生活时，他并没有失去其阶级统治的性质。国家的对内、对外职

---

① 中共中央马克思恩格斯列宁斯大林著作编译局：《马克思恩格斯选集》（第四卷），北京：人民出版社2012年版，第187页。

② 中共中央马克思恩格斯列宁斯大林著作编译局：《马克思恩格斯选集》（第三卷），北京：人民出版社2012年版，第559-560页。

能,都是如此。只是经过无产阶级专政这种过渡形态,随着阶级消亡,国家才能将"迄今所夺去的一切力量,归还给社会机体"①,国家才能真正成为社会的代表。但国家和社会完全统一之日,也就是国家消亡之时。国家消亡是一个漫长的历史过程。

(4)国体和政体及其关系。马克思主义依据国家的性质和政体的组织形式,相应地将国家分为国体和政体两个方面。

国体是指社会各阶级在国家中的地位,它表明国家政权掌握在哪个阶级手里,哪个阶级是统治阶级,哪个阶级是被统治阶级。政体是指统治阶级实现其阶级统治的具体组织形式,也就是政权构成形式。它表明统治阶级采取什么样的形式去组织自己的政权,实现自己的统治。例如,我国的国体是人民民主专政,表明国家政权掌握在广大人民群众手中。我国的政体是人民代表大会制,她是我国的人民民主专政得以实现的政权组织形式和管理形式。

一般来说,国体决定政体,政体服从于国体;政体为国体服务,并对保证国家的性质起重要作用。在当代,加强民主政治建设是一个极为重要的任务。列宁说:"民主是国家形式,是国家形态的一种。"②社会主义民主是其他任何国家形态的民主都不能比拟的。因为社会主义民主的本质和核心是人民当家作主,是对资产阶级民主的辩证否定,是民主发展的历史性飞跃。从民主的具体形式方面看,资产阶级民主已有几百年的发展经验,虽有许多弊端,主要表现为资本主义民主是形式的民主而非实质的民主,但也有可供借鉴的因素;社会主义民主建立建设的历史虽然不长,但已显示出巨大的优越性,当然也面临着长期发展的任务。

(二)经济基础和上层建筑的辩证关系

两者的辩证关系主要表现在以下两方面:

第一,经济基础决定上层建筑。

首先,经济基础的需要决定上层建筑的产生,经济基础对上层建筑具有

---

① 中共中央马克思恩格斯列宁斯大林著作编译局:《马克思恩格斯选集》(第三卷),北京:人民出版社2012年版,第101页。

② 中共中央马克思恩格斯列宁斯大林著作编译局:《列宁选集》(第三卷),北京:人民出版社2012年版,第201页。

根源性。经济基础是社会的物质关系,上层建筑是社会的政治关系和思想关系。任何上层建筑的产生,都能直接或间接地从社会的经济结构中得到说明。例如我国的人民民主专政的国家政权、马克思主义为指导的社会主义意识形态是适应我国社会主义经济基础的要求而产生的。

其次,经济基础的性质决定上层建筑的性质,有什么样的经济基础就有什么样的上层建筑。阶级社会的上层建筑领域所以具有对抗的性质,正是以私有制为基础的经济关系中的对立冲突造成的。

再次,经济基础的变更必然引起上层建筑的变革,并规定其变革的方向。随着经济基础的变更,"全部庞大的上层建筑也会或慢或快地发生变革。"即使在同一社会中,当经济基础发生某种局部性质的变化,也会引起上层建筑做出相应的调整和变化。

第二,上层建筑对经济基础具有反作用。

上层建筑的反作用集中表现在:为自己的经济基础的形成和巩固服务,确立或维护其在社会中的统治地位。一方面,统治阶级总是利用和依靠自己政治上、思想上的统治地位,通过国家政权和意识形态的力量,排除异己势力及其思想,力图将社会特别是经济关系控制在"秩序"的范围之内,维护自己经济基础的统治地位和根本利益。另一方面,被统治阶级也会运用自己的政治力量和思想观点反抗统治阶级的政治压迫和思想统治,试图瓦解和破坏现存经济基础。

上层建筑反作用的性质取决于他为之服务的经济基础的历史地位:当它为适合生产力发展要求的经济基础服务时,就成为推动社会发展的进步力量;反之,就会成为阻碍社会发展的消极力量。例如,我国的人民民主专政的政治法律制度和马克思主义意识形态对于我国社会主义经济基础的维护起着重要作用。

(三)上层建筑一定要适合经济基础发展状况的规律

经济基础与上层建筑的矛盾运动形成了人类社会发展的另一条基本规律——上层建筑一定要适合经济基础状况的规律。

这里的"一定要适合"表明:经济基础状况决定上层建筑的发展方向,决定上层建筑相应的调整和变革,而不允许上层建筑长时期落后于或不适应自己的发展,上层建筑的反作用,也必须取决于和服从于经济基础的性质和客观要求,而不允许上层建筑脱离自己的发展道路和水平。经济基础与上层建筑相互作用的过程,构成两者的矛盾运动。

经济基础与上层建筑的矛盾运动在实际运行中是极为复杂的。

其一,在同一性质的经济基础和上层建筑的矛盾中,上层建筑的不完善部分、没有反映经济基础要求的部分都会同经济基础发生矛盾。例如实行改革开放之后,我国计划经济条件下形成的政治体制和思想观念已经完全不适应已经变革过的市场经济体制和公有制为主体的多种所有制形式并存的混合联合体的基本经济制度,并与之发生矛盾冲突,阻碍我国经济的顺利发展。

其二,不同性质的经济基础与上层建筑之间的矛盾更为复杂,主要表现在:占统治地位的经济基础同旧上层建筑的残余、未来上层建筑的萌芽之间的矛盾;新旧上层建筑之间、新旧经济基础之间的矛盾等。例如我国至今社会中存在的封建主义的等级特权观念、家长制的作风,已经与我国目前存在的基本经济制度和经济体制之间存在着冲突,需要作进一步的完善和变革。

其三,当一种社会形态处于上升发展阶段时,上层建筑对于经济基础一般是适应的;当一种社会形态处于没落时期,上层建筑同经济基础变革的客观要求之间的矛盾则变为对抗性的、全局性的冲突。

上层建筑一定要适合经济基础状况规律的原理是我国当前深化经济体制改革,建设高度的社会主义政治文明的哲学理论根据。

在当代中国,深入理解上层建筑一定要适合经济基础状况的规律,必须正确把握经济基础与上层建筑矛盾运动过程中的利益关系,并在深化经济体制改革,完善社会主义经济基础,以促进生产力发展的同时,加快上层建筑领域的改革。生产关系的实质是人们之间的物质利益关系。在社会主义条件下,上层建筑对经济基础的保护,从根本上说就是为了保障最广大人民群众的物质利益。所以,我们要自觉地投身到社会主义改革和现代化建设之中,为经济改革、上层建筑领域的改革和经济发展,为人民群众不断获得切实的经济、政治、文化利益,做出有益的贡献。

参考文献:

[1]中共中央马克思恩格斯列宁斯大林著作编译局:《马克思恩格斯选集》(第一卷),北京:人民出版社2012年版。

[2]中共中央马克思恩格斯列宁斯大林著作编译局:《马克思恩格斯选集》(第三卷),北京:人民出版社2012年版。

[3]中共中央马克思恩格斯列宁斯大林著作编译局:《马克思恩格斯选集》(第二卷),北京:人民出版社2012年版。

[4]中共中央马克思恩格斯列宁斯大林著作编译局:《马克思恩格斯选集》(第四卷),北京:人民出版社2012年版。

[5]中共中央马克思恩格斯列宁斯大林著作编译局:《列宁选集》(第三卷),北京:人民出版社2012年版。

[6]中共中央马克思恩格斯列宁斯大林著作编译局:《列宁全集》(第16卷),北京:人民出版社1988年版。

[7]中共中央文献研究室:《毛泽东选集》(第一卷),北京:人民出版社1991年版。

第十二讲　人民群众是历史的创造者

▎教学目标

　　掌握唯物史观与唯心史观关于人民群众在历史发展中的作用的对立。正确理解人民群众在历史发展中的作用,运用人民群众是历史的创造者的观点,结合我国发展的实际,树立"以人为本"的思想。正确评价历史人物在历史发展中的作用,树立"时势造英雄"的唯物史观思想。

▎教学要点

　　在对待人民群众作用问题上的两种对立历史观;
　　人民群众的含义;
　　人民群众在历史发展中的作用;
　　党的群众观点和群众路线;
　　正确评价历史人物的基本原则。

▎教学时数

　　4课时。

　　国际歌曾经被列宁称赞为"时代的歌中之歌"。歌词中提出了一个根本性的问题:是谁创造了人类历史,而且给出了斩钉截铁的答案,是我们劳动群众。自从有文字的历史产生以来,对于这个问题的争论就一直存在着。马克思主义的产生,把几千年来英雄创造历史的旧案翻了过来,还了历史本来的真面目。但是,对于谁创造历史这个问题至今仍然争论不休,在当代各种各样的"精英"说不绝于耳。所以,究竟是谁创造了历史,仍然是需要我们认真思考的问题。这一讲就是要回答这个问题。

一、在对待人民群众作用问题上的两种对立历史观

对于谁是历史创造者问题的不同回答,是两种历史观对立和斗争的一个焦点,如何看待人民群众作用问题上的对立与如何解决历史观基本问题是密切相关的。

(一)历史唯心主义的观点:英雄史观

历史唯心主义从社会意识决定社会存在的前提出发,否认人民群众对于历史发展的决定性作用,宣扬少数英雄人物创造历史的观点。

这种唯心主义的历史观,主要表现为两种基本形态:

1.唯意志论

这种观点,把个别人物的作用夸大到了极端,认为历史是由少数"天才人物"按照自己的意志创造的,少数英雄人物可以随心所欲地决定历史的面貌,左右历史的进程。而人民群众,不过是盲目追随少数"天才人物"的愚昧无知的"群氓",这是一种主观唯心主义的观点。例如,中国的资产阶级思想家梁启超说,大人物"心里之动进稍易其轨而全部历史可以改观",说"舍英雄几无历史","舍豪杰几无世界",说"中国今日之问题在于没有英雄","只要有二、三个豪杰"出来,"整顿乾坤",中国便可以得救了,这是彻头彻尾的英雄史观。

蒋介石的御用文人胡适也是一个英雄史观的鼓吹者,他说伟大人物"一言可以兴邦,一言可以丧邦"。他"吐一口痰在地上,也许可以毁灭一村一族,他起一个念头,也许可以引起几十年的血战。""希特勒的那本书(指《我的奋斗》)导致了第二次世界大战"等等。

俄国的民粹派米海洛夫斯基等人,把群众视作"群盲",认为他们不过是一连串的"零",少数英雄人物才是"实数",只有把"实数"放到"零"的前面,方能构成有效数字,所以他们在行动中根本不依靠人民群众,而是采取个人恐怖手段去反对沙皇的统治,1881年3月1日,他们用炸弹炸死了沙皇亚历山大二世,但是并没有给人民带来好处,反而给革命带来祸害。

19世纪末德国唯心主义哲学家尼采，疯狂鼓吹"超人"哲学和"权力意志论"，他宣扬历史的意义就在于"超人"的诞生，说这种"超人"具有"与生俱来发号施令的权利"，他的"统治和奴役的意志，是决定一切的力量"，可以使千万年的历史生色，而人民群众"不过是提供实验的材料，一大堆多余的废品，一片瓦砾场"，等等。这种极端仇视人民群众的反动思想，后来自然为德国希特勒法西斯分子所崇拜，成为帝国主义推行侵略政策和扩张政策的工具。

2.宿命论

这种观点，认为决定社会历史的则是某种神秘的力量，如"上帝""天命""宇宙精神"等。宿命论者认为，人只能消极地接受这种神秘力量的摆布，而在历史上无任何能动性可言。在宿命论者看来，英雄人物是"上帝"命令的执行者，是"天命"的体现者，而人民群众则只能俯首听从他们的支配。例如，中国的孔夫子宣扬的"天命观"，"生而知之者上也"，"唯上智与下愚不移"，把自己说成是"五十而知天命"的上等人，而劳动人民则是"困而不学"的下等人等等。

古希腊的客观唯心主义哲学家柏拉图在他的《理想国》中，宣扬奴隶主贵族是"神"用"金子"做的，是最高贵的，"具有统治者的能力而适合于统治人"；武士是"神用银子做的"，他们是"统治者的辅助者"，而农夫和手艺人是"神用铜和铁做成的"，只能受统治；至于奴隶，在柏拉图看来，不过是会说话的工具，根本不把他们当人看待，柏拉图的这种客观唯心主义的英雄史观，无疑是为奴隶主贵族专政的合理性作论证。

德国的客观唯心主义哲学家黑格尔认为，决定历史的是绝对观念、世界精神，而伟大人物则是世界精神的代表者，例如，他曾经把拿破仑看作是"马背上的世界精神"，说这位伟大的人物"骑着马，驰骋全世界，主宰全世界"等等。

总之，不论是唯意志论，还是宿命论，他们都有以下两个共同点：第一，都否认历史有自己的客观规律；第二，都把人民群众的作用排除在历史之外，否认人民群众是历史的创造者，所以，二者虽然表现形式不同，但都是殊途同归，都是英雄史观。

3.在马克思主义产生以前，一切旧的历史观基本上都属于英雄史观

当然，这也不排斥某些思想家提出过一些重视群众作用的思想，如孟轲就说过："民为贵，社稷次之，君为轻"。唐太宗李世民曾经引用："君，舟也。

民,水也。水可载舟,亦可覆舟"这两句话来教训他的儿子,等等。

但是,这种思想即使在提出这一观点的思想家那里也并不占主导地位;而且,这些思想往往是以维护和改善剥削制度,巩固旧时代统治者的统治为目的的,因而是以肯定统治与服从的关系为前提的,并没有从根本上超出英雄史观的窠臼。

4. 英雄创造历史的唯心史观,有其深刻的阶级根源、社会根源和认识论根源

(1)阶级根源。唯心史观是剥削阶级的历史观,是剥削阶级奴役和统治劳动人民的精神枷锁。剥削阶级的阶级地位和阶级利益,决定了他们必然要用英雄史观看待历史。

(2)社会根源。在阶级社会里,总的说来是生产力有了一定发展而又不够发展,生产资料有了剩余而又不丰富。这种社会条件,就必然决定了绝大多数的人从事生产劳动,只有少数人从事政治统治,垄断精神文化生活。在这种情况下,一般说来,在政治舞台上开展活动的,是那些帝王将相、英雄豪杰等显赫人物。所以,如果从表面上看问题,就往往认为历史是那些活跃在舞台上的显赫人物所创造的,而人民群众则是消极被动、无所作为的。

(3)认识论根源。社会的存在和发展离不开人的有意识的活动,个人意志和动机在社会历史的发展中起着一定的作用,而英雄人物在历史上的作用又比一般的个人要大得多,突出得多。如果人们对社会生活的认识停留在表面现象上,停留在人们的思想动机上,特别是少数英雄人物的思想动机上,片面夸大英雄人物的思想动机在社会历史发展过程中的作用,而不去深入地探究人们思想动机背后的动力是什么,那就在认识论上容易夸大人们的思想动机特别是英雄人物主观意志的作用,把它看作历史发展的决定力量。

(二)历史唯物主义的观点

历史唯物主义从社会存在决定社会意识的前提出发,认为人民群众是历史的创造者,这是历史唯物主义的一个基本观点。

这是因为:在马克思主义看来,社会存在是社会物质生活条件的总和,其中,对社会发展起决定作用的是物质资料的生产方式。因此,社会发展的历史,首先而且最根本的是生产发展的历史,是社会生产方式新陈代谢的历

史,同时也是生产者及劳动群众的历史,因为劳动群众是社会生产过程的基本力量。历史唯物主义把被颠倒了的历史重新颠倒过来,恢复了历史的本来面目,彻底否定了唯心主义的英雄史观。

二、人民群众创造历史的决定性作用

(一)人民群众的含义

在了解人民群众创造历史的决定作用之前,首先应当明确人民群众这一概念。人民群众是一个历史范畴,是指一切对社会历史起推动作用的人们。在阶级社会中,它包括一切对历史发展起着促进作用的阶级、阶层和社会集团。人民群众这个概念在不同的国家和各个国家的不同历史时期,有着不同的内容。

例如,18世纪法国革命时期属于人民群众的第三等级,是由资产阶级、城市贫民、农民和无产者构成的;我国抗日战争时期,一切抗日的阶级阶层和社会集团都属于人民群众的范畴;解放战争时期,凡是反对帝国主义、封建主义和官僚资本主义的阶级阶层都是人民群众;而社会主义建设时期,人民群众则是指一切赞成、拥护和参加社会主义建设事业以及拥护祖国统一的阶级、阶层和社会集团。

但是,不论在任何情况下和任何历史时期,人民群众的主体,始终都是从事物质资料生产的劳动群众和劳动知识分子。

(二)人民群众创造历史的决定作用

表现在以下三个方面:

第一,人民群众是社会物质财富的创造者。

这是因为,人民群众首先是劳动群众,是生产力的主要因素,而生产力是推动社会发展的决定力量,人民群众是人类社会赖以生存和发展的物质生活资料的创造者。正是劳动人民提供了衣、食、住、行的物质生活资料,社会生活包括政治的、科学的和艺术的生活,才能正常进行。所以,以不同形式从事和促进生产实践活动的人民群众,必然对社会发展起决定性的作用,这是最简单、最明显的事实,也是最根本、最主要的事实。

第二,人民群众是社会精神财富的创造者。

在这个问题上,资产阶级思想家从来是不承认的,他们否认人民群众对于科学文化发展的决定作用,这是十分荒谬的。人民群众对科学文化发展的决定作用体现在以下几方面:

首先,人民群众为思想家、科学家和艺术家的精神生产创造了物质前提。

思想家、科学家和艺术家们要从事精神文化的活动,必须具备两个最基本的物质前提:第一,要首先解决吃、喝、住、穿的问题。否则,什么事情也干不成;第二,要有必要的物质设备。例如,搞科研,要有实验器材;观察宇宙空间,要有望远镜;捕捉基本粒子,要有高能加速器;搞文艺创作,要有文房四宝,等等。所有这些,都是劳动人民辛勤劳作的结果,正如毛泽东同志所说:"中国历来只有地主有文化,农民没有文化,可是地主的文化是由农民创造的,因为造成地主有文化的东西不是别的正是从农民身上掠取的血汗。"

其次,人民群众的实践活动,是一切精神财富的源泉。任何有价值的精神财富都来源于社会实践。

例如,我国古代的中医典籍《本草纲目》,经过是历代的药物学家、医学家总结人民群众的生产和生活经验,经过不断的丰富和发展,最后由李时珍加工整理而成的。为了编写《本草纲目》,李时珍阅读了大量的古书,达800多册,访问民间医药的土方达300多条,亲自到荒僻的深山里采药,最后在大堆材料的基础上整理编写,前后花了27年,终于完成了这部长达一百多万字的医学巨作,记下了1892种药,11000多个单方,成为我国最珍贵的文化遗产之一。

再如,我国许多著名的古典文学作品,都来源于人民群众。《三国演义》远在成书之前,三国故事就已经在民间流传,唐代文豪对此也有记载,宋代已出现了专门演说三国故事的民间艺人,到了元代更有了上图下文的《全相三国志平话》刊行。罗贯中在丰富的民间文学基础上,参考了史传记载,并加上了自己的想象构思而撰写成了《三国志通俗演义》。我们现在所看到的《三国演义》是又经清初毛宗岗加工修订过的一个通行本。

毛泽东同志在谈到文艺创作的源和流的关系时指出,"一切种类的文学艺术的源泉究竟是从何而来的呢?作为观念形态的文艺作品,都是一定的社会生活在人类头脑中的反映的产物。革命的文艺,则是人民生活在革命作家头脑中的反映的产物。人民生活中本来存在着文学艺术原料的矿藏,这是自然形态的东西,是粗糙的东西,但也是最生动、最丰富、最基本的东西;在这点上说,它们使一切文学艺术相形见绌,它们是一切文学艺术的取之不尽、用之不竭的唯一源泉。这是唯一的源泉,因为只能有这样的源泉,此外不能有第二个源泉。"①这虽然是关于文艺问题的论述,但是却具有普遍意义。

再次,劳动人民直接参加了精神文化财富的创造活动。

这可以从两个方面说明:

一方面,劳动人民在提供丰富的精神财富的原料的同时,还对这些原料作了初步的加工,甚至直接创造出精神财富的珍品,这就是说科学艺术的最早的发明权属于劳动者。

例如,人类最初关于天文、地理和数学等的知识,丰富多彩的建筑、雕刻和绘画,民间流传的音乐、舞蹈等等,无一不是劳动人民的天才创造,鲁迅说过:古代人没有作品,抬木头累了,喊号子,"哎唷,这就是唉哟哟——嗨!"山歌、民歌一类很难找出作者,山歌怎么来的? 男女双方,你在这个山头,他在那个山头,交流感情,喊来喊去,一问一答,演化成歌曲。

另一方面,劳动人民中还涌现出了许多著名的科学家、艺术家。

例如,中国活字印刷术的发明者毕昇,是个印刷工人;纺织家黄道婆原来是个童养媳;英国发明蒸汽机的瓦特是个工人,其他,如美国电学理论家富兰克林,英国电磁学家法拉第,发明电灯、电影、留声机的爱迪生,德国唯物主义哲学家狄慈根,俄国大科学家和思想家罗蒙诺索夫,世界文豪高尔基等等,他们都是来自于社会的底层,有的人原来就是体力劳动者。

总之,上述一切都能雄辩地证明,人民群众是精神财富的创造者,在社会精神财富的创造方面抹杀人民群众的伟大作用,不过是剥削阶级的偏见,是同历史的真实情况背道而驰的。

历史唯物主义肯定人民群众是精神财富的创造者,尤其肯定了从事脑力劳动的知识分子在创造社会精神财富中起的重要作用。

科学文化的创造、传播和发展,是同知识分子对于人民群众社会实践经验的概括和总结这种特殊的作用分不开的。知识分子的这种特殊作用,一般说来是那些直接从事体力劳动的群众所不能代替的。尤其是人类历史上

① 中共中央文献研究室:《毛泽东选集》(第三卷),北京:人民出版社1991年版,第860页。

杰出的科学家、思想家、文学艺术家等等,他们对于人类科学文化事业的贡献,对于社会精神文化财富的创造和发展,作用更为重大。他们创造的科学理论,把人们在社会实践中获得的丰富经验总结概括成为系统的规律的知识,使之广为传播;他们创作的优秀文学艺术作品,则以经典的艺术形象生动而又深刻地反映着社会生活。知识分子所起的这种对实践经验概括和总结的作用,既是对人民群众在社会实践中获得的丰富经验的加工,又是一种创造性的劳动。经过知识分子的概括和总结而形成和不断发展的科学文化,不仅丰富和发展了人类的精神生活,而且又反过来促进了人类物质生产资料活动的发展,从而对人类社会的发展起到重大的推动作用。从我国的情况来看,在社会主义建设事业中,知识分子也是一支基本的力量。

第三,人民群众是变革社会制度、推动历史前进的决定力量。

这是因为,社会的发展,归根到底是由社会基本矛盾引起的,但社会基本矛盾的根本解决,必须依靠人民群众的社会革命。在阶级社会中,就是通过激烈的阶级斗争来实现。人民群众是社会革命的主力军,历史上一切真正的革命运动,实际上都是人民群众自己起来摧毁旧制度的斗争,只有这种群众性的社会革命,才能推动社会形态由低级向高级发展。历史表明人民群众的人心所向,体现了历史的主流,得人心者昌,失人心者亡,这是一条被反复证明了的真理,毛泽东同志说:"人民,只有人民,才是创造世界历史的动力。"这就是历史唯物主义的结论。

(三)人民群众创造作用的社会制约性

在唯物史观看来,人民群众是创造历史的决定力量,但是,人民群众的创造活动也不是随心所欲的,人民群众创造自己的历史,总是在一定社会历史条件的制约下,在既定的现实关系的基础上,遵循社会发展客观规律进行的,在不同的社会历史条件下,群众创造历史所起的作用是不同的。

马克思说:"人们自己创造自己的历史,但是他们并不是随心所欲地创造,并不是在他们自己选定的条件下创造,而是在直接碰到的、既定的、从过去承继下来的条件下创造。"[①]这说明,所谓制约着人民群众创造作用的社会历史条件,就是那些人们在其活动中,但又不能任意选择的现实条件的总

---

① 中共中央马克思恩格斯列宁斯大林著作编译局:《马克思恩格斯选集》(第一卷),北京:人民出版社2012年版,第669页。

和,是前人活动的成果。这种社会历史条件,大体有三:

1. 经济条件

从广义上说,经济条件包括生产力和生产关系两个方面,每一历史时代的人们所遇到的现成的生产力和生产关系,对历史发展的作用具有决定性的意义。

首先,从生产力来看,生产力的状况不同,人们的创造作用也不同,无论是物质财富的创造,或者社会变革的方向和形式,都是由生产力的状况所决定的,人民群众创造历史的活动首先要适应生产力状况这一最基本的历史条件。

其次,从生产关系来看,由于人们在生产关系中所处的地位不同,所以其创造作用的性质和程度的大小也很不一样。在阶级社会里,各个阶级都有其阶级局限性,从根本上说,这也就是生产关系的制约性,不仅剥削阶级有局限性,被剥削阶级也有局限性,如奴隶和农民,他们反抗旧制度的斗争和起义,对历史的发展起了巨大的推动作用,但由于经济地位的局限,他们都没有可能创造新的社会。无产阶级摆脱了以往劳动阶级的那种散漫、狭隘的局限,在团结性、组织性、纪律性、自觉性和政治坚定性等方面都有极大的增强。并能领导创造新社会,然而,相对于具体的经济条件,如生产力发展水平、社会化的程度等等,无产阶级也受到历史的制约。即使在共产主义社会,人们也会在一定程度上具有历史的局限性。

2. 政治条件

政治条件包括范围很广,而以国家制度同群众的历史活动关系最为密切,在不同的政治制度下,群众创造历史的作用大不相同,在剥削阶级占统治地位的社会中,广大人民受压迫和奴役,政治上处于无权的地位,他们创造历史的积极性、主动性受到极大的压抑和摧残,聪明才智得不到发挥,所谓"万马齐喑"就是对这种状况的生动写照。

只有在社会主义条件下,劳动人民成了国家的主人,他们创造历史的积极性、主动性和聪明才智才能得到充分的发挥。当然,这并不是说社会主义社会完全不存在压抑人才的现象,但是,这种现象是同社会主义制度的要求相违背的,随着社会主义民主制度的健全是可以逐渐得到克服的。

3. 精神条件

精神力量尽管不起决定作用,但也不可忽视,它对群众的创造活动有着重要的影响。先进的思想文化能激励和鼓舞群众的创造活动,而落后的思想、文化和习惯势力会严重阻碍、束缚群众创造作用的发挥,劳动群众也会沾染旧习气,受到落后传统的某种影响,然而进步的、优良的传统终究还是其主流。所以,为了更好地发挥群众的创造作用,就必须发扬优良传统,摆脱和克服落后传统的影响。

此外,科学文化状况,也是重要的精神条件。科学文化水平的高低是群众创造历史能力高低的一个重要标志,二者是成正比例的。但是在旧社会,劳动人民被剥夺了掌握科学文化的权利,只有在社会主义条件下,他们在文化上翻了身,聪明才智才能得到发挥。人民群众只有成为自己革命的主人,掌握了科学文化,才算开始了自觉创造自己历史的新时代。

因此,我们可以看出,人民群众的创造能力既是无限的,又是有限的。每一历史时代,群众的创造力都要受到当时社会历史条件的制约,因而是有限的;但群众的创造力相对于个人,以及就其世世代代无限延续来说,又是无限的。我们承认这种无限性,正是为了反对那种不相信群众力量的悲观论点;我们同时也要承认这种有限性,以免不顾具体历史条件主观地发动群众去做那些根本办不到的事,从而挫伤群众的积极性。总之,人类的历史正是这样在从有限不断趋向无限的矛盾运动中前进的,这就是历史的辩证法。

三、个人在历史上的作用

(一)历史人物对社会发展的作用

1.什么是个人

要想知道个人在历史上的作用如何,首先要弄清楚什么是个人? 个人是相对于群众而言的,人类世界中单个的人通常就被称为个人。在一切个人中,按其对历史影响作用的大小,可以分为普通个人和重要历史人物。在历史人物中按其对历史影响的性质(促进和阻碍),又可以分为进步的和反动的、正面的和反面的、好的和坏的人物。历史上的杰出人物(伟人),一般是指在一定历史发展阶段中对社会发展起过重大促进作用的伟大人物,其中包括杰出的政治家、思想家、军事家、科学家、文学艺术家等等,他们都是能够反映时代精神、体现进步阶级要求的先进的代表人物。至于历史上的反动阶级的头子,当然不能算是伟大或杰出人物;但是,他们对历史发展的消极阻碍作用却不可忽视。

2.群众作用和个人作用的一致性

历史唯物主义强调人民群众是历史的创造者,同时也承认个人在历史上具有影响作用,特别是杰出人物对历史的发展有重大的影响作用,他坚持人民群众和个人在历史上的作用的一致性,既反对无限夸大个人的作用,也反对全盘否定个人的作用,认为任何把群众的作用和个人作用绝对对立起来的做法都是错误的。

恩格斯曾经说过,在历史过程中,许多相互冲突的单个个人构成无数力的平行四边形,形成一个推动历史前进的总合力,在这个合力中,每个意志都有所贡献,都不等于零。

从恩格斯这段话中可以得出两个结论:一是每一个人都可以在历史上起一定的作用,在历史的总的合力中,每个单个人的力量都不等于零;二是但是,这种作用的性质并不完全相同,有的是正数,有的是负数,有的是积极的动力,有的则是消极的阻力,历史就是在这两种力量对比当中前进的。所以,任何一个普通社会成员在社会发展中的作用都是不对等的。

3.历史人物对社会发展的作用的主要表现

历史人物特别是政治上的杰出人物在历史上起的重大作用主要表现在以下几个方面:

(1)历史人物是历史事件的发起者。成熟了的历史任务总是由少数历史人物首先发现和提出的。例如,孙中山是资产阶级民主革命的先行者。历史人物之所以能够成为历史任务的发起者,在于他有以下两个本质特征:第一,他比一般人站得高看得远,他解决历史任务的愿望比别人强烈;第二,他首先把历史发展进程所造成的新的历史任务指明出来,并提出可行的解决方案,这就是伟人之所以成为伟人的原因,反面人物对于他所代表的反动势力来说,也具有类似的作用。因而才能成为他的阶级和他所代表的政治派别的首领。

(2)历史人物是历史事件的组织者。历史人物往往是重大历史事件的直接参与者、策划者和指挥者,总而言之即组织者。因而他们总要在历史事件上打上自己的烙印,使之具有个别的外貌特征。例如,历史人物决定个别历史事件可以这样出现也可以那样出现,可能成功也可能失败,也就是说,就个别历史事件来说,历史人物不仅对其有深刻影响,有时对其还具有决定作用,我们平常所说的,"流芳千古",说的是进步的历史人物在历史事件上留下光辉的印记;"遗臭万年"则说的是反动的历史人物在历史事件上留下了可耻的印记。

(3)历史人物是历史事件进程的影响者。由于历史人物对历史发展的具体进程始终起着一定的作用,所以他们能够影响甚至决定历史事件,加速或延缓历史任务的解决。但是,这种作用无论多大,也不能决定历史发展的总趋势,相反,他们的活动本身也不能离开历史必然规律的支配,不能摆脱社会历史条件的制约。

总之,我们在承认人民群众是创造历史的决定力量时,决不能排斥历史人物对加速或延缓历史进程、影响历史具体外貌的重大作用。否则,历史的具体情节为什么是这样而不是那样,将成为不可捉摸的。

但是,我们必须注意,他们之所以能成为历史人物,全在于他们和群众有这样或那样、直接或间接的联系。他们所提出的历史任务,实际上也就是他们所代表的民族、阶级和群众的要求与意愿的集中体现。历史人物如果没有任何群众的支持,他在历史上也就不可能有更大的作为,这就是说,历史人物的作用再大,不能超越人民群众的作用,不能超越历史必然规律的支配。而反动的历史人物逆潮流而动,对历史发展起着严重的阻碍作用,但他们最终总要被历史所抛弃,成为历史的罪人。

4.历史人物的社会制约性

第一,杰出人物的产生及其活动,体现了历史发展中的必然性和偶然性的统一。

所谓历史发展中的必然性,就是说,历史的总趋势是进步的、向前的、向上发展的,是由低级到高级,由一种新的生产方式和社会形态代替旧的生产方式和社会形态的前进的运动,是一个合乎规律的发展过程,这就是历史的必然性,它在客观上始终支配着人们创造历史的活动。人民群众的愿望及其活动,则是这种历史必然性的具体体现。

所谓历史发展中的偶然性,就是说,历史的必然性离不开偶然性,必然性要以无数个偶然性作为补充和表现形式。历史发展的基本趋势和方向是必然的,而这种必然性通过什么形式即什么具体的历史事件表现出来,表现的深度和广度,早一些或晚一些以及这个发展是加速还是延缓等,是偶然的,而构成甚至决定这些具体历史事件的历史人物及其活动,也是偶然的,这就是历史的偶然性。例如,十月革命前的俄国将要发生社会主义革命这是必然的;但究竟谁来领导革命,在哪一天爆发等,则带有偶然性。当时因起义计划暴露提前发动,也是同列宁、斯大林的果断精神分不开的。因此偶然性也包括一开始就站在运动最前面的那些人物的性格。

这样,历史从表面看来表现为无数偶然性,但在偶然性背后起作用的仍然是历史的必然性。历史条件成熟了,就会在客观上形成向某个阶段发展的要求,这时,一定会有人自觉或不自觉地发现和提出这个历史任务,这都是必然的。至于恰巧是某个人物而不是别人,他恰巧是在这时而不是在别的时候出现,则是偶然的。然而,偶然性中又有必然性。如果没有这个人,就会有另一个人来代替。正如恩格斯所说:恰巧拿破仑做了法国的军事独裁者,这是因为当时法国需要这样的人,假如没有拿破仑这个人,那就会有别的人来扮演这个角色,这个人也许比拿破仑更好一些,也许更坏一些,但迟早总会出现这样的一个人的。

由此可见,杰出的历史人物,也就是历史上的英雄人物,他们的产生及其活动,反映了历史的必然要求,同时又和他们自身的特点以及其他偶然的条件有关,体现了历史发展中的必然性和偶然性的统一。

第二,历史人物的社会制约性的具体体现。

(1)社会历史条件对历史人物作用的制约性。从上述历史的必然性和偶然性的道理中,我们可以看出,任何历史人物,包括杰出人物都是在当时社会历史条件及其发展趋势形成的特定环境中涌现出来并从事其活动的。就是说,任何历史人物,总是受一定的社会历史条件制约的。而一定时期内各种社会条件的总和所形成的社会发展的具体态势,就是我们通常所说的"时势",社会历史条件对历史人物的制约作用,突出地表现为"时势造英雄"。

所谓"时势造英雄"具体表现为如下三个方面:

第一,时势召唤英雄。

第二,时势锻炼英雄。

第三,时势筛选英雄。

总之,任何英雄人物,都是他那个时代的产儿,他只能在自己时代所许可的范围内行动,所以,他就不可避免地带有时代的特征,具有历史的局限性。例如,诸葛亮再聪明,也只能发明"木牛流马"而搞不出电气化机车来,这是因为受当时的生产力水平的限制；秦始皇再有本事，也只能在中国建立封建制度，而不能建立资本主义制度；洪秀全再伟大，也只能提出"天朝田亩制"，而不可能制定出"土地法大纲"；空想社会主义者再进步，也只能推出空想社会主义的理论，而不能创立科学社会主义的理论体系。这都是因为他们受到当时历史条件的限制，他们的作用不可能超出当时的历史条件。

（2）在阶级社会中，历史人物都具有阶级的制约性。历史人物尽管他们的性格、品质和才能各有自己的个性，但是，在阶级社会中，这些个性，从本质上看，是他所属阶级本性的集中反映。每一个历史人物，一般地说，都是一定的阶级的代表。所以，历史人物就不可避免地带有阶级的局限性。但是这里需要说明的是，历史人物究竟属于哪一个阶级，不能只简单地看他的阶级出身，不能搞唯成分论。当我们对历史人物进行阶级分析时，应从他们的思想、理论和行动上看他们究竟是哪个阶级的利益的代表者。

5.评价历史人物的基本原则和方法

由于历史人物作为历史中的人，受历史的局限；作为阶级中的人，又受阶级的局限，因此评价历史人物，应当遵循两条基本原则和方法：历史分析方法和阶级分析方法。

（1）历史分析方法。所谓历史分析方法，就是说，在评价历史人物的历史作用，分析他们的功过是非时，必须坚持历史唯物主义的科学态度，实事求是地加以具体的历史的全面考察，既不能脱离当时的历史条件，对历史人物求全责备，过分苛求；也不能离开当时的历史条件，对历史人物按自己的主观好恶，去任意拔高，过分颂扬，甚至把古人现代化。重要的是看他在当时的条件下，给历史和人类做出了什么贡献，是否比前辈提供了更多的新的东西，起到了何种作用。例如，不能因为岳飞有"忠君"思想，就否定他是民族英雄，也不能因为秦始皇在历史上起过一定作用，就把他吹捧得比无产阶级政治家还要高明。正如列宁所说："在分析任何一个社会问题时，马克思主义理论的绝对要求，就是要把问题提到一定的历史范围之内。"①

（2）阶级分析方法。所谓阶级分析，就是要求把人物同他所属的阶级联系起来加以评价，要看他们所属的那个阶级在当时处于什么地位，他们的活

① 中共中央马克思恩格斯列宁斯大林著作编译局：《列宁选集》（第二卷），北京：人民出版社2012年版，第375页。

动代表的是什么阶级的利益。例如,我们说秦始皇在历史上起过一定的进步作用,是因为他在中国从奴隶制过渡到封建制的过程中,代表了当时是进步的地主阶级的利益,完成了中国的统一。在统一过程中和统一以后,由于他的剥削阶级本性,对劳动人民进行了残酷的剥削和压迫。所以,否认他的历史作用当然是不对的,但是为他的暴行辩护也是错误的。

这里需要进一步说明的是,在一切阶级社会中,实际的阶级关系是很复杂的。所以,阶级分析不仅要求对各阶级的基本性质和历史人物的阶级属性做出一般的划分,而且要求对各阶级在特定的历史阶段的相互关系以及历史人物在这些关系中的特殊性格和实际表现做出具体的说明。科学的阶级分析方法应该实事求是,而不是简单地把它当作真理到处乱用。

(二)无产阶级领袖的伟大作用

1.无产阶级领袖的含义

无产阶级领袖,按照列宁的说法,是无产阶级政党内"最有威信、最有影响、最有经验、被选出担任最重要职务而称为领袖的人们所组成的比较稳定的集团。"[①]这个概括,包括四层含义:①个人条件——最有威信、影响和经验;②产生方式——是被推选出来的,而不是自封的;③所处地位——担任最重要的职务,是群众和党员中的一员,又不仅仅是普通的一员;④构成状态——即不是单指一个人,而是复数,是比较稳定的集团。像马克思、恩格斯、列宁、斯大林、毛泽东和他的战友们,既是群众、阶级和党的代表,也是无产阶级领袖的代表。

2.无产阶级领袖的优秀品质和伟大作用

无产阶级领袖不同于以往历史上的杰出人物,因为他们所代表的是历史上最革命、最先进的阶级,他们在革命和建设中发挥了巨大作用。但无产阶级领袖是人而不是神,必然受到一定历史条件的限制,有时也会有这样或那样的失误。评价无产阶级领袖人物,同样应该坚持历史分析方法和阶级分析方法。对于他们的功绩和失误,应放到特定的历史条件下来认识,做出实事求是的评价。

---

① 中共中央马克思恩格斯列宁斯大林著作编译局:《列宁选集》(第四卷),北京:人民出版社2012年版,第151页。

要正确评价无产阶级领袖人物,还必须正确认识领袖与群众、阶级和政党之间的关系。列宁指出:"群众是划分为阶级的,只有把不按照生产的社会结构中的地位区分的大多数同在生产的社会结构中占有特殊地位的集团对立时,才可以把群众和阶级对立起来;在通常情况下,在多数场合,至少在现代的文明国家内,阶级是由政党来领导的;政党通常是由最有威信、最有影响、最有经验、被选出担任最重要职务而称为领袖的人们所组成的比较稳定的集团来主持的。"①无产阶级的领袖具有以往任何阶级的杰出代表所不可比拟的优秀品质和伟大作用。他们既是实践家又是理论家,既是人民的领导者又是人民的公仆,既具有卓越的才能又善于集中群众的智慧。群众、阶级、政党必须有自己的领袖。如果没有领袖的组织和领导,群众斗争就会陷于涣散,缺乏战斗力;如果没有政治上成熟的领导集团或领袖,无产阶级革命和建设事业就会遭到挫折。同时,领袖必须代表和服从人民群众的意志和利益,必须服从党的组织,保持与无产阶级和广大人民群众的密切联系。

无产阶级领袖在历史上的作用,取决于他们对历史发展规律的认识程度以及同人民群众的结合程度。

无产阶级领袖在社会主义革命和建设中做出了巨大的贡献,在人民群众中享有崇高的威望,深受群众爱戴。在新的历史条件下,仍然需要尊敬领袖,发挥领袖的核心作用,但不能夸大个人作用,搞个人崇拜。神化领袖,使领袖脱离群众的个人崇拜,只能损害领袖的形象,破坏群众和领袖的关系,不利于领袖作用的发挥,不利于社会主义革命和建设事业。

四、无产阶级政党的群众观点和群众路线

唯物史观关于人民群众是历史创造者的原理,是无产阶级政党的群众观点和群众路线理论的基础。

群众观点就是坚信人民群众自己解放自己的观点,全心全意为人民服务的观点,一切向人民群众负责的观点,以及虚心向群众学习的观点。群众路线是在群众观点的指导下形成的,是群众观点在实际工作中的贯彻运用。

在我国的民主革命时期,以毛泽东为主要代表的中国共产党人,依据

---

① 中共中央马克思恩格斯列宁斯大林著作编译局:《列宁选集》(第四卷),北京:人民出版社2012年版,第151页。

马克思主义的群众史观,创造性地提出了党的群众路线,即"一切为了群众,一切依靠群众,从群众中来,到群众中去"的路线。群众路线是无产阶级政党的根本路线,是我们党在民主革命时期战胜敌人的重要"法宝"之一。

邓小平在新的历史时期进一步强调了群众观点和群众路线。他尊重群众,热爱人民,总是时刻关注最广大人民群众的利益和愿望,把"人民拥护不拥护""人民赞成不赞成""人民高兴不高兴""人民答应不答应"作为制定各项方针政策的出发点和归宿,从而为我们树立了坚持群众观点和群众路线的光辉典范。

"三个代表"重要思想强调要代表最广大人民的根本利益,科学发展观主张:"以人为本",都进一步坚持和发展了人民群众创造历史的观点。党的十八大以来,以习近平为总书记的党中央向人民庄严承诺:我们的人民热爱生活,期盼有更好的教育、更稳定的工作、更满意的收入、更可靠的社会保障、更高水平的医疗卫生服务、更舒适的居住条件、更优美的环境,期盼孩子们能成长得更好、工作得更好、生活得更好,人民对美好生活的向往,就是我们的奋斗目标。在建设中国特色社会主义的伟大实践中,我们要牢固树立群众观点,自觉地依靠人民群众,把人民群众的根本利益摆在首位,想群众之所想,急群众之所急,谋群众之所求,解群众之所忧,始终坚持全心全意为人民服务的宗旨。

五、科学认识"以人为本"

(一)人的本质在其现实性上是一切社会关系的总和

人是历史活动的主体,但是作为历史主体的人的本质是什么?这是历史观中又一个重大的理论问题。

能否正确地理解和回答人的本质问题,关系到历史观中一系列问题的解决,甚至关系到能否建立起一种科学的历史观本身。在人类思想史上,无数的思想家们曾对人的本质问题进行过探索,但只有马克思主义才对之做了科学的回答。

马克思在人类思想史上第一次解开了人类之谜。马克思在《关于费尔巴哈的提纲》中指出:"人的本质不是单个人所固有的抽象物,在其现实性上,它是一切社会关系的总和。"①马克思恩格斯在合著的《德意志意识形态》中详细地批判了费尔巴哈以及其他哲学家在人的解释问题上的错误,深刻地指出一切现实的人都是处在一定社会关系中的人,抽调了社会关系就抓不住人的本质。所谓社会关系的"总和",包括人们的社会经济关系、政治关系、思想关系等等方面,其中经济关系(最根本的是生产关系)是决定其他一切关系的方面。在阶级社会中,人们的社会关系主要体现为阶级关系。离开阶级分析,就不能对人作出正确的判断。

马克思主义之所以能揭示出人的本质是社会关系的总和,从根本上说是因为有科学的实践观点。不同的历史阶段上不同的社会关系的人们的实践活动的结果,又是进一步实践的条件。不了解实践的作用,就不可能了解为什么人的历史会有发展,为什么在一定的发展阶段会出现不同的社会关系,为什么人在社会关系中会处在不同的地位和有不同的利益,为什么人会在不同的历史发展阶段建立起不同的政治法律制度和意识形态等等。如果说人作为一个"类"有共同本质的话,那么这个共同本质就是实践,就是劳动。人的劳动或人的感性实践活动之所以是人之为人的本质,其根本原因就在于:"一个种的整体特性、种的类特性就在于生命活动的性质,而自由的有意识的活动恰恰就是人的类特性。"②人的自由的自觉的活动即是人的以物质生产为根本内容的实践活动,它是人的生命活动的性质。人的这种生命活动的性质,"是自然界对人说来的生成"的依据,是人的社会、人的历史生成的根据,也是人"自己依靠自己本身的诞生"的依据。人正是依靠自己的实践活动,在改变外部世界的同时改变着自身的世界,形成了自己的独特本质。正如马克思恩格斯所说:"个人怎样表现自己的生命,他们自己就是怎样。因此,他们是什么样的,这同他们的生产是一致的——既和他们生产什么一致,又和他们怎样生产一致。因而,个人是什么样的,这取决于他们进行生产的物质条件。"③

---

① 中共中央马克思恩格斯列宁斯大林著作编译局:《马克思恩格斯选集》(第一卷),北京:人民出版社2012年版,第135页。

② 中共中央马克思恩格斯列宁斯大林著作编译局:《马克思恩格斯选集》(第一卷),北京:人民出版社2012年版,第56页。

③ 中共中央马克思恩格斯列宁斯大林著作编译局:《马克思恩格斯选集》(第一卷),北京:人民出版社2012年版,第147页。

（二）坚持人的本质的正确观点，对于正确认识"以人为本"的科学发展观具有重要意义

坚持"以人为本"是建设社会主义新社会的本质要求。社会主义新社会应该是一个充满人文关怀的社会，"以人为本"应该成为构建社会主义和谐社会的根本价值原则。

所谓"以人为本"，从最一般的意义上说，就是要维护人的尊严和权利、尊重人的价值。不过，作为社会主义价值原则的"以人为本"，与西方人道主义思想和中国传统文化中的民本思想有原则的不同，不能混为一谈。

西方人道主义（humanus）是产生于14—16世纪欧洲文艺复兴时期的思潮，是代表新兴资产阶级反对封建统治阶级的精神武器。

人道主义者反对经院哲学和教会以神权压制人性，鼓吹以人为中心的世界观，提倡关怀人、尊重人，后来的天赋人权和自由、平等、博爱的口号也是这种世界观的发展。这种人道主义在摧毁封建主义统治和建立资本主义制度的斗争中，起着重要的积极作用，在后来反法西斯的斗争中也起过积极作用。但是，这种人道主义是以抽象的人性论为根据的。抽象人性论的根本特点是脱离人的社会性和历史性来谈论普遍的人性，而这种普遍人性其实就是以资产者为模特描绘出来的，只不过被解释为一切人共有的人性而已。

在资产阶级心目中，最符合人性的社会就是资本主义社会。所谓人权，本质上就是资产阶级的权利。自由，就是商品交换和贸易的自由，也就是资产者凭借生产资料所有权占有无产者创造的剩余价值的自由，无产者向资产者出卖劳动力的自由；平等，就是商品的等价交换，也就是资产者购买无产者的劳动力的等价原则。博爱，就是剥削者与被剥削者的互爱和合作。这种以普遍形式表述出来并且掩盖起来的人道主义本质上是资产阶级的意识形态，是为资本主义制度服务的。资产阶级人道主义者对资本主义的缺陷也有批评，甚至有非常尖锐的批评，但批评的前提是肯定资本主义制度的根本合理性和永恒性，批评的目的是完善资本主义制度。

中国传统文化中的民本思想与西方资产阶级人道主义产生的历史背景和阶级基础都不同。它在中国数千年的宗法社会中源远流长，一直是统治阶级治人之术和牧民之道的重要方略之一，是"仁政"和"王道"的理论基础。从《尚书》的"天视自我民视,天听自我民听"到《管子》的"以人为本,本立则国固",从孔子的"仁者爱人""泛爱众""修己以安百姓"到孟子的"民贵君轻"都大力宣扬了"民为邦本,本固邦宁"的基本思想。这种民本思想对抑制过度的剥削和压迫,保护生产力的发展,有一定的积极作用,有历史的进步性。但是,这种民本思想的前提还是维护剥削阶级的统治。"民者,出粟米丝麻作器皿通货财以事其上者也。"说明人民只是支撑这个统治的基础,并没有要人民群众当家作主的内容。"劳心者治人,劳力者治于人"是"天下之通义";"民不出粟米丝麻作器皿通货财以事其上则诛"是天经地义。

作为马克思主义命题的"以人为本"与此根本不同。它是要以人民或人民群众为本,它是建立在群众史观基础上的,是以确认人民群众作为历史创造者、作为国家和社会主人翁地位为前提的。坚持"以人为本"的价值原则,目的在于不断满足人民群众日益增长的物质文化需要、促进人的全面发展。

在全面建成小康社会和全面深化改革的过程中,坚持"以人为本"的价值原则,就是要牢固确立人民群众在国家和社会事务中的主人翁地位,深入体察人民群众的意愿,紧紧依靠人民群众,充分发挥人民群众的首创精神和创造才能,切实维护和现实最广大人民群众的利益,使全体人民朝着共同富裕的方向稳步前进。

当今世界一切关于人的问题都不是抽象的而是具体的,都是发生在这个现实的时代、现实的社会关系中的问题。一切以"人"的名义出现的问题,包括和平与发展的两大主题,都具有与现实的人的利益密切相关的具体内容。解决这些问题的思路和方案也是如此。对此我们要有清醒的头脑。同样,在我国社会主义建设中的人也是具体的人,是生活在一定发展阶段,处在各种不同的社会关系中、起着不同的作用、有着不同追求的人,解决人的问题的办法和手段也受现实条件的制约,不能脱离具体条件和现实可能性而漫无边际的谈"以人为本"的问题。只有结合实际情况,才能把"以人为本"的理念落到实处,并随着实践的发展而逐步发展。不能离开现实条件提出问题,也不能离开现实条件要求解决问题。

在对"以人为本"的理解上划清马克思主义与非马克思主义的界限,是为了准确把握我们党提出的"以人为本"的科学涵义,而不是全盘否定资产阶级人道主义和中国传统文化中的民本思想。对这些思想,我们在指出他们的阶级属性和理论缺陷的同时,也要充分肯定他们的历史进步作用。不仅如此,在今天还应当有分析地吸取和借鉴他们的合理成分,用来丰富马克思主义"以人为本"的思想内容。

参考文献:

[1]中共中央马克思恩格斯列宁斯大林著作编译局:《马克思恩格斯选集》(第一卷),北京:人民出版社2012年版。

[2]中共中央马克思恩格斯列宁斯大林著作编译局:《马克思恩格斯选集》(第二卷),北京:人民出版社2012年版。

[3]中共中央马克思恩格斯列宁斯大林著作编译局:《马克思恩格斯选集》(第三卷),北京:人民出版社2012年版。

[4]中共中央马克思恩格斯列宁斯大林著作编译局:《列宁选集》(第二卷),北京:人民出版社2012年版。

[5]中共中央马克思恩格斯列宁斯大林著作编译局:《列宁选集》(第四卷),北京:人民出版社2012年版。

第十三讲 劳动价值论和剩余价值论

| 教学目标

运用马克思主义的立场、观点和方法,准确认识资本主义生产方式的内在矛盾,深刻理解资本主义的本质和规律,正确把握社会化大生产和商品经济运动的一般规律。

| 教学要点

劳动价值论及其意义;
剩余价值论及其意义;
资本主义基本矛盾与经济危机。

| 教学时数

9课时。

一、劳动价值论

(一)商品经济产生的历史条件

1.商品经济的含义

自人类最初发生商品交换以后的人类社会的经济,都归属于商品经济。以三维逻辑体系来归纳,社会成员间财富转移共有三种,一是赠施弃,二是偷骗抢,三是互惠互利的商品交换。所谓商品经济就是指互惠互利的商品交换的经济关系。从学理上讲,商品经济是直接以市场交换为目的的经济形式,是商品生产和商品交换的总和。

2.商品经济产生的条件

商品经济是人类社会发展到一定历史阶段的产物。它的产生,必须具备两个条件:第一是社会分工。它是商品经济产生的基础。商品经济作为社会经济运动的一种形式,是以社会分工为基础的。因为出现了社会分工,才有了进行交换的要求,才有了进行交换的可能。社会分工的特征,表现为每一个劳动者只从事某种局部的、单方面的劳动,只生产某些甚至某种单一的产品,而人们的需要或需求则是多方面的。为了满足多方面的需求,生产者便必然要相互用自己生产的产品去交换自己不生产而又需要的产品。这种商品生产和商品交换就是商品经济。第二是所有权不同。它是商品经济产生的前提。因为生产资料和劳动产品属于不同的所有者,才发生了交换行为。可见,商品经济既是社会分工的产物,又是私有制的产物。在私有制的条件下,产品交换的双方成为独立的利益主体,成为经济利益的对立面。这就决定了双方的交换不能是不等式的,而只能是等式的,即商品经济中的等价交换原则。劳动产品的交换既然是等价的商品交换,那么,生产者的生产过程就成为以直接交换为目的商品生产过程。

3.商品经济产生和发展的过程

原始社会末期,随着生产力的发展,人类社会发生第一次社会大分工,开始出现了早期的商品经济,然后随着第二次、第三次社会大分工的发展,社会生产的不断提高,商品经济的规模和范围逐步扩大。从原始社会末期,到奴隶社会和封建社会,在小生产的条件下,自然经济一直处于主导地位,简单商品经济始终处于从属地位。只有到了资本主义社会,在社会化大生产的条件下,商品经济得到充分的发展,成为主要的经济形式,从而处于主导地位。高度发达的商品经济,就是市场经济。从特定意义上讲,资本主义社会,就是以私有制为基础的商品经济社会。实践证明,在社会主义社会中,商品经济仍然是社会经济生活的基本形式,但是,由于公有制的建立,它的性质发生了根本变化。计划和市场都不属于社会基本制度范畴,二者均只是经济手段,资本主义和社会主义都可以利用。社会主义条件下,也必须实行市场经济,以达合理配置资源,促进经济快速发展的目的。所以,商品经济的类型包括小商品经济,资本主义商品经济和社会主义商品经济。

4.黑死病:欧洲商品经济的前奏

在许多的社会重大变革中,自然界发生的事有时会起到重大的作用,黑死病就是其中之一。它与发生在此后的宗教改革和地理大发现同样是欧洲进入商品经济时代的重大历史事件。1348年开始,一场大瘟疫开始肆虐整个欧洲,它首先发难于地中海沿岸,后在1348—1451年间陆续蔓延欧洲各国。黑死病1347年发现于西西里,立即传播到北非、整个意大利和西班牙,接着于次年传到法国。历史研究证明,这些地区的人口死亡近三分之一,整个欧洲有2500万人死于黑死病。死亡人数之多超过历史上任何一种流行病。

黑死病的影响不亚于一场横扫欧洲的战争,现代医学家、社会学家认为它对人类的影响相当于核武器的毁灭力量。它造成了欧洲社会的重大变化,经济紊乱、社会动荡、物价上涨和风俗败坏。这次大灾难严重冲击了欧洲的封建制度。14世纪中叶欧洲的封建制度本已越过高峰开始走下坡路,这场大的死亡灾难客观上加速了封建制度的垮台。灾难中的大量农民丧生已使封建制度失去了足够的剥削对象,而幸存下来的人们为了活下去又不能继续忍受原先那种过重的剥削,要求获得多的报酬,在相当的程度上形成了一股挣脱封建束缚的力量。灾难之后,传统的地租形式基本失灵,使商品式的经济得到萌芽。

5.商品经济与市场经济的相互关系

市场经济就是市场对资源配置起基础性作用的商品经济。市场经济中通过市场上的供求机制、价格机制和竞争机制,来引导资源的流向,合理分配资源,最大限度地满足社会需要。

商品经济与市场经济的区别,商品经济是指社会分工条件下具有不同利益生产者之间交换劳动、进行劳动联系的特定方式,即通过商品货币关系实行等价交换的经济形式。市场经济则是社会资源的一种配置方式,表明在商品经济条件下,资源配置的基础是市场机制。

它们之间是相互联系的,商品经济是市场经济存在和发展的前提和基础。表现在:①商品货币关系的存在是市场机制发挥作用的基础。②商品经济规律是市场机制的内在依据。③商品经济的发展高度,决定市场经济的成熟程度。

(二)商品的二因素和生产商品的劳动二重性

(1)商品是用来交换的劳动产品,具有使用价值和价值两个因素,它体现一定的社会生产关系,是一个历史范畴。

(2)使用价值,是指物品的有用性或效用,即能满足人们某种需要的属性。使用价值是商品的自然属性,反映人与自然的关系,不是政治经济学的研究对象。政治经济学之所以要考察使用价值,是因为它是商品交换价值和价值的物质承担者。

(3)交换价值,是指商品与其他商品相交换的属性。交换价值首先表现一种使用价值同另一种使用价值相交换的量的关系或比例。交换价值是价值的表现形式,价值是交换价值的基础和内容。交换价值是由价值决定的。

(4)价值是凝结在商品中的无差别的一般人类劳动。价值是商品的社会属性,体现商品生产者之间相互比较劳动和交换劳动的经济关系。价值是商品特有的本质的属性。商品的二因素,从表面上看是使用价值和交换价值,在本质上是使用价值和价值。

(5)商品是使用价值和价值的对立统一体。商品内在的使用价值和价值的矛盾只有通过交换才能得到解决。

(6)商品的二因素是由生产商品的劳动的二重性决定的。生产商品的劳动,一方面是有用的具体劳动,另一方面又是抽象劳动。具体劳动与自然物质相结合生产出使用价值,而抽象劳动则形成商品的价值。劳动二重性学说是马克思创立的,是理解马克思主义政治经济学的枢纽。

(三)价值量与价值规律

1.价值量

价值的质是凝结在商品中的一般人类劳动。价值的量由凝结在商品中的社会必要劳动时间决定。社会必要劳动时间,是指在社会现有的正常的生产条件下,在社会平均的劳动熟练程度和劳动强度下创造某种使用价值所需要的劳动时间。

商品的价值量与劳动生产率的关系:商品的价值量不是固定不变的,它会随着劳动生产率的变化而变化。商品价值量与劳动生产率之间最基本的关系是:单位商品的价值量同生产该商品的劳动生产率成反比,而同体现在商品中的社会必要劳动量成正比。

2. 价值规律

(1)价值规律是商品经济的基本规律。价值规律是商品经济运行的客观规律。它的基本内容和要求是：商品的价值量由生产商品的社会必要劳动时间决定，商品交换依据商品的价值量实行等价交换，也就是说，价值规律是阐述价值如何决定和如何实现的规律。

价值规律是商品经济的基本规律。只要存在商品生产和商品流通，价值规律就存在并发生作用，具有客观性。在影响和制约商品经济的经济规律中，价值规律支配着商品生产和商品流通的全过程，起着主导的基础性作用，所以是商品经济的基本规律。尊重和利用价值规律，是市场经济条件下搞好经济工作的基本要求。

案例：

价格歧视

在广州很容易以750元左右的价格买到从广州到济南的经济舱飞机票，但是在济南只能买到1420元的从济南到广州的经济舱飞机票，乘的是同一航空公司的飞机，甚至是同一架飞机，同样的机组，时间里程也一样，价格竟然相差如此悬殊。

在发达的资本主义国家这种事也是常有的。以美国为例，航空公司之间经常发生价格大战，优惠票价常常只是正常票价的三分之一甚至四分之一。然而，即使是价格大战，航空公司也不愿意让出公差的旅客从价格大战中得到便宜。但是，当旅客去买飞机票的时候，他脸上并没有贴着是出公差还是私人旅行的标记，那航空公司如何区分乘客和分割市场呢？原来购买优惠票总是有一些条件，例如规定要在两星期以前订票，又规定必须在目的地度过一个甚至两个周末，等等。老板叫你出公差，往往都比较急，很少有在两个星期以前就计划好的。这就避免了一部分出公差的旅客取得优惠。最厉害的是一定要在目的地度过周末的条件。这笔开支，肯定比享受优惠票价所能节省下来的钱多得多。就这样，这些优惠条件就把公差者排除得八九不离十了。

上述行为在经济学上就叫"价格歧视"。"价格歧视"中的歧视是经济学的术语，而不是一个贬义词。"价格歧视"也叫差别定价，是指企业为了获得更大的利润，把同一产品按购买者不同而规定的不同价格，一部分购买者所支付的价格高于另一部分购买者所支付的价格。"价格歧视"是否违背价值规律？人们有不同的看法。

有人认为"价格歧视"是违反价值规律的，影响资源的有效配置，必须实行严格管制。实际上，"价格歧视"完全符合市场经济规律的要求。"价格歧视"堪称市场经济中最重要的游戏规则之一。

实行"价格歧视"的目的是为了获得较多的利润。青壮年是能挣钱的社会群体，而退休工人的收入通常就低得多。以较高的价格赚得了青壮年这个社会群体的钱，再以较低的价格向退休工人提供服务；航空公司以正常票价向公差人士提供服务，同时用低得多的机票价格让"可去可不去"的旅客也花钱进入旅游市场，这就是价格歧视现象共同的经济学伦理。当然，"价格歧视"也有更好听的说法和理由。如美国，"尊老爱幼"被标榜为体现他们文明社会的温馨举措。如果铁道部坚持价格无歧视，取消半价学生票，结果可想而知。

(2)价值规律的表现形式。是指商品市场价格随着商品供求关系的变化而围绕价值上下波动的现象。它是价格、竞争、供求关系相互作用的结果。价格是价值的货币表现形式。按照价值规律的等价交换的要求，价格与价值应该相一致。供求关系影响价格，使价格与价值相背离，高于或低于价值。价格变动对供求关系有反作用，引起供给和需求向着相反的方向发生变化，使价格不会偏离价值太远，而且使偏离的价格再向价值靠拢。因此，从较长时期看，价格始终以价值为基础上下波动，使价格和价值趋于一致。价格与价值不一致，围绕价值上下波动，不是对价值规律的否定，相反，正是价值规律强制地贯彻其作用的表现形式。

案例：

"机票打折"与民航重组

我国的民航运输产业在政府放松管制的条件下得到了举世瞩目的发展，其客运量年增长率高达16.1%，为了通过鼓励竞争维持行业的继续盈利，1997年，主管部门推出"一种票价，多种优惠"的票价体系,允许各航空公司的机票打折。不料事与愿违,这一价格政策被各航空公司利用,演变成了低价倾销和恶性竞争的工具,结果造成全行业亏损。2000年4月1日起执行的政府强制下的"航线联营"政策,这一政策的执行将使在102条主要航线上同时飞行的所有航空公司共享最低票价所带来的垄断利润。2002年8月1日,中国民航总局新负责人指出,"中国民航总局不可能长期固定票价,必须要向市场过渡",令机票打折问题又成热点。在市场经济中,商品打折销售是否符合市场价值规律要求? 如何看待自然垄断行业的价格问题?

案例评析:

航空公司竞相降低、机票打折是市场经济中的一种普遍性的现象,它是供求机制发生作用的必然结果。在美国就广泛地存在着机票打折的情况。在美国,人们买飞机票通常不是到航空公司,而是到旅行社。因为,虽然到旅行社去买票多了一个中间环节,但到旅行社买票通常比到航空公司买票更便宜。原因在于,各个航空公司通常只知道自己公司的各航班的座位利用率,而不知道其他航空公司各航班的座位利用率。而旅行社了解各个航空公司的各航班的座位利用情况,它能够通过向各航空公司讨价还价,获得价格便宜的机票,再通过机票打折,引导旅客到有空座位的航班上去。换句话说,旅行社能够重新配置资源,提高各航空公司各航班的座位利用率。从而使各航空公司和消费者都从中获利。

民航总局把航空公司亏损单纯归结为竞相降价、大打价格战是片面的。以此为根据,把直接制定价格作为解决航空业行业亏损的主要措施是很难收得预期效果的。事实也足以证明这一点。我们刚刚讲到,"商品市场价格随着商品供求关系的变化而围绕价值上下波动是价格、竞争、供求关系相互作用的结果",政府取代市场直接为企业定价是越权行为。民航市场的竞价现象是民航市场正常发挥其自动调节资源配置功能的前提,经过市场一段时间的调整,最终会收到良好的效果的。民航总局根本没必要采取干预措施,强制推行"航线联营"政策。解决问题的关键是,要按照现代企业制度的要求重塑航空企业,按照市场经济运行机制要求进行运作,放开不必要的管制。实际上民航业并不具备更多的行业"特殊性",同样适用一般的现代企业制度和一般的市场规则。

（3）价值规律的主要作用。

自发调节资源配置，即调节生产资料和劳动力在社会各部门之间的分配，从而调节生产和流通，使产品的生产和消费、供给和需求及时协调。

自发地刺激商品生产者改进技术，改善经营管理，提高生产经营效率，从而促进社会生产力的发展。形成经济活动中的优胜劣汰，引起和促进商品生产者的分化。

价值规律除了具有配置物质资源，促进社会生产力的发展，进行利益分配的作用外，还具有盲目性、自发性和能造成极大的社会资源浪费等缺陷。

(四)价值形式的发展与货币的产生

价值形式，是指价值的表现形式，即交换价值。从商品交换发展的历史过程看，商品的价值形式经历了简单的或偶然的价值形式、总和的或扩大的价值形式、一般价值形式和货币形式。货币形式是价值形式发展的完成形式。货币是商品交换自发发展到一定阶段的产物，是商品内在矛盾发展的必然结果。货币的出现，使整个商品世界分为两极：一极是商品，表现为各种各样的使用价值；另一极是货币，代表着价值。商品内在的使用价值和价值的矛盾，就发展成为商品和货币的外部的对立。

货币的本质和职能：货币是固定地充当一般等价物的商品，它的本质是商品交换中的一般等价物，体现着商品经济条件下人们之间的一定的社会经济关系。货币的职能，是指货币在社会经济生活中的作用。它由货币的本质决定，又是货币本质的具体体现。在发达的商品经济中，货币具有五个职能：价值尺度、流通手段、贮藏手段、支付手段和世界货币。其中，价值尺度和流通手段是货币的两个基本职能，两者的统一，就是一般等价物。

在现代市场经济中，纸币和信用货币是货币的两种主要存在形式。纸币是从货币的流通手段职能中产生的。现代纸币是国家发行并强制流通的价值符号。它本身没有价值。信用货币包括银行券、支票、期票、汇票等，它是体现债权债务关系的信用证券，和纸币一样，本身没有价值。

(五)私有制基础上商品经济的基本矛盾

简单商品经济的基本矛盾是私人劳动和社会劳动的矛盾。这个矛盾产生的基础是私有制和社会分工。私人劳动和社会劳动的矛盾,只有通过交换才能得到解决。商品卖出去了,商品生产者的私人劳动的社会性质才得以体现,生产商品的劳动耗费才能得到补偿。私人劳动和社会劳动的矛盾之所以是简单商品经济的基本矛盾,因为这个矛盾是商品内在的其他各种矛盾的根源,它决定着私有制商品经济的产生和发展的全过程,决定商品生产者在市场激烈竞争中的地位和命运。

三、马克思劳动价值论的意义

以上所讲的(一)商品二因素和生产商品劳动的二重性、(二)价值量和价值规律、(三)商品经济的基本矛盾,构成了马克思的劳动价值论。

(一)马克思劳动价值论的理论和实践意义

马克思创立劳动价值理论是在资本主义工业化初期的蒸汽机时代。当时的经济结构以工农业物质生产为主,非物质生产比重较低;科学技术水平低下,生产过程中体力劳动占有优势。所以,马克思的考察以产业资本为主,着重研究的是物质生产领域的劳动。马克思在批判、继承和发展古典政治经济学劳动价值理论的基础上,创立了科学的劳动价值理论的完整体系,回答了为什么劳动要转化为价值,是什么劳动创造价值,又怎样创造价值的问题。

马克思的劳动价值理论,被运用来分析资本主义经济问题,成为马克思的剩余价值理论和全部政治经济学的理论基础。今天,在现代市场经济条件下,需要结合新情况,对劳动价值理论做出符合时代特征的新解释,为社会主义市场经济提供理论指导。

(二)深化对马克思劳动价值论的认识

一百多年来,科技进步日新月异,社会生产力飞速发展,现代市场经济运行范围不断扩大,使得当代劳动的内容、形式和结构都与马克思所处的时代发生了深刻的变化。现代产业结构和就业结构的变化,使得服务型劳动种类增加,比重上升,成为商品生产和市场经济运行的重要组成部分。科技型劳动在经济发展中发挥着重大作用。科技劳动促进了劳动生产率的大幅度提高,社会财富急剧增加,而且作为复杂劳动,创造出更大的价值。管理型劳动在经济运行和经济增长中的地位和作用日益提高,成为现代生产力发展的重要因素。高水平的经营管理劳动的贡献,不仅在于参与价值创造和财富生产,还在于善于驾驭市场,实现商品及其价值。

以上变化要求我们深化对马克思劳动价值论的认识,应肯定服务性劳动也是创造价值的劳动,肯定科技人员、管理人员在价值创造中的作用,深化对科技、知识、信息等新生产要素在财富和价值创造中作用的认识,深化对价值创造与价值分配关系的认识。

案例:

提供气象信息商品的劳动创造价值吗?

2002年7月4日夜,2002年第5号热带风暴"威马逊"肆虐东海,近中心最大风力达到12级(50米/秒)以上,东海海面巨浪汹涌。

"威马逊"到来的前六天,坐落在北纬29度,东经125度东海海面的平湖油气田收到了上海市中心气象台传来的"警报":未来5天—6天,台风"威马逊"将影响你平台,建议作好撤出的准备。平台上的所有工作人员在直升机的协助下迅速撤离,避免了一场灾难的发生。

"台风对平台的影响本身不大,但在上面作业的人员面对台风的心理压力极大,如果不及时撤离,有可能发生一些极端事件。"上海市中心气象台副台长杨礼敏说。

平湖油气田是上海市中心气象台的长期企业客户之一。气象台每隔3小时—6小时向该平台提供海上、空中和陆地的全方位信息,以图文传送,还提供气象专业网站。上海市中心气象台现已拥有120家左右的长期客户和100多家"散户"。"根据企业各自的需求,我们为其量身定制气象信息,并在物价局制定标准的基础上协商信息使用的费用,所以每家的费用都不同。最高的达到每年20万元,而最低的也就几百块钱,"杨礼敏说,"但我们也要承担很大风险和压力:预报毕竟是有误差的,像这次的台风,企业撤离和重返平台的成本都是上千万元,所以如果我们的信息不准会造成很大的损失。"据杨礼敏介绍,上海市中心气象台向企业提供专业有偿气象服务的历史可以追溯到1984年,为英国的BP公司在南黄海的石油钻探作"气象护航"。现在,气象台的客户除了海上作业、码头、航运等一贯靠天吃饭的企业外,还有了一些新的变化。一些大型的仓库码头也需要此类服务。这些企业对气象信息的需求更是两小时左右就得更新一次。而上海铁路局、电力部门和华东地区电网、大型水库与气象台的合作也是出于减少损失的考虑。

案例评析:

劳动价值论一直强调,土地、资本、知识、信息之类的生产要素是商品使用价值的直接构成要素,并且是活劳动创造商品新价值的重要经济条件,主张活劳动创造价值,并不否定不同生产要素在经济活动中的各自作用。应该肯定科技、知识、信息等新生产要素在财富和价值创造中的作用。

四、剩余价值论

(一)劳动力成为商品的基本条件

1.劳动力成为商品必须具备的两个基本条件

劳动力即人的劳动能力,是潜藏于人身体中的体力和脑力的总和。劳动力是任何社会生产的基本要素。劳动力大规模地成为商品买卖,是特定历史条件下存在的现象。

劳动力成为商品必须具备两个基本条件:第一,劳动者有人身自由,有权自由地支配自己的劳动力;第二,劳动者丧失生产资料,从而丧失生活资料来源,只能靠出卖自己的劳动力为生。

劳动力所有者出卖的不是劳动力的所有权,而是劳动力的使用权,并且是定期出让劳动力的使用权。在发达的商品经济条件下,劳动力作为基本生产要素进行买卖的过程,就是市场对劳动力资源起基础性配置作用的过程。

2.社会主义初级阶段劳动力成为商品

社会主义初级阶段劳动力是不是商品呢? 答案是肯定的。这与马克思的观点不同。马克思认为,在社会主义的条件下,劳动力不再是商品了。

为什么现实与马克思出现如此大的不同呢? 原因在于我们社会主义初级阶段的情况,和马克思批判资本主义的基础上所设想的社会主义是有重大区别的。讨论在社会主义条件下劳动力是不是商品的问题,首先要把这两者区分开来,否则问题就无法得到正确的说明。

众所周知,马克思所设想的社会主义是在社会化大生产高度发达的资本主义国家实现的。同时他把社会主义视为共产主义第一阶段,是从共产主义的共性出发来分析社会主义的。首先,在马克思设想的社会主义的条件下,商品经济退出了历史舞台,当然不谈什么劳动力商品。第二,实现了生产资料的社会占有制,社会生产实行计划调节,劳动力作为一种社会的劳动力,通过计划的方法实现和生产资料的直接结合,劳动者就无需把劳动力当作商品来出卖了。

很明显,我国社会主义初级阶段的历史条件,和马克思所设想的社会主义有很大的差别。我们的社会主义初级阶段仍然存在商品经济,商品经济的发展要求生产要素(包括劳动力要素)的商品化,即物质资源和劳动力资源通过市场来配置。我们下面的分析将证明,在社会主义初级阶段的历史条件下,劳动力成为商品的两个条件一个不少:

(1)劳动者有人身自由。在社会主义初级阶段,在大力发展社会主义市场经济的历史条件下,劳动力仍然属于劳动者个人所有,从劳动者这方面来说,在社会主义初级阶段,劳动依然是谋生手段,并且劳动还存在着简单劳动、复杂劳动、体力劳动、脑力劳动等重大区别。因而劳动者必然非常关心劳动报酬的多少,关心自身的经济利益。在部门和企业的发展前景和经济效益存在重大区别的情况下,劳动者必然把自己的劳动力投向有广阔的发展前景和良好的经济效益的部门和企业。

(2)劳动者丧失生产资料,只能靠出卖自己的劳动力为生。在社会主义初级阶段,劳动力和生产资料仍然处于分离状态。所谓生产资料公有制实质上是生产资料属于全体劳动者或集体劳动者所有,并不是属于个人所有,劳动者个人离开了集体,他既无生产资料的所有权,也无经营权。劳动力和生产资料仍然处于分离状态。劳动者必须在劳动力市场上出售劳动力,并且被企业聘用以后,劳动力才能和公有的生产资料相结合。

(二)劳动力商品的特点与货币转化为资本

1.劳动力商品的特点

(1)劳动力商品的价值和使用价值。劳动力商品的价值,和其他商品价值一样,是由生产和再生产它所需要的社会必要劳动时间决定的。劳动力商品的特点在于,生产和再生产劳动力所需要的社会必要劳动时间,可以还原为劳动者维持自己及其家属生存所必需的生活资料的价值。具体地说,包括三个部分:第一,劳动者维持自身生存所必需的生活资料的价值,用以再生产他的劳动力;第二,劳动者繁衍后代所必需的生活资料的价值,用以延续劳动力的供给;第三,劳动者接受教育和培训所支出的费用,用以提供适合资本主义大生产的劳动力。

劳动力商品的特点还在于,它的商品价值包含一个历史的和道德的因素,即劳动者所必需的生活资料的种类、数量和构成,受各国社会经济文化发展水平和自然历史条件的制约。

劳动力商品的特点还在于,它的使用价值是价值的源泉,而且是大于劳动力自身价值的价值的源泉。劳动力的使用能为它的购买者创造剩余价值。

(2)社会主义劳动力商品的价值和使用价值。在社会主义初级阶段劳动力是商品,也有使用价值和价值。社会主义初级阶段劳动力商品的使用价值是创造商品,创造价值,特别是能创造比自身价值更大的价值的能力。社会主义初级阶段劳动力商品的价值,是由生产和再生产劳动力所需要的生活资料的价值决定的。它包括劳动者本人及其家属的生存和教育训练所需的生存资料、发展资料和享受资料。另外,社会主义初级阶段劳动力的价值决定也有其历史和道德的因素。

然而在这里我们更想说明的是,社会主义初级阶段劳动力商品同资本主义劳动力商品有着本质的区别。最主要的一点是,资本主义社会出卖劳动力的劳动者是被压迫、被剥削的工资奴隶,他们创造的剩余价值被资本家无偿占有了。社会主义初级阶段出卖劳动力的劳动者(指公有制企业中的劳动者),是不受压迫,不受剥削的,没有改变劳动者的主人翁地位。关于劳动者主人翁地位的问题,不能对它作绝对化的理解,要放到特定的历史条件下来考察。在我国社会主义初级阶段的历史条件下,劳动者的主人翁地位就是通过劳动者出卖劳动力,劳动者个人参加到集体中去,和公有的生产资料相结合,努力工作,不断进取从而得到体现的。更何况,我们社会主义企业是组织起来的劳动者的集体,企业的管理者是劳动者的代表。社会主义企业遵守国家的有关法律和规定,加强民主管理尊重劳动者在企业中的主人翁地位,正确运用工资、奖金等手段,来满足劳动者的需要,调动劳动者的积极性。

2.认识劳动力商品的特点

具有使用价值和价值并且出现在交换过程中的才能称之为商品。提供者提供使用价值、获得价值;使用者获得使用价值、支出价值;在交换过程当中,使用价值和价值各得其所。相对于劳动者来说,不管是劳动力还是人力资源、抑或是人力资本,只要它作为生产要素之一出现在市场上,它就是商品。使用价值就是每天的工作,价值则是公司提供的薪水和各类保险、福利。

同时,供求关系是影响价格实现的重要因素。"劳动力"既然也是商品,就必须到市场上进行交换才能获得价值,而市场上的供求关系依然影响着劳动者所期望的价值实现。

和市场上其他商品所不同的是,"劳动力"商品的特殊性在于,别的商品可以先支付价值,然后再利用其使用价值,比如电器、服装、食品等各类商品;而"劳动力"商品却只有先支付使用价值,然后才能获得价值。也就是说,个人必须先工作,然后才能拿薪酬。诸位有谁见过光吃饭不做事还能拿薪水的案例吗?

所以,借鉴商品价值规律,人才竞争规律就是,人才价值的大小,除了取决于人才使用价值的大小以外,市场上的供求关系也会对其产生重要影响,那么,人才的"价格"就会在供求关系的影响下围绕价值上下浮动。

根据这条规律,个人如果想实现价值最大化的职业目标,就必须提高自己在职场的竞争力,最好能够使自己处于供不应求的局面,这样"高薪"就会不请自来。如果一味只想着要求企业提供更高的薪酬待遇,而不主动提升个人的竞争力,相信这样的人也不能称之为"人才"。不能被企业认可,自然也不会有天上掉馅饼的奇迹出现。

综上所述,作为职业市场中的个人,想要在竞争中笑到最后,应该从以下几个方面入手:

第一,深刻理解并且坦然接受自己的劳动就是商品这一本质现象,从而深刻理解并且坦然接受市场经济中的真理——价值规律。明白在价值规律的作用下,要想获得更高的价值,只能从提高使用价值和改变供求关系两方面着手。

第二,通过提高使用价值来获得更大的价值。作为个人,是不可能影响市场上的供求关系的,而供求关系的变化,很大程度上也是因为商品的使用价值发生了变化所导致的。所以,真正要提高的,只能是个人所提供的劳动,也就是个人的工作技能。一个寓言说:一只小猫,不断追逐自己的尾巴,但是它追的团团转,尾巴依然在它眼前;等到它不再追逐,奋力向前奔跑时,尾巴却紧紧跟随着它。一心往"钱"看的最后往往得不到高薪,只有不断学习、努力工作,提升个人的核心竞争力,才能够水到渠成,"薪"想事成。

3. 货币转化为资本

资本是能够带来剩余价值的价值。货币只有带来剩余价值,才转化为资本。资本最初都表现为一定的货币量,因为资本家必须先拥有一笔货币,购买到生产资料和劳动力,才能进行资本主义生产。但是,货币本身并不就是资本。货币转化为资本是以劳动力成为商品为前提条件的。劳动力商品所具有的特殊的使用价值,对货币转化为资本具有决定性的意义。劳动力成为商品是货币转化为资本的前提。商品流通是资本的出发点:商品生产和发达的商品流通是资本产生的历史前提。

货币是商品流通的最后产物,又是资本的最初表现形式。历史上,先有货币形式的资本,然后再发展出资本的其他形式;现实中,各种资本运动的起点,都先采取货币形式。

案例:

资本的产生和形成

经济体制改革以来,随着市场经济的发展,我国一些居民由于手中积累了大量的货币财富,因此成为资本家。从其货币财富的来源看,大致可分为三种情况:一是一些人通过自身劳动能力与智力的超常发挥。在合乎社会市场经济规范的条件下,通过诚实劳动和合法经营,取得了大量的超过他人的收入量,这些收入资本化后就变成了资本家。这种资本的形成途径是合理的,是完全符合社会主义市场经济原则和道德规范的,这样的资本家形成的数量越大越好。二是一些人通过占有优越的自然条件或社会条件,垄断性地取得大量的超过他人的收入,完成了资本原始积累,而成为了资本家。三是一些人通过社会不允许的欺诈手段、阴谋盘算、偷税漏税、短斤少两和巧取豪夺等不道德、不仁义的手段，占有或是剥夺了他人的财产而成为巨富的资本家。它既不符合社会主义市场经济的规范，也与社会主义的道德规范相冲突。因此，对于这样的收入形成的资本应坚决取缔。

案例评析：

在市场经济条件下，资本分布不可能是完全均等的。一方面人们的收入必然存在着合理性的差别。市场经济的优胜劣汰规律必然导致一部分人首先富起来；我国改革开放的梯度推进战略也是一部分人和一部分地区先富起来的重要原因。

(三)剩余价值的生产过程和资本的不同部分在剩余价值生产中的作用

1.资本主义生产过程及其特征

资本主义生产是以生产资料资本主义私有制和雇佣劳动为基础，以取得剩余价值即盈利为目的的商品生产。资本主义生产过程具有二重性：一方面是生产使用价值的劳动过程，另一方面又是生产剩余价值的价值增殖过程。资本主义生产过程是劳动过程和价值增殖过程的统一。价值增殖是资本主义生产过程的本质特征。价值形成过程是价值增殖过程的基础。价值形成过程既是活劳动创造新价值的过程，又是物化劳动即生产过程中消耗的生产资料的旧价值的转移过程。这个两重过程是以生产商品的劳动的二重性为基础的。价值增殖过程则是超过一定点的价值形成过程。这个一定点，就是工人用于再生产自己劳动力价值的时间。资本主义生产过程的特征，就是使工人的整个劳动时间超过这个一定点，使价值形成过程转化为价值增殖过程，成为剩余价值的生产过程。

资本主义的劳动过程，具有两个重要特点：一是劳动力的支配使用权已属于资本家，工人是在资本家监督下劳动；二是劳动产品全部归资本家所有。

剩余价值的本质就是雇佣工人创造的价值超过劳动力价值而被资本家无偿占有的价值部分。剩余价值的来源是雇佣劳动的剩余劳动。剩余劳动和剩余产品的出现和发展，是社会生产力和劳动生产率提高的结果。但剩余劳动和剩余产品的占有状况，则体现了各种不同的社会生产关系。在资本主义制度下,剩余劳动凝结为剩余价值,被资本所有者无偿占有,直接体现资本家对工人的剥削关系。

2.不变资本和可变资本的区分及其意义

资本和剩余价值都是市场经济的一般范畴。资本,作为资本主义经济的特定范畴,是能够带来剩余价值的价值。资本不是物,而是物外壳掩盖的资本主义生产关系。

不变资本和可变资本的区分依据,是这两部分资本在剩余价值中所起的作用不同。不变资本是以生产资料形式存在的资本,在生产过程中只是转移自己的价值,并不发生价值量的变化,用C表示。不变资本是剩余价值生产的物质条件,不是剩余价值的来源。生产资料包括劳动资料和劳动对象。资本家的生产资料之所以是资本,是因为它被用于榨取工人的剩余劳动。

可变资本是以劳动力形式存在的资本,在生产过程中发生价值量的变化,即发生了价值增殖,用V表示。可变资本是剩余价值的来源。可变资本是以工资的形式支付给工人,由工人在生产过程以外用于个人消费,由工人的劳动力代替。由于劳动力在生产过程中发挥作用的结果,劳动力价值由劳动力在再生产过程中创造出来。而且劳动力在生产过程中不仅要创造出自身的价值,而且创造了比自身价值更大的价值,即剩余价值。生产资料的价值,通常被称为旧价值,由工人的具体劳动转移到新产品中去。劳动力在本次生产过程中活劳动创造的价值为新价值。新价值是可变资本价值和剩余价值之和。

区分不变资本和可变资本的意义在于:进一步揭露了剩余价值的源泉和资本主义剥削的实质;剩余价值是由可变资本创造的,工人的剩余劳动是剩余价值的唯一源泉。

(四)生产剩余价值的两种基本方法

绝对剩余价值生产,是指在必要劳动时间不变的条件下,由于工作日的绝对延长,从而剩余劳动时间绝对延长而生产的剩余价值。相对剩余价值生产,是指在工作日长度不变的条件下,由于缩短必要劳动时间,从而相对延长剩余劳动时间而生产的剩余价值。

在资本主义条件下,工人的工作日分为两个部分:必要劳动时间,即为自己生产必要生活资料的时间;剩余劳动时间,即为资本家生产剩余价值的时间。在必要劳动时间不变的条件下,资本家只有把工作日延长到必要劳动时间以上,才能使工人为他生产剩余价值。资本家对雇佣工人的剥削程度与工作日的延长成正比。工作日愈长,剩余劳动时间就愈长,从而剩余价值就愈多,剥削程度也就愈高。假定工人工作日的长度为8小时,其中必要劳动时间和剩余劳动时间各为4小时,剩余价值率就是100%。如果把工作日延长到10小时,必要劳动时间不变,仍为4小时,而剩余劳动时间则由4小时增加到6小时,剩余价值率便由100%提高到150%。

资本家为了提高剥削程度,获得尽可能多的剩余价值,总是尽可能地来延长工作日。但是,工作日的延长,在客观上受到两种界限的制约:①生理的界限。工人在24小时的自然日内,只能消耗一定量的生命力。他必须有一部分时间用于吃饭、休息和睡眠等,以满足生理上的需要;否则工人就不能恢复他的劳动能力,继续给资本家劳动。②道德的界限。工人在一天当中,除劳动、休息、吃饭和睡眠以外,还要有一部分时间用于学习文化、发展智力、照顾家庭、养育子女、参加娱乐和社交活动等,以满足精神生活和社会生活的需要。但是,这两个界限,特别是社会道德的界限有很大的伸缩性。

事实上,资本家追逐剩余价值,已经突破了工作日的道德极限和生理极限。在资本主义国家的一些生产部门里,成年男工以及女工和童工的工作日有的竟长达12小时以上。殖民地和附属国工人的工作日之长更是惊人。此外,资本家还采取其他各种手段来延长工作日,如上班以后,不准中间休息,限制吃饭时间,采取拨弄时针的手法强迫工人提早上班,推迟下班,甚至寻找各种借口强迫工人加班加点。工作日的延长,工人劳动力的过度消耗,不仅使工人的劳动力处于萎缩状态,而且使劳动者未老先衰乃至过早死亡。

在延长工作日来增加劳动的外延量易受到法律限制的条件下,资本家往往通过提高劳动强度来增加劳动的"内含量"。提高劳动的紧张程度,把劳动浓缩在缩短了的工作日中。马克思指出:"甚至不延长工作日,使用机器就可以增加绝对劳动时间,从而增加绝对剩余价值。这是通过所谓浓缩劳动时间的办法来实现的,这时,每一分一秒都充满了更多的劳动,劳动强度提高了"。

(五)资本积累

1.资本积累

剩余价值转化为资本,或者说,剩余价值的资本化,叫做资本积累。剩余价值是资本积累的惟一源泉,而资本积累则是扩大再生产的重要源泉。资本积累和扩大再生产是资本主义发展的必然趋势。对剩余价值的追求是资本积累的内在动力。竞争是资本积累的外在的强制力量。资本积累的实质是资本家用无偿占有的剩余价值,去扩大生产规模,从而无偿地占有更多的剩余价值。

2.资本积累的结果——全球贫富差距进一步拉大

资本积累导致了两方面的结果,一方面是财富的积累,另一方面是贫困的积累。社会的两极分化是资本主义制度的必然产物。

案例:

> 美林集团和凯捷顾问公司联合发布的《2007年全球财富报告》中,2006年全球富人人数总计950万人,他们的资产总值达37.2万亿美元。其中,亚洲是富人增长最快的市场。2006年亚洲富人总数增至260万人,同比增长8.6%,累积财富至8.4万亿美元。中国大陆有32万富裕人士,所拥财富总量为1.6万亿美元。他们大多数居住在上海、北京和广州等。

> 联合国贸发会议发表《2007年度最不发达国家状况报告》,对世界上最贫穷的50个国家而言,目前似乎处于一种缺乏学习的经济自由化和缺乏革新的与全球接轨的格局中。这将使生活在最不发达国家的大约七亿七千万人日益被边缘化。联合国贸易和发展会议秘书长素帕猜(Supachai)说,即使是外国直接投资也未能提高最不发达国家的技术水平。它的经济仍处在低技术、低附加值的水平,缺乏科技和创新,这使他们越来越被边缘化。

案例评析:

在当前经济全球化的浪潮中,南北贫富差距有进一步拉大的趋势,反映了资本积累的时代特征。南北间的不均衡发展,特别是一些贫困地区在世界经济格局中"边缘化"的加剧,为当今和平与发展的时代主流造成了不应有的障碍和险滩。

3.资本有机构成

资本的不断积累和生产规模的不断扩大,会导致劳动生产率和资本有机构成的提高。资本有机构成这一范畴涉及资本的技术构成、资本的价值构成和资本的有机构成之间的关系。资本的技术构成是从资本的物质形态上看的,它是指生产资料和劳动力之间的比例关系。资本的价值构成是从资本的价值形态上看的,它是资本分为不变资本和可变资本的比例关系。资本的价值构成和资本的技术构成之间存在着密切的关系,技术构成决定着价值构成,价值构成反映着技术构成。由资本的技术构成决定的并且反映资本的技术构成变化的资本的价值构成,叫资本的有机构成,它可以用C:V来表示。

从资本积累的规律看,资本的有机构成具有不断提高的趋势,资本有机构成的提高是资本积累的必然结果。这一变化反映在资本的价值构成上,是资本价值的不变部分的增加和可变部分的减少。例如,有一笔资本,按百分比计算,起初50%投在生产资料上,50%投在劳动力上,随着劳动生产率的提高,80%投在生产资料上,20%投在劳动力上。

随着资本积累的发展和资本有机构成的提高,社会总资本中不变部分和可变部分的比例会发生变化,可变资本部分相对减少,不变资本部分则相对增加。从而对劳动的需求,同资本量相比相对地减少。形成过剩的人口。这种人口过剩既不是绝对的,也不是自然的,而是由资本主义制度造成的相对于资本增殖需要而言的人口过剩。

从总体的和发展的趋势上看,工人在生产出资本积累的同时,也以日益扩大的规模使他们成为相对过剩人口,这就是资本主义生产方式特有的人口规律。

这种相对人口过剩是资本积累的必然产物,同时反过来又成为资本积累的杠杆,甚至成为资本主义生产方式存在的一个条件。这是因为:①相对过剩人口的存在可以随时调节和满足不同时期资本对劳动力的需要,从而起到蓄水池的作用。②过剩人口通过劳动力市场的竞争,对工人的就业和工资水平的形成施加压力。

4.资本的积聚和集中

资本的积聚和集中是单个资本总额扩大的两条途径和形式。

资本积聚,是指单个资本通过剩余价值资本化而不断增大其总额的一种形式,是资本积累的直接结果,也是资本集中的前提和基础。

例如:某个资本家拥有资本10000元,投入生产领域中发挥职能,一年以后,获得剩余价值2000元。资本家将其中的1000元积累起来作为追加资本,合并到原有资本中去,这样,他的资本总额就从10000元增大为11000元。像这样不断地积累,资本总额的积聚就越来越大。

资本集中,是指把原来独立的分散中小资本合并成为一个大资本。资本集中的形式有两种:兼并和联合(包括组建股份公司)。资本集中是借助于竞争和信用这两个强有力的杠杆来实现的。

资本集中是资本主义发展的必然结果,使资本主义能在短期内集中巨额资本,兴办中、小资本所无力筹建的大企业,如铁路、大型水利、航空、航天和原子能利用等。

在资本集中的过程中,一方面是生产社会化的程度随之提高;另一方面是生产资料越来越集中在少数大资本家的手中,这就使资本主义生产方式的基本矛盾趋于激化。

资本积聚和资本集中的区别在于:①资本积聚以积累为基础,通过追加生产资料和劳动力使资本增长,因此使社会资本总额增大;而资本集中则是已经存在并执行职能的资本在各个资本家之间的重新分配和组合,使单个资本增大,并不增加社会资本的总额。②资本积聚的增长受到社会财富的绝对增长的限制,它的增长缓慢;而资本集中则不受社会财富的绝对增长或积累的绝对界限的限制,能在较短的时间内集中大量的资本。

资本集中与资本积聚是增大单个资本的两种形式,两者存在着密切联系。一方面,资本积聚使单个资本不断扩大,而大资本在竞争中占优势,可以击败中、小资本,从而加快了资本集中;另一方面,资本集中的加快,使资本越来越大,越有条件利用新技术,提高劳动生产率,获得更多的超额剩余价值,从而又加速了资本积聚。

(六)资本的循环周转与再生产

1.资本循环

资本在运动中从一种形态转变为另一种形态,最后回到原来形态的过程叫做资本的循环。

现实资本运动在生产过程和流通过程中,要经过购买阶段、生产阶段和销售阶段,分别依次采取货币资本、生产资本和商品资本三种形态。

购买阶段—生产阶段—售卖阶段—购买阶段。

资本循环是资本运动三个阶段的统一。在循环过程中,每种资本形态都可以作为一种循环的起点和终点。资本循环要求资本的三种形态在空间上并存和时间上继起。

空间上并存要求把全部资本按一定的比例分成货币资本、生产资本和商品资本三部分,使生产经营过程中既有用于购买生产资料和预付劳动报酬的货币资本,又有用于制造商品的生产资本和准备出售的商品资本,这样才能保证生产经营活动不至于间断和再生产的顺利进行。

时间上继起要求每一部分资本形态必须依次由一个阶段进入另一个阶段,由一种形态转化为另一种形态。继起性的破坏,将导致并存性的破坏。而并存性的破坏,则将导致资本循环的中断。资本循环的并存性和继起性互为条件,缺一不可。资本形态和循环阶段只有在运动中达到统一,资本循环才能正常进行。

2.资本周转

资本连续不断、周而复始的循环。资本必须在运动中才能实现其价值增殖,这种运动不能孤立地循环一次便停下来,而必须持续不断地周期性地进行。这样的资本循环,叫做资本周转。

周转时间与周转次数的关系:资本的周转时间愈长,每年的周转次数就愈少。周转次数与周转时间成反比,只有缩短周转时间中的生产时间和流通时间,才能增加周转次数,即加快周转速度。

案例:

海尔是"怎样让石头漂起来"

海尔在1998年实行了一场"业务流程再造"工程。在一次关于

"业务流程再造"的高级经理人培训会议上，海尔集团CEO张瑞敏目光炯炯地看着讲台下的中层干部们，提出了一个像脑筋急转弯的问题。

"石头怎样才能在水上漂起来？"

"把石头掏空"，有人喊了一句，张瑞敏摇了摇头。

"把石头放在木板上"，又有人答道，张瑞敏又摇了摇头。

"做一块假石头"，这个回答引来了一片笑声，张瑞敏还是摇了摇头："石头是真的"。

"速度"，海尔集团见习副总裁喻子达回答道。

"正确！"张瑞敏脸上露出了笑容："《孙子兵法》上说过：'激水之疾，至于漂石者，势也'。速度决定了石头能否漂起来。网络时代，速度同样决定了企业能否越上新的高峰！"

这一细节形象地表明了海尔"业务流程再造"是解决企业的循环与周转的速度问题。

案例评析：

首先，企业资本周转的中心问题是速度问题，企业资本周转越快，增值的价值也就越多。加快企业资本周转的速度，其实质在于提高资本的使用效率。

其次，在现代社会中，竞争最激烈的环节是资本循环所经历的购买和销售这两个阶段。其中，商品的销售阶段是最重要的阶段，它关系到商品是否能转化货币资本。马克思认为，资本能否通过销售阶段是"惊险的跳跃"，它关系到企业的命运。当然，商品的销售速度的快慢也在不同程度上影响一个企业的存在与发展，因为它不仅是关系一个资本循环的终结，也关系到下一次资本循环的开始。因此，现代企业都十分重视资本循环所必经的这两个阶段。

再次，在现代社会，企业要经过购、产、销等过程（这可以看作是一种流程），改革的目标则是要缩短资本的停留时间，以加快资本循环。海尔"业务流程再造"就是这类的改革。它改变过去企业金字塔式的组织结构，建立起以订单信息流为中心带动物流、资金流、市场链的业务流程，最终加快了企业的总循环和周转速度，提高了企业的经济效益。

案例：

网上销售——商业资本周转新方式

　　2017年，全国网上零售额同比增长32.2%，增速较去年提高了6个百分点。其中，实物商品的网上零售额达到5.48万亿元，增长28%，占社会消费品零售总额的比重为15%，比上一年提升2.4个百分点。对社会消费品零售总额增长的贡献率为37.9%，比上年提升7.6个百分点。网络零售对消费的拉动作用进一步增强。

　　2017年，电子商务新主体、新业态快速发展，跨境经营、无人零售、社交电商、优品电商、二手电商等营造消费新场景，激发消费新需求，品质、智能、绿色商品已经被越来越多的消费者认可和选择。根据商务部监测，2017年智能穿戴、高端家电、生鲜食品、医药保健等商品品类网络销售增速均超过70%。

案例评析：

　　降低商业流通费用，是增加商业利润的重要途径。电子商务的兴起，大大降低了商业流通费用，降低了商业预付资本，加速了商业资本周转。电子商务作为新的物流方式突破了传统商业的时间、地点等因素的限制，节约了许多传统商业所必须投入的资本，例如：店面、店员等，同时又可以实现一般商业企业难以实现的零库存经营。另外，由于网络的受众面广泛，销售渠道宽，企业可以节省诸如广告等费用，加速了商业资本周转。

（七）工资与剩余价值的分配

1.资本主义工资的本质

资本主义工资的本质是劳动力价值或价格的转化形式。

工资的实质是在资本主义制度下，工人劳动一段时间后，资本家支付给工人一定数量的工资。从现象上看，工人好像是出卖劳动，工资是劳动的报酬。实质上工人向资本家出卖的并不是劳动，而是劳动力。这是因为：①如果劳动要作为商品在市场上出卖，它必须在出卖以前就已存在。可是，当工人与资本家在市场上进行交换时，存在的是劳动力，而当劳动过程开始时，劳动已经不再属于工人，也就不能把它当作自己的商品出卖了。②如果说工人出卖的是劳动,劳动这一商品必然要有价值。那么,它的价值如何决定呢? 如果劳动的价值由劳动时间来决定,那是同义反复。③如果作为商品出卖的是劳动,按照等价交换的原则,资本家付给工人的应该是工人劳动所创造的全部价值,这样资本家就得不到任何剩余价值,从而否定了剩余价值规律。如果不是等价交换,那就否定了价值规律。可见,说买卖的是劳动,说工资是劳动的价值或价格,是讲不通的。

工资的基本形式有两种,即计时工资和计件工资。第二次世界大战后,西欧、北美一些国家,在实行计时工资的同时,又采取"津贴"或"奖金"等形式。尽管工资形式有所不同,但在资本主义制度下,其实质都是为了从工人身上榨取更多的剩余价值。

案例:

工资指导价

梁晓声的《中国社会各阶层分析》一书非常畅销,也引起了不少争议。他在书中痛斥了"新富"的种种行为。他绘声绘色地讲到,有一家生产出口花被的私人企业,每条花被出口价150元人民币。而小老板付给工人的工资每月仅有150元。小老板所在的地方,农村有大量剩余劳动力,农村的收入也远远低于每月150元的水平,因此会有大量农村妇女来此找份工作,而做花被是一种极为简单的工作,是任何普通人都能从事的劳动。当农村存在大量剩余劳动力时,想从事这种简单劳动的人是很多的,这就是说,劳动力的供给是很大的,在这种情况下,企业主为了获取丰厚的利润,会尽量压低工人的工资,以降低成本。以低工资雇佣劳动是发展中国家企业主利润的主要来源。为了禁止企业主压低工人工资的现象,2003年12月30日,我国通过《最低工资规定》,并在2004年3月1日起施行。我国内地各省及省内各市设置不同之最低工资标准。

工资指导价有无存在的必然性?

有人认为,工资指导价说白了是政府对工资分配的管制。实行工资指导价,虽然可以保障工人的权利,但这种保护却付出了沉重的代价。比如,四川有一家彩电厂,北京也有一家彩电厂。四川的企业按当地的工资指导价,每月支付400元就可以雇佣一个工人;而北京的企业,按北京的工资指导价,它不得不以月薪1000元的价格雇佣工人。这样北京企业比四川企业有高得多的劳动成本。彩电行业竞争激烈,利润率本来就低,所以,尽管北京的企业有先进的生产线,但最终还是垮掉了。由此可以看出,各地都制定工资指导价,而且各地的工资指导价又不同,必将造成不平等竞争,影响市场经济的发展。

各级政府规定工资指导价是有所考虑的。对于非国有经济来说,规定工资指导价,主要是为了保障工人的正当受益权不受侵害。对有的国有经济来说,规定工资指导价主要是为了避免国有资产的流失。

2.剩余价值转化为利润

在社会的表面上和资本家的意识中,剩余价值首先表现为商品的销售价格超过资本家为了生产商品所支付的预付资本中的所费资本即成本价格的余额。同时,因为剩余价值实现是在商品的生产过程完成以后才出现的,它又进一步被看作是资本家为了生产商品所投入的全部预付资本即所用资本(包括尚不计入成本价格的那些固定资本)带来的。不仅如此,商品从生产过程进入流通过程,为了从事销售活动还要追加资本(包括纯粹流通费用),因此,剩余价值不仅被看作是在生产领域中的全部预付资本带来的,而且还被看作是包括预付在生产领域和流通领域的全部资本共同带来的。剩余价值作为全部预付资本的这样一种观念上的产物,就取得了利润这个转化形式。

如果以 W 代表商品价值,k 代表成本价格,以 p 代表利润,那么,随着剩余价值转化为利润,则资本主义条件下商品价值的构成,即 W=c+v+m=k+m,就进一步变成 W=k+p,亦即商品价值转化为成本价格 + 利润。

剩余价值和利润实际上是一回事,而且在数量上也是相等的。可是,剩余价值一旦转化为利润,"剩余价值的起源和它存在的秘密被掩盖了,被抹杀了"[①],因而就具有了令人眼花缭乱的神秘化形式。剩余价值这个范畴明显地反映了资本同劳动的对立,因为它是可变资本的增殖额并被资本家无偿占有的;而利润这个范畴,似乎意味着资本自身就能够创造出一个新价值

---

① 中共中央马克思恩格斯列宁斯大林著作编译局:《马克思恩格斯全集》(第二十五卷),北京:人民出版社2001年版,第56页。

来。这种颠倒是资本主义生产方式的必然产物。

商品价值转化为成本价格＋利润（k+p）之后，就包含着利润同剩余价值相偏离的可能性。因为利润作为超过成本价格的余额，而成本价格又小于商品价值，这就为单个资本家提供了在成本价格以上而在价值以下出售商品的可能性，从而使实现了的利润同商品中实际包含的剩余价值在数量上并不一致。资本家无不利用商品价值同成本价格之间的差额，作为市场竞争中的一个推动力。随着不同生产部门之间的竞争和资本的自由流动，促使不同的特殊利润率均衡化为平均利润率或一般利润率，从而使利润进一步转化为平均利润，实现等量资本取得同量利润。这又造成一种假象，似乎利润只是资本的产物，它同劳动完全无关，这样，资本对雇佣劳动的剥削与被剥削的关系，就被进一步掩盖起来了。

在利润率平均化的过程中，产业资本家得到产业利润，商业资本家得到商业利润，银行资本家得到银行利润，土地所有者得到地租，这些不同部门的资本家瓜分到的只是平均利润。

由此可见，剩余价值是利润的内在本质，而利润则是剩余价值的现象形态。剩余价值转化为利润，以及利润再转化为平均利润等等，层次越多，就愈是从抽象逐步上升到具体，就愈是接近资本主义社会的现实和资本关系当事人的意识；这样一来，它们离自己的本原或始基越来越远，从而资本关系就愈来愈神秘化。资产阶级经济学家为了替资本主义剥削制度辩解，竭力否定剩余价值的存在，否定资本同雇佣劳动之间的对立，把利润说成是资本本身的产物，说成既是生产过程又是流通过程的结果。马克思关于利润是剩余价值的转化形式的理论，深刻地揭示了利润的实质及其来源，以及利润进一步再转化的各种具体形式和它们所体现的错综复杂的资本主义生产关系及其阶级表现，从而为无产阶级和劳动人民反对资产阶级、争取解放的革命斗争提供了锐利的理论武器。

案例：

水往低处走，资本向高（利润率）流

资本在不同部门之间的流动导致了利润的平均化，从长期来看任何行业维持高利润率都是违背市场机制的。中国的很多行业（竞争程度较高的行业）都经历了由高利润率到低利润率甚至零利

润的过程。十几年前,中国彩电生产企业平均利润曾经达到50%以上。这使中国彩电行业迅速完成了原始资本积累,向规模和质量要效益。而日前从广东省彩电企业领导座谈会上了解到,目前彩电业平均利润为6%,已经成为名副其实的微利行业。据称,现在25英寸、21英寸彩电已经是"亏本赚吆喝",不仅无利可图,而且企业还要倒贴成本。能给企业带来利润的是29英寸、34英寸大彩电及新推出的数字电视机。

平均利润率规律是商品经济的一条重要的规律,但平均利润率是否能发挥作用,作用的大小则取决于资本自由流动的程度。家电行业是我国实施市场经济改革过程中较早市场化的行业,由于当时我国处在短缺经济环境,存在较大的供需缺口,因此彩电等行业的平均利润率高达50%甚至更高。资本不断向高利润率部门流入(包括民间资本与国外资本)使许多行业由个别企业的一枝独秀发展到百花齐放,利润率也在不断地下降。最近几年,激烈的价格大战,让整个彩电行业都陷入了低利润率甚至零利润率的陷阱中。凡是存在超额利润的行业一定会吸引更多的资本流入,平均利润率规律的作用也将更明显。从长期看,随着生产现代化程度的提高,资本的有机构成将逐渐提高,这会使平均利润率有下降的趋势。

案例讨论:

在市场竞争越来越激烈的今天,企业不仅要同行业内的企业竞争,还要受到行业外企业企图进入分食一杯羹的威胁,于是在一些行业成立了行业协会或企业同盟以试图将价格维持在较高的水平并阻击行业外资本的进入,怎么看待这个现象?

(八)资本主义的基本矛盾与经济危机

生产社会化与资本主义私人占有形式之间的矛盾是资本主义生产方式中生产力与生产关系之间的矛盾的具体化。决定和制约着资本主义社会的其他各种矛盾,支配着资本主义社会产生、发展直到灭亡的整个过程。

1.基本矛盾的产生

生产社会化与资本主义私人占有形式之间的矛盾,是随着资本主义生产方式的出现而产生的。在资本主义制度下,先前分散的生产资料逐渐集中到资本家企业中。原来由个人使用的生产资料,转变成为由十几个、几十个工人共同使用的生产资料;生产本身由一系列的个人行动变成了一系列的社会行动,从而产品也从个人的产品变成了由许多工人共同生产的社会产品。例如,在资本家的纺纱厂中,生产工具已经由个别人使用的手工纺车转变为只能由许多工人共同操作的纺纱机。由于社会分工日益发展,生产越来越专业化,生产的部门越来越多。各个部门之间互相依赖,紧密衔接,联系日益密切,生产本身也成为由成千上万工人分工协作的社会过程。这说明生产更加社会化了。但是,社会化的生产资料和产品,并不归使用这些生产资料和共同生产这些产品的劳动者所公有,而被资本家私人占有,不归社会支配。这就产生了生产社会化与资本主义私人占有形式之间的矛盾。

2.基本矛盾的主要表现

(1)无产阶级同资产阶级的矛盾。在资本主义生产方式下,生产资料转变为社会化的生产资料,集中在资本家手中。广大小生产者在竞争中处于劣势地位,纷纷破产,沦为无产者。这些无产者除了出卖劳动力受资本家剥削以外,没有其他生路。社会日益分裂为两大对立阶级:无产阶级与资产阶级,两大阶级的矛盾贯穿于资本主义的整个历史阶段。

(2)个别企业生产的有组织性同整个社会的生产无政府状态的矛盾。社会化的生产要求整个社会生产有组织、有计划地进行,但是在资本主义私有制条件下,只能在个别企业内部进行有计划的生产,而整个社会的生产却处于无组织、无政府状态。

(3)资本主义生产能力盲目扩大趋势同劳动群众有支付能力的需求相对缩小的矛盾。随着生产社会化程度的提高,大工业的生产能力得到迅速扩张,但是,资本主义私有制却造成了一支庞大的产业后备军。在资产阶级财富积累的同时,无产阶级的贫困也在积累(见无产阶级贫困化)。市场的扩大赶不上生产的增长。这一矛盾发展到一定的程度,就不可避免地爆发生产过剩的经济危机。

3.基本矛盾的新特点

当前,资本主义的基本矛盾——生产社会化同生产资料私人占有之间

的矛盾,随着经济全球化扩展到全球,表现出诸多新的特点:

(1)在经济上表现为资本主义国家及跨国公司内部生产的组织性与全球经济无政府状态的矛盾,资本生产无限扩大的趋势和有限的世界市场之间的矛盾的全球化扩展。

目前全世界的跨国公司已达6万家,其子公司约有50万家,跨国公司的年生产总值占全世界国内生产总值的40%以上,贸易额占全世界贸易总额的60%。同时它还控制着75%的技术转让,90%的生产技术,以及80%以上的对外直接投资。就跨国公司本身来说,它凭借着发达的信息技术和管理技术,在其内部实现了高度的组织性和计划性。但跨国公司的活动在很大程度上是以处于无政府状态的世界市场为基本活动场所,以追求全球范围内最高利润为最终目的。在激烈的国际竞争中,跨国公司凭借其强大的经济实力和高度的内部组织性,极力扩大生产规模和生产能力,其结果必然在全球范围导致生产发展的盲目性,一旦产品在市场上过剩,就会波及一系列国家和地区从而引发严重的世界经济动荡。

(2)在阶级关系上表现为国内阶级矛盾的复杂化和资本主义阶级矛盾向全球扩展。

就国内来看,发达资本主义国家跨国公司实施的是最低成本战略。跨国公司走出国门在全球范围内安排生产和加工,在资源丰富价格低廉的地方采购原料,在劳动力充裕、工资低微的地方加工生产。大量劳动密集型的产业纷纷流向拥有廉价劳动力的广大发展中国家,致使本国的失业大军愈加庞大,成为困扰国家的严重的社会问题。

近几年,跨越国界的工人阶级的联合斗争此起彼伏。其中影响最大的有:1997年,发生了以法国工人为首,欧洲各国的工人联合起来反对雷诺汽车公司关闭比利时公司的工厂的斗争,并取得了胜利,使大多数工人在工厂关闭后仍受到雇佣;1999年至2000年,针对与雷诺进行资本合作的日产汽车日本工厂的关闭和企业重组计划,日本全国工会总联合会、法国总工会、墨西哥真正劳动阵线等工会组织发起了国际性联合斗争等等。另外,资本主义国家的共产党人有可能在适当的时候,通过多种手段掌握国家政权。摩尔多瓦共产党就已经于2001年2月25日通过议会选举成为原苏东地区第一个执政的共产党。这是通过和平的议会道路夺取政权的新尝试,为当代资本主义向社会主义的演变提供了借鉴。

总之,资本主义矛盾的全球化扩展,在为社会主义的实现准备着更加完备的社会物质基础,全球社会主义离我们越来越近了。

4.资本主义经济危机

案例:

是"多了"还是"少了"?

有一段关于描述经济危机本质特征的著名对话:"一个煤矿工人儿子问妈妈说:'现在天气这样冷,你为什么不生火炉?'"

妈妈答道:"因为我们没有煤,你爸爸现在失业,我们没有钱买煤。"

"妈妈,爸爸为什么失业?"

"因为煤生产太多了。"

在大危机期间,许多国家大量地炸毁炼铁高炉,美国毁掉92座,英国毁掉28座,法国毁掉10座。1973的经济危机时期,英国单是伦敦一个城市,就有10万套新房空置而卖不出去,日本的汽车库存达到100万辆以上,电视机库存超过需求量的一倍以上。同时在美国的洛杉矶、加利福尼亚州的阿特西里牛奶公司,把38000多加仑的优质鲜牛奶倒入了臭水沟。而与此形成鲜明对照的是,大量的工人失业,在业工人的实际工资急剧下降,购买能力不断丧失,生活贫困。

资本主义经济危机的表现特征是生产过剩的危机,不是社会的产品绝对地超过消费者的需求,而是相对于消费者的购买力或支付能力的需求来讲的过剩。在危机阶段,尽管大量商品积压、过剩,而且物价也一降再降,但是,由于大量企业倒闭,生产大幅度下降,许多工人失业,广大消费者没有支付能力也无法获得这些消费品。

马克思主义经济学在分析西方社会20世纪30年代大危机后,认为资本主义生产过剩的经济危机的根源是资本主义经济制度本身,在于生产的社会性和社会成果的资本主义占有形式之间的这一基本矛盾。资本主义的基本矛盾在经济方面表现为以下两个方面的矛盾:一是个别企业有组织和整个社会生产无政府状态之间的矛盾。从企业内部看,企业有权支配生产资料和劳动力,可以有计划地进行生产。就整个社会看,生产什么,生产多少是企业自己的事,服从于企业利益最大化的原则。这样必然造成整个社会生产的无政府状态,使整个社会生产互不协调,使商品供求失衡,导致经济危机的发生。二是社会生产无限扩大的趋势与消费者有支付能力的需求相对缩小之间的矛盾。以机器大工业为技术基础的社会化大生产提供了生产无限扩大的可能性,追求利润最大化的动机和激烈的竞争又为生产无限扩大提供了必要性。企业为了获得更多的利润拼命地压低工人工资。在采用新技术的同时,又大量裁减工人,造成大量工人失业。同时还利用大生产排挤小生产者造成大批小生产者破产。这样,就造成了整个社会的大多数人的购买力相对缩小,导致企业大量商品积压,不可避免地爆发生产过剩的危机。

我国是社会主义国家,按照经典作家的描述,社会主义国家的经济是有计划和按比例的不应该发生经济危机和经济震荡,但是,现实是经济波动或经济危机一直伴随着社会主义经济发展的全过程。我国经济波动与结构转变、投资、政府干预等情况有关。我们曾有过过度干预经济的失败教训,但这并不是否定政府作用的理由,只能说明变化的经济形势需要政府不断调整措施,采取适当和适时的行动。正如我们驾驶汽车行驶在高速公路上,需要不断调整方向盘一样,紧握方向盘不动的后果是可想而知的。

随着经济体制的不断完善和人们对经济运行规律认识的逐渐深化,经济发展的内在机制作用不断增强,经济结构不断优化与升级,同时,人为的决策失误造成经济大起大落现象减少。诸多原因使得经济增长的收缩期缩短,上升期延长,经济增长波动的稳定性得以提高。

参考文献:

[1]逄锦聚等:《马克思主义基本原理概论》,北京:高等教育出版社2015年版。

[2]国防科学技术大学"马克思主义基本原理概论"精品课程授课教案:http://jpkc.nudt.edu.cn/mkszyjbyl/。

[3]中共中央马克思恩格斯列宁斯大林著作编译局:《马克思恩格斯选集》(第二卷),北京:人民出版社1995年版。

[4]中共中央马克思恩格斯列宁斯大林著作编译局:《马克思恩格斯选

集》(第二卷),北京:人民出版社1995年版。

　　[5]中共中央马克思恩格斯列宁斯大林著作编译局:《马克思恩格斯选集》(第一卷),北京:人民出版社1995年版。

　　[6]肖枫:《社会主义与资本主义:两个主义一百年》,北京:当代世界出版社2000年版。

第十四讲　垄断资本主义

| 教学目标

　　了解资本主义从自由竞争发展到垄断的进程,科学认识国家垄断资本主义和经济全球化的本质,坚定资本主义必然灭亡、社会主义必然胜利的信念。

| 教学要点

　　私人垄断资本主义的形成及其特点;
　　国家垄断资本主义的特点和实质;
　　经济全球化的表现及后果。

| 教学时数

　　3课时。

一、自由竞争的资本主义

(一)自由竞争及其主要特征

　　资本主义的发展经历了自由竞争资本主义和垄断资本主义两个阶段。自由竞争的资本主义通过市场自由竞争的价格引导社会资源的配置,从而实现生产要素在不同部门不同企业之间的自由流动,使资本家更有效的剥削雇佣劳动,生产更多的剩余价值。所谓自由竞争就是商品生产者之间为了争夺有利的生产和销售条件而进行的不受限制的竞争。其主要特征有:

(1)竞争的主体是以分散的、生产经营规模不大的单个资本构成的个人业主为主。

(2)各个竞争主体之间的关系以自由竞争为基础,即生产资料和劳动力等生产要素可以在生产部门之间自由转移,除了土地所有权外,没有人为的或自然的垄断障碍。

(3)竞争的主要手段是改进技术、扩大规模,以降低成本,增大利润。

(4)社会经济运行中,主要靠市场机制这只"看不见的手"来调节,资产阶级国家只是充当"守夜人",基本上不干预经济活动。

(二)自由竞争资本主义的局限性

局限性表现在:

(1)单个私人资本的有限性最终成为社会化大生产的直接障碍。

(2)无限制的竞争必然导致交易成本上升,从而影响社会经济效益。

(3)企业完全以利润最大化为目标,这就决定了企业行为的短期性和企业精神的狭隘性,势必影响企业的长期发展。

(4)自由放任的资本主义任凭市场的自发调节,不可避免地出现供求失衡,成为导致周期性经济危机的直接因素。

二、垄断

自由竞争的资本主义在19世纪60年代、70年代达到了它发展的顶峰,此后逐步向垄断资本主义过渡,到20世纪初,基本上完成了自由资本主义向垄断资本主义的过渡,垄断在全部经济生活中占统治地位。

1.垄断的形成

所谓垄断,是指少数资本主义大企业,为了获得高额利润,通过相互协议或联合,对一个或几个部门商品的生产、销售和价格,进行操纵和控制。

应该说,垄断是在自由竞争中自然而然地形成的。因为,在资本主义经济的发展过程中,由于客观经济规律的作用,自由竞争会引起生产集中和资本集中,而生产集中和资本集中则是垄断形成的物质基础。对此,列宁指出:"集中发展到一定阶段,可以说就自然而然地走到垄断。因为几十个大型企业彼此之间容易达成协议;另一方面,正是企业的规模巨大造成了竞争的困难,产生了垄断的趋势。"

当生产集中达到一定高度时,就会自然而然地走向垄断。这是因为:

(1)当生产集中达到一定高度时,就具备了产生垄断的可能性。如果一个部门的生产和资本分散在社会上成千上万的中小资本家手中,则根本不可能形成垄断的局面。因为他们之间很难达成某种协议,即使一些企业形成某种联合,也难以左右整个部门的生产和流通。而在生产高度集中时,情况则大不一样。这时,一个部门的生产已经集中在少数大企业和大公司手里,它们之间就比较容易达成某种协议,通过联合控制本部门的生产和市场。

(2)生产的高度集中,在一定程度上造成了竞争的困难,从而导致垄断的趋势。因为当少数大企业控制了一个部门的生产和流通时,该部门的中小企业由于实力不济,难以与之竞争,而其他部门的资本也难以转移到这个部门,从而保持了大企业的独占地位。

(3)生产高度集中后,也产生了垄断的必要性。如果一个部门中的少数大企业之间进行竞争,那么,由于它们实力相近,结果会造成两败俱伤。为了避免发生这种竞争,这些大企业之间就会谋求暂时的妥协,为共同控制生产和市场,获取高额垄断利润而达成协议,从而形成了垄断。

2.垄断和竞争的关系

虽然垄断取代自由竞争而在社会经济生活中占据了统治地位,但是,它并没有消除竞争,而是凌驾于竞争之上,与竞争同时并存。

垄断之所以不能消除竞争,是因为:①垄断没有也不可能消除竞争赖以存在的客观基础。商品经济是竞争产生的客观经济条件,而竞争的存在,又推动着商品经济的发展。垄断不能消灭商品经济,自然也就不能消除竞争。②垄断组织不可能囊括所有的生产部门和企业。在垄断组织占统治地位的条件下,还存在着大量非垄断的企业。在非垄断企业之间,以及非垄断企业与垄断企业之间势必会展开激烈的竞争。③垄断组织之间的竞争也始终存在。垄断组织在确立了自己的统治地位后,为了扩大统治范围,它们之间也进行着激烈的竞争。因此,在垄断统治的条件下,既存在着非垄断企业之间的自由竞争,也存在着垄断竞争,即垄断组织之间的竞争、垄断组织内部的竞争,以及垄断组织与局外企业之间的竞争。

垄断条件下的竞争与自由竞争时期的竞争相比,具有了新的特点:①竞争的目的不同。在垄断统治的条件下,竞争的目的已不是取得平均利润或超额利润,而是攫取高额垄断利润。②竞争的手段不同。在自由竞争时期,部门之间的竞争主要是通过资本转移进行的,部门内部的竞争则是依靠技术进步,提高劳动生产率,降低商品成本,来击败对手。在垄断时期,垄断资本家在经济上主要是依靠垄断的高压统治,在政治上仰仗政府的力量来战胜竞争对手。为了达到目的,垄断资本家有时甚至不惜采取暴力手段。③竞争激烈程度和后果不同。垄断资本的竞争双方都是实力雄厚、势均力敌的垄断组织,这便使得竞争特别激烈,更具有持久性,竞争造成的破坏也更加严重。④竞争的范围不同。自由竞争主要发生在国内经济领域,垄断时期的竞争范围则由国内扩展到国外,由经济领域扩展到政治、军事、文化等诸多领域。

3.垄断利润和垄断价格

垄断资本家实行垄断统治的主要目的,就是要凭借其在经济上的垄断地位来获得高额垄断利润。

垄断利润是指垄断资本家凭借其在经济上的垄断地位而获得的大大超过平均利润的高额利润。尽管垄断利润远远高于平均利润,但是,就其来源来说,依然是工人阶级创造的剩余价值和其他劳动者创造的一部分价值。

垄断利润主要是通过规定垄断价格来实现的。垄断价格是指垄断资本家凭借其在经济上的垄断地位所规定的旨在保证其能够获得垄断利润的产品价格。它包括垄断低价和垄断高价两种基本形式。垄断低价是指垄断组织在向非垄断企业、小生产者和经济落后国家购买生产资料时规定的低于商品价值或生产价格的价格。垄断高价是指垄断组织出售商品时规定的大大高于商品价值或生产价格的价格。然而,垄断价格并非一种可随心所欲任意定价的纯主观性范畴,而是一种客观经济范畴。垄断是垄断价格产生的客观基础,同时,它还会受到市场竞争、商品供求和购买者有支付能力的需求等客观经济情况的制约。

三、金融资本和金融寡头的统治

1. 金融资本的形成

与自由资本主义不同,在垄断资本主义阶段,占统治地位的资本不是工业资本而是金融资本。帝国主义就是"从一般资本统治进到金融资本统治",就是"金融资本时代"。

所谓金融资本是指工业垄断资本和银行垄断资本融合或混合生长而形成的一种新型资本。金融资本既不是银行垄断资本,也不是工业垄断资本,而是在银行垄断资本和工业垄断资本的基础上所形成的一种新的资本形态。

金融资本是在银行垄断资本和工业垄断资本相互渗透、彼此融合的基础上形成的。具体来说,20世纪初期,在工业垄断资本形成的基础上,银行垄断资本也迅速发展起来。银行业垄断同样是银行业集中的结果。随着银行业的集中和垄断,便使银行的作用发生了根本性变化,即由普通的借贷关系中介人变成了控制工业企业融资活动,乃至整个国民经济的万能的垄断者。银行的这种新作用表现在:①大银行与工业企业之间逐渐形成了较为固定的金融关系,银行可借此掌握企业资金往来和经营情况,能对企业进行及时的有效的监督和控制,甚至左右企业的命运。②大银行可通过购买工业企业股票等方式参与和控制工业企业,把它们控制在自己手中。③大银行要派人充当企业的董事或经理,实现银行与企业人事上的结合,直接掌握和控制企业。银行与工业企业之间的关系日益密切,促使银行垄断资本和工业垄断资本逐渐融合起来。一方面银行垄断资本通过购买工业企业的股票和创办新的工业企业的办法,将资本渗入工业中去。另一方面,工业垄断组织也通过购买银行股票和创办新的银行等办法,把资本渗透到银行业。这样,通过金融联系、资本交织和个人联合,银行垄断资本和工业垄断资本日益融合在一起,从而产生了一种新的资本形态即金融资本。

在金融资本的基础上,产生的掌握大量金融资本,控制着国民经济命脉和国家机器的少数最大垄断资本家或垄断资本家集团,就是金融寡头。金融寡头是当代资本主义国家中的真正统治者,他们控制着经济、政治、文化等社会生活的各个领域。

2.金融资本和金融寡头的统治

金融资本和金融寡头在经济领域的统治，主要是通过"参与制"实现的。"参与制"是通过掌握一定数量股票额来支配和控制企业的制度。金融寡头通过"参与制"建立对母公司、子公司、孙公司等的层层控制，并进而控制着整个国民经济。

金融寡头在政治上的统治，主要是通过"个人联合"的方式实现的，基本上有两个途径：一是通过各种渠道收买决策人和高级官吏，如通过赞助选举、提供政治捐款等，影响政府制定和执行有利于垄断资本的内外政策；二是利用在其控制下的政党，派代理人或亲自出马担任政府要职，直接掌握国家机器实现政治统治。此外，金融寡头还凭借其经济力量建立许多企业、事业机构，掌握着出版、报刊、通讯、广播、电视等宣传工具，并插手于文化、教育、科学、艺术、体育、卫生、慈善事业等，把其统治扩展到社会生活的一切方面。

四、资本输出

金融寡头在国内建立起全面统治的地位后，为了获取更多的多方面的利益，必然要向外扩张，资本输出就成为它们扩张的主要手段。因此，列宁指出："自由竞争占完全统治地位的旧资本主义的特征是商品输出。垄断占统治地位的最新资本主义的特征是资本输出。"

在垄断资本主义阶段，资本输出之所以能够取代商品输出占据主要地位，是因为：

（1）国内大量"过剩资本"的出现。随着垄断的形成，一方面金融寡头攫取了大量的垄断利润，积累并掌握了巨额的货币资本；另一方面，国内的有利投资场所明显不足。这样，便出现了大量"过剩资本"，这显然与资本的本性相矛盾。于是，资本输出便成为垄断资本获取高额垄断利润的必由之路。当然，这里所说的"过剩资本"并非绝对"过剩"，仅仅是相对"过剩"，是相对于利润率不足以满足垄断资本家获取高额垄断利润的需要而言的。

（2）资本输出是金融资本争夺世界商品销售市场和原料来源的需要。垄断造成的巨大生产能力，使产品销售市场和原料来源问题愈加突出，为此而展开的国际竞争也愈演愈烈。资本输出可以跃过对方的贸易和关税壁垒，就地生产，就地销售，迅速占领和垄断市场。把资本输出到落后国家直接开发资源，又是垄断廉价原料的稳定来源的最好办法。

五、垄断资本主义的发展

(一)由私人垄断资本主义向国家垄断资本主义的发展

在垄断资本主义阶段,生产力的增长与生产社会化的发展进一步推动了资本社会化的发展,使私人垄断资本主义成长为国家垄断资本主义。

1.国家垄断资本主义的形成

国家垄断资本主义就是国家政权与私人垄断资本相结合而形成的一种垄断资本主义,其实质是垄断资本利用国家政权的力量,以维护其垄断统治并保证获得稳定的高额垄断利润。

国家垄断资本主义产生和发展的根本原因,就在于资本主义基本矛盾的运动。具体来说,二战后爆发的第三次科技革命,促使资本主义生产的社会化程度空前提高,为了适应生产社会化的发展,就要求资本社会化得到相应的发展。而战后国家垄断资本主义的兴起,就是因为私人垄断资本主义这种资本社会化形式已经不能完全适应生产社会化的要求,因而资本家阶级不得不对资本主义生产关系再次做出局部的调整。主要表现在:

(1)大规模生产建设需要巨额投资与私人垄断资本数量相对不足发生了矛盾。在战后科技革命条件下,一批新兴产业部门迅速形成和发展,如航空航天、生物工程、新材料等。此外,还有一批"传统产业"经过"脱胎换骨"的改造,已经或正在成为新的高技术产业,如冶金、汽车业、化工业等。与此同时,一些规模巨大的企业涌现出来,并在经济中占据了绝对优势。如1990年美国占公司总数3.9%的特大企业占公司收入总额的88.77%。与新兴产业发展相适应,必须进行能源、供水、交通运输、邮电通讯等基础设施和服务设施的配套建设。同时,治理公害、开展保护环境。维护生态平衡的各项工程,也必须提上经济社会发展的日程。然而,高新产业、巨型企业、基础设施,以及环境工程的建设,都要求数额巨大的长期的投资。这就遇到私人垄断资本数量相对不足的限制,而国家垄断资本的积累和发展,能在相当程度上缓解这一矛盾。因为国家可以把巨大的财政资金转化为国家垄断资本,所以,国家垄断资本在数量上要比单个私人垄断资本充足得多。

(2)现代生产和现代科技的社会化发展,遇到了私人垄断资本单纯追求自身利益和眼前利益的矛盾。在当代条件下,有一些为社会资本扩大再生产所必须的投资和经营,如污染治理和环境保护的投资、公共产品生产投资和基础设施、服务设施的投资等,由于周期长、赢利小(甚至亏本)、风险大,私人垄断资本无力承担,或者虽有力量进行但不愿承担,这只能由国家垄断资本来从事和承担。因为作为"总资本家"的国家垄断资本,可以在相当程度上从垄断资产阶级的整体利益和长远利益出发,来考虑和安排社会经济问题。

(3)生产力社会化的高度发展同私人垄断资本盲目竞争和生产无政府状态的矛盾加剧了。现代科技进步和生产社会化的发展,使社会分工深化,国民经济部门不断增多,因而客观上要求有计划按比例地调节社会生产。这是各自为政、追求私利的私人垄断资本不可能做到的。而作为"总资本家"的国家垄断资本,就必须担负起对社会经济的组织和调节任务。由于国家凌驾于私人垄断资本及其私利之上,并且手中直接掌握着巨大的经济力量和各种经济杠杆,它也有可能根据垄断资本总利益的需要而在一定程度上实现这种调节。

(4)生产力的迅速增长与人民群众有支付能力的需求相对缩小的矛盾加深了。因为,战后,人民群众有支付能力的需求以及由此决定的市场容量虽然也有增长,但由于垄断资本的剥削更深重了,这种需求却越来越相对落后于社会生产的扩大,从而导致商品资本、生产资本和货币资本的过剩现象日趋严重。为了缓和生产和消费的矛盾,缓和日趋严重的经济危机,需要作为"总资本家"的国家垄断资本开拓和扩大国内外市场。

2.国家垄断资本主义的发展阶段

国家垄断资本主义的发展过程大体分为三个阶段:

(1)1914年第一次世界大战爆发前,是国家垄断资本主义开始形成的时期。这时,一些资本主义国家建立了国营的铁路、邮政、电话、道路和交通运输设施,国家举办储金局、专卖事业等。有的国家为了发动侵略战争,国家出资建立军火或军需品工厂,国家预算中增加军事采购,甚至对一些企业实行国有化。这些是国家垄断资本主义的早期形式。

(2)第一次世界大战至第二次世界大战结束初期,是国家垄断资本主义不稳定发展、并带有特殊性的时期。在第一次世界大战期间,各交战国为了适应战争的需要,普遍加强了国家对经济的干预,普遍建立了战时经济管理机构,对生产、分配、交换的各个领域实行国家监管和调节,把人力、物力、财力都置于国家控制之下,有的国家甚至采取了政府订货、给予补助和贷款,以及使工人服军事苦役等方式支持垄断组织,国家垄断资本主义得到了迅速发展。而1929—1933年世界性经济危机的爆发,使得国家垄断资本主义发展又掀起新的高潮。各主要资本主义国家为了摆脱危机,纷纷放弃原来所奉行的"自由放任"政策,转而采取各种国家调节经济的手段,其中以美国所实施的罗斯福"新政"最具典型意义。1939—1945年的第二次世界大战期间,各主要资本主义国家干预和调节经济生活的力度进一步得到加强,国家垄断资本主义又得到了新的发展。总之,在这段时期,由于战争和反危机的需要,国家垄断资本主义曾出现过三次高潮。但是,战争和危机一过去,各国又都纷纷取消经济的管制,减少对经济的干预,因而又出现了三个回潮。所以,这个时期国家垄断资本主义的发展,具有特殊性和不稳定性的特点。

(3)从20世纪50年代开始到现在,是国家垄断资本主义广泛高度发展的时期。这个时期国家垄断资本主义的发展具有以下特点:一是战后国家垄断资本主义是在第三次科技革命和生产力社会化高度发展条件下获得的发展,因而具有经常性和稳定性的特点;二是战后国家垄断资本主义的发展,是适应社会化资本再生产的需要,在生产、交换、分配和消费的各个领域获得了普遍地发展,因而具有广泛性和普遍性的特点;三是战后国家垄断资本主义的发展,具有系统化、制度化的特点。国家直接参与社会再生产过程,全面干预和调节经济,成为整个经济运行不可缺少的重要部分。

(二)国家垄断资本主义的形式和实质

国家垄断资本主义是资本主义国家和垄断资本相结合而形成的一种资本主义。因此,由于国家和垄断资本结合的情况不同,便形成了国家垄断资本主义的不同具体形式。

(1)国有垄断资本,即国家作为垄断资本家的总代表直接掌握的垄断资本。其中国家投资是形成国有垄断资本的主要途径,而国有企业是国有垄断资本的组织形式。

(2)国家和私人共有的垄断资本,即国有垄断资本和私人垄断资本在一个企业内部的结合。在这种形式中,国家以资本所有者的身份和作为资本所有者的垄断组织合作经营企业。其形式是股份公司。

(3)国家和私人密切联系的垄断资本,即国家垄断资本与私人垄断资本在社会范围内的结合。在这种形式中，私人垄断资本是资本运动的主体，私人垄断资本与国家垄断资本的结合，并不改变私人垄断资本的占有形式，改变的却是资本的运动形式，也就是说，私人垄断资本的独立运动变为其与国有垄断资本的结合运动。国家调节经济是其主要形式。这也是国家垄断资本主义最主要、最重要的一种形式。

国家垄断资本主义无论采取何种形式，其实质都是私人垄断资本利用国家机器来为其发展服务的手段，是私人垄断资本为了维护垄断统治和获取高额垄断利润而和国家政权相结合的一种垄断资本主义形式，是资产阶级国家在直接参与社会资本的再生产过程中，代表资产阶级总利益并凌驾于个别垄断资本之上，对社会经济进行调节的一种形式。

(三)国家垄断资本主义的作用

1.国家垄断资本主义对资本主义经济发展的促进作用

国家垄断资本主义是资本社会化的最高形式，因而在相当程度上克服了私人垄断资本社会化程度较低的局限性；国家垄断资本从垄断资本的整体利益、长远利益和全局观点考虑资本主义经济发展问题，从而在相当程度上克服了私人垄断资本只顾眼前利益和局部利益的局限性；国家垄断资本的实力雄厚，从而在相当程度上克服了私人垄断资本数量相对不足的矛盾；国家垄断资本对经济的宏观调节和计划管理，也在相当程度上克服或抑制了私人垄断资本的无政府状态和盲目性。

2.国家垄断资本主义对资本主义经济发展的阻碍作用

这是由国家垄断资本主义与资本主义基本矛盾的结合体这一特性决定的。它既是适应生产社会化发展而产生和发展的，又使国民收入的分配和再分配有利于私人垄断资本，从而加深了资本主义基本矛盾和阶级矛盾。

(1)国家垄断资本主义是以私人垄断资本为基础的，并为其获取高额垄断利润服务的。

(2)国家垄断资本主义的宏观经济调节本身有着不可克服的内在矛盾。

六、经济全球化的表现及其后果

经济全球化是当代世界经济发展的趋势，它意味着世界各个国家之间相互依赖，相互制约，经济联系日益加强。经济全球化是世界各个国家都参与的全球经济一体化过程,但是经济全球化是一把双刃剑,它给各国的发展既带来机遇,也带来挑战。由于各国的经济实力不同,参与经济全球化所获得的利益也各不相同。发达资本主义国家在经济全球化进程中占据优势地位,他们获得的好处远远大于发展中国家。如何使全球化成为各国共赢、平等、公平、共存的全球化,将是国际社会共同面临的重大课题。

1.经济全球化的涵义

所谓经济全球化是指随着科学技术和国际分工的发展以及生产社会化程度的提高,使世界各国、各地区的经济活动越来越超出一国和地区的范围而相互联系和紧密结合的趋势。

对经济全球化的内涵,可以从以下几点加以理解和把握:①它是指各种经济行为主体在全球范围的发展趋势,是一个描述世界变化的广度与深度的概念;②它意味着各种经济行为主体的竞争、冲突和合作即相互作用是在全球范围内展开的;③经济全球化的最终结果将不单指经济生活的全球化,而且也包括政治文化和社会生活的全球化。

2.经济全球化的特点

(1)经济全球化是以市场经济为基础的。

(2)经济全球化是以跨国公司为主要载体的。

(3)当代经济全球化以发达国家为主导。

3.经济全球化的性质

经济全球化的性质是二重的:一方面它是生产社会化及经济国际化高度发展在时间和空间上的多维度拓展,因而反映了科学技术进步和人类社会生产力发展的客观要求;另一方面经济全球化又是当代资本主义主导下进行的,是由美国为首的发达资本主义国家积极推动起来的。

4.经济全球化的表现

这里从生产、贸易、金融和跨国公司四个方面用数据进行了说明。生产的全球化基于水平化国际分工的形成和居主导地位的趋势。贸易的全球化突出国际贸易的增长速度高于世界经济的增长速度。金融的全球化主要从国际债市、股市和汇市三大金融市场的资金运作规模来体现。跨国公司的全球化则从其企业数量、分布地区和规模来体现。

5.经济全球化的动因

经济全球化的推动因素有三个:一是科学技术进步。特别是信息技术革命。它是最深厚的技术基础。二是跨国公司的发展。它是主导性企业组织形式。三是各国经济体制的变革。市场经济体制是基础性资源配置机制。

6.经济全球化的后果

经济全球化是生产社会化程度不断提高的过程,它意味着资源的配置超越民族国家的边界,成为全球性的了,因而能够给各国带来更大的利益和好处。但是,发达国家和发展中国家经济实力悬殊,他们参与经济全球化进程所实际获得的利益也存在巨大差距。只有消除了经济全球化进程中的矛盾和消极后果,才能使经济全球化为世界各国都带来巨大利益。

参考文献:

[1]逄锦聚等:《马克思主义基本原理概论》,北京:高等教育出版社2015年版。

[2]国防科学技术大学"马克思主义基本原理概论"精品课程授课教案:http://jpkc.nudt.edu.cn/mkszyjbyl/。

[3]中共中央马克思恩格斯列宁斯大林著作编译局:《马克思恩格斯全集》(第四十四卷),北京:人民出版社2001年版。

[4]中共中央马克思恩格斯列宁斯大林著作编译局:《马克思恩格斯全集》(第四十五卷),北京:人民出版社2003年版。

[5]中共中央马克思恩格斯列宁斯大林著作编译局:《马克思恩格斯全集》(第四十六卷),北京:人民出版社2003年版。

[6]中共中央马克思恩格斯列宁斯大林著作编译局:《列宁选集》(第二卷),北京:人民出版社1995年版。

第十五讲 社会主义与共产主义

教学目标

学习和了解社会主义从空想到科学、从理论到现实、从一国到多国的发展过程,把握科学社会主义的基本原则,认识到中国等经济文化相对落后的国家建设社会主义的艰巨性和长期性,坚定社会主义必胜的信念。把握马克思主义经典作家关于共产主义社会基本特征的主要观点,深刻认识共产主义社会实现的历史必然性和长期性,树立和坚定共产主义远大理想,积极投身于中国特色社会主义事业。

教学要点

社会主义的产生;

科学社会主义的基本原则;

经济文化相对对落后的国家建设社会主义的艰巨性和长期性;

共产主义社会的基本特征;

共产主义理想实现的历史必然性和长期性。

教学时数

9课时。

一、社会主义从理论到实践的发展

社会主义作为一种批判和否定资本主义，描述未来理想社会的思潮，起源于人类社会刚刚进入资本主义时代的16世纪。从词源学上看，"社会主义"一词最早出现于18世纪中叶的欧洲，它来源于古拉丁文Socialis。Socidis是一个形容词，它是从名词Socius变化来的，原意是"同伴""同伙""同志""同盟""善于社交"等等。这个词到近代已经演变为英文和法文的Social，意为"社会的"。在英文中再加上ism这个后缀（意为"比较系统的一种思想观点"）就成为Socialism（意为"社会主义"）。"社会主义"作为一个多义词，一般包含三方面含义：社会主义思想体系、社会主义运动和社会主义制度，是"思想、运动和制度"的有机统一体。因而，社会主义的发展经历了从空想到科学，从理论到实践的发展过程。

（一）从空想到科学的社会主义理论

科学社会主义作为无产阶级和全人类解放的学说，是马克思和恩格斯在深入研究人类社会发展的历史进程和资本主义社会演变的历史进程、科学地总结无产阶级革命斗争的实践经验并吸收人类优秀思维成果的基础上创立的。社会主义作为一种没有剥削、没有压迫、人人平等的社会制度，是在20世纪产生的，但是人类对类似社会主义那样的理想社会的设想和追求却早已开始了，社会主义理论的形成有一个从空想到科学的发展过程。

各个历史时代的人们都对人类未来理想社会提出了自己的设想并积极追求。早在古代奴隶社会，就已经有仁人志士提出建立公有制、消灭私有制、消灭压迫与剥削的理想社会方案。古希腊思想家柏拉图（公元前427—前347年）在《理想国》一书中，阐述了人们对理想共和国的追求，提出了类似近代欧洲空想社会主义的思想。因此，社会主义思想的产生经历了一个漫长的历史过程。

1. 空想社会主义发展的三个阶段

（1）早期空想平均社会主义。社会主义作为一种批判和否定资本主义的思潮，起源于人类社会刚刚进入资本主义的时代，它经历了从空想到科学的发展过程。16世纪和17世纪，是资本主义原始积累时期，也是资产阶级开始形成时期。1516年，英国人文主义者托马斯·莫尔所著《乌托邦》一书的出版,标志着空想社会主义的诞生。

(2)18世纪的空想平均共产主义。18世纪中叶,法国的资本主义经济已经有所发展,进入资产阶级革命的酝酿时期。无产阶级和资产阶级的矛盾也开始明朗化。这一时期空想社会主义的特点是不再使用乌托邦的梦幻般的文学描写形式,开始从理论上论证社会主义的原则,共产主义思想的微光终于发展为"直接共产主义的理论"。其代表人物是法国的摩莱里(1720—1780)、加布里埃尔·博诺·德·马布利(1709—1785)和格拉古·巴贝夫(1760—1797)。

(3)三大批判空想社会主义。

第一,圣西门的"实业制度"。

克劳德·昂利·圣西门出身于法国的贵族世家,曾是著名启蒙学者达兰贝尔的学生,受到法国唯物主义和启蒙思想的熏陶。法国大革命爆发后,他投身革命洪流,完成了向资产阶级民主主义者的转变。法国资产阶级革命胜利后出现的新的社会矛盾,又促使他深入研究社会,先后发表了《一个日内瓦居民给当代人的信》《论实业体系》《论文学、哲学和实业》《新基督教》等一系列空想社会主义著作,致力于工人阶级的解放事业。

圣西门深刻批判法国的金字塔形式的社会结构:少数游手好闲者盘踞在最上层,广大劳动者为祖国创造了财富却被压在最低层。他说法国如果突然失去三千名科学家、艺术家和手工业者这些"法国的社会之花",国家就会遭受不幸,整个民族就会变成一具没有灵魂的僵尸;而如果死去三万名王公、贵族、主教、元帅这些游手好闲者,不会给社会带来任何损害。他怒斥"现在的社会完全是个是非颠倒的世界",到处是没有才能的人统治有才能的人,道德败坏的人支配善良的公民。

为了改变这种不合理的状况,圣西门认为应当推广实业制度,实业制度是人类合乎理性的要求,也是社会发展的必然趋势,可以保证社会得到最大安宁、人民享有最大自由。他说:"在新的政治制度下,社会组织的唯一而长远的目的,应当是尽善尽美地运用科学、艺术和工艺的现有知识来满足人们的需要。"后来,他又明确提出实业制度的目的是提高无产阶级的福利:"人们应当把自己的社会尽量组织得有益于最大多数人,以最迅速和最圆满地改善人数最多阶级的精神和物质生活,作为自己的一切劳动和活动的目的。"

第二，傅立叶的"和谐制度"。

沙利·傅立叶出生于商人家庭，中学毕业后经商，多年的推销员和经纪人的生活阅历使他对资本主义商业的内幕和种种罪恶有很深的了解。法国大革命以后日益显露的新的社会矛盾，促使他决定发现和创立新的科学，为人类解放开辟一条新的道路。他的代表作有《全世界和谐》《四种运动论》《论家务—农业协作社》《经济的新世界或符合本性的协作的行为方式》《论商业》等。

对资本主义制度进行的无情揭露，是傅立叶全部学说中最精彩、最有生命力的部分。他指出资本主义制度是少数富人掠夺穷人的制度。"文明制度的机构在一切方面都是巧妙地掠夺穷人而发财致富的艺术"；文明制度创造了大规模的工业生产和高度发展的科学艺术，"却不能保证给予人民劳动和面包"，劳动阶级在工厂中劳动时间非常长，工资收入却很低，往往死于贫困所造成的长期饥饿和各种疾病；与此同时，饱食终日、无所事事的官吏、军人、商人和绅士们却过着寄生生活而加剧了劳动者的贫困。他愤怒地谴责文明制度"是恢复了奴隶制度""是颠倒世界，是社会地狱"。傅立叶还无情地揭露资本主义商业活动中囤积居奇、投机倒把、买空卖空、哄抬物价、掺假掺杂、制造饥荒、宣告破产、贩卖黑奴等等36种罪行。他是一个伟大的讽刺家，最善于用辛辣的讽刺和幽默的语言无情地揭露资本主义社会物质上和道德上的贫困。他认为现代社会充满着冷酷的利己主义，"医生希望自己的同胞患寒热病；律师则希望每个家庭都发生诉讼；建筑师希望一场大火把一个城市的四分之一化为灰烬；安装玻璃的工人希望下一场大冰雹把所有的玻璃打碎；……"恩格斯说："在傅立叶的著作中，几乎每一页都放射出对备受称颂的文明造成的灾祸所作的讽刺和批判的火花。"

傅立叶设想的"和谐制度"是其理想的社会，其基本单位是"法朗吉"，它既是生产单位，又是生活单位，实行工业、农业、商业、家务、教育、科学、艺术的全面协作。在法朗吉内部，设有许多被称为"谢利叶"的专业劳动队，下设若干组。全体成员居住在一个"法伦斯泰尔"的宏伟建筑群里，建筑群整齐美观，安排合理。新社会将不受旧式分工制度的束缚，人人参加劳动，每个人可根据自己的兴趣爱好自由地选择和交换工种，每种工作的劳动时间可以缩短，每天可选择七八种工作。劳动的多样化将使人们把"聪明灵巧贡献给自己比较喜爱的诱人的活动"，人的创造欲望、竞赛欲望得到满足，社会生产力迅速发展。傅立叶反对禁欲主义,主张在和谐社会中,凡是符合人类自然本性的情欲都应得到满足。在消费品分配问题上,他强调"在协作制度下,任何平均主义都是政治毒药",主张按劳动、资本和才能进行分配,但保证每个成员都有一定数量的最低收入。他还认为家务劳动、儿童教育将由社会来承担,家庭将失去原有的功能,妇女将从家庭束缚中解放出来。

第三,欧文的"公社制度"。

罗伯特·欧文出生在英国一个手工艺人家庭,9岁开始独立谋生。特殊的经商才能使他在英国工商界崭露头角。1799年,他在苏格兰新拉纳克大棉纺厂进行一系列有利于提高工人福利的改革试验,缩短工时,提高工资,禁止使用童工,设立廉价商品商店,扩大公园和广场,改善居住条件,建立食堂、幼儿园,创办互助会、保险部、医院,发放抚恤金,禁止惩罚工人,兴办学校,等等。他把工厂变成完善的模范移民区,酗酒、诉讼、贫困救济和警察都绝迹了。自1813年起欧文开始著书立说,发表了《新社会观,或人类性格的形成》《论工业体系的影响》《致拉纳克郡的报告》。他通过计算发现,剩余财富是工人创造的,应属于工人,并开始全面论述自己的社会主义观点。由慈善家转变成社会主义者的欧文遭到官场排斥,被逐出上流社会。1824年,他带着4个儿子和一些学生来到美国创办"新和谐公社",但因处于资本主义条件的包围下,试验失败。此后他转而领导工人运动,成为工人运动的领袖。1851年,欧文80诞辰的庆祝会,马克思曾出席并聆听了欧文的演讲。欧文将其一生贡献给了社会改革和共产主义事业。

欧文对资本主义社会进行批判,指出私有制、宗教、现存的婚姻制度是三大祸害,其中最主要的祸害是私有制。并提出了改造资本主义社会,建立理想社会的方案。这种社会是劳动公社联合体,其根本原则是联合劳动、联合消费、联合保存财产和特权均等。公社成员既从事工业生产,又从事农业生产。公社是工农结合的新村,布局合理,环境优美,既有现代化生产和生活设施,又有农村的自然风光,因而消除了城乡对立。公社的基层组织是"组",按年龄划分,其功能是对组内成员进行管理、分工和教育。10—15岁的少年学习生产知识和技能;15—20岁的青年德智体全面发展,是公社的主要劳动力;20—25岁的青年既是生产部门又是教育部门的骨干;25—30岁的成年人负责保管、分配社会财富,检查工作,进行科学研究;30—40岁的中年人负责公社的宏观管理,维持秩序和道德感情;40—60岁的人负责外交事务；60岁以上的人安度晚年，但有保卫公社宪法、监督宪法执行的义务。这种组织体现了教育与生产劳动的结合，脑力劳动与体力劳动的结合。

欧文认为公社的生产目的是满足全体成员的物质和文化生活需要，广泛运用先进技术和机器，消灭笨重的体力劳动，促进生产力的发展。在产品极大丰富的前提下，公社实行按需分配的原则，公社内没有商品交换，调剂余缺的交换媒介是"劳动券"。公社的最高权力归全体社员大会，一切重大问题由社员大会讨论决定。公社的组织领导和管理机构是公社总理事会，另外还有各种专业委员会，这些委员会由全体社员民主选举产生，公社没有警察、法庭、监狱和军队。

欧文作为19世纪空想社会主义最杰出的代表，天才地预示了马克思、恩格斯创立的科学社会主义的一部分真理。恩格斯称赞欧文"具有像孩子一样单纯的高尚的性格，同时又是一个少有的天生的领导者"。

空想社会主义有许多美妙的设想，但是不可避免地打上历史局限的烙印。

第一，唯心史观是空想社会主义陷于空想的根本原因。空想社会主义者认为社会发展是有规律的，但是不承认社会发展规律的客观性。他们夸大了理性的作用，认为理性和精神对社会发展起着决定作用，是社会发展的基础。空想社会主义者提出人类历史归根到底是人类理性认识的发展过程。有的认为哲学家的思想是推翻或者建立政治制度的决定因素。有的则从抽象的人性论出发，认为人的本性是由人的情欲组成的。情欲得到满足，社会就向前发展。因此，唯心史观是他们的社会主义学说陷于空想的最根本的原因。

第二，空想社会主义没有找到实现社会主义的正确道路。空想社会主义者向往新的美好的社会制度，但是，在实现理想社会的途径问题上完全陷入了空想。他们认为理性是社会发展的动力、理性的进步决定社会的进步，因为人类始终存在着一种共同本性，人的本性一旦受到理性光芒的照耀，就能推动世界变革，新的社会就会产生。因此，改革家决不应当依靠刺刀来实现自己的理想。傅立叶主张和平地实现他的改革方案，只要在一个小村庄建立起实验性的协作社，数年之后就会引起本国和全世界的群众效仿，从而和平地完成改造资本主义社会、建立和谐社会的历史任务。空想社会主义者深信共产主义的典型试验，特别是向有产者和各国政府的呼吁，可以和平地建立理性社会。因此,试图"通过暴力来改革政府或社会性质,都是不能容许的"。空想社会主义期望通过阶级调和,依靠少数达官贵人帮助,和平地实现理想社会的幻想,没有也不可能找到实现社会主义的正确途径。

第三,空想社会主义没有指明实现社会主义的阶级力量。空想社会主义者十分同情无产阶级在资本主义条件下的悲惨境遇,但是由于时代的局限性以及理性论和天才史观的思想束缚,他们只认为无产阶级是一个受苦最深应该获得解放的阶级,看不到无产阶级的伟大历史作用。空想社会主义者天真地认为:"在法国只要国王颁布一道命令,就可以建立起实业制度",于是他们向国王一再陈述理想社会的优越性。空想社会主义者自命为发现了理性而使三千年来的幻想和愚昧化为乌有的天才,为人们找到了通向理想社会的道路。十分天真!

2.马克思"两个伟大的发现"实现了社会主义由空想到科学的飞跃

马克思恩格斯在亲身参加无产阶级革命斗争和从事科学研究的实践中,不仅实现了从唯心主义者到唯物主义者、从革命民主主义者向共产主义者的转变,而且还完成了历史观的革新和经济学上的革命性突破,形成了唯物史观和剩余价值学说这"两个伟大发现",从而实现了社会主义由空想到科学的历史性飞跃。

第一,"两个伟大发现"为建立社会主义社会找到了现实的根据。革命的理论是革命的先导,而革命的理论要有科学的理论基石,马克思"两个伟大发现"奠定了科学社会主义的两大理论基石。空想社会主义者将社会发展的目光投向理性和精神,马克思则将目光聚焦在社会实践。与空想社会主义者只是一味指责资本主义由于不人道而不合理的道德批判不同,马克思是从社会运行的客观规律上寻找社会变革的现实根据的。唯物史观是科学社会主义创立的第一块理论基石,它从社会发展的物质动因进行考察,揭示了一切历史冲突都根源于社会基本矛盾的运动,一切社会更替都来自于生产方式的根本性变革,由此找到了资本主义终将走向灭亡的物质经济根源。剩余价值学说是科学社会主义创立的第二块理论基石,它则进一步揭开了资本主义剥削的秘密和雇佣劳动的本质,说明了资本主义生产的唯一目的是剩余价值的生产和增殖,随着资本家对剩余价值无止境的追求,必然导致生产的社会化和资本主义私人占有这一矛盾的加深,这是资本主义自我否定的内在根据。马克思正是从人类社会发展普遍规律与资本主义社会发展特殊规律的科学把握上，令人信服地阐释了社会主义社会取代资本主义社会的历史必然性。

第二，"两个伟大发现"为开创社会主义制度找到了现实的道路。革命的道路要符合社会历史发展的实际，与空想社会主义者试图通过宣传鼓动、实验示范以实现其社会改革方案等主张不同，马克思是从社会阶级矛盾的现实趋势中寻找社会变革的具体道路的。唯物史观揭示了阶级斗争是阶级社会发展的直接动力，说明了占统治地位的阶级总是占统治地位的生产关系的代表，因而统治阶级与被统治阶级之间的斗争历来是社会基本矛盾的集中表现；从封建社会取代奴隶社会以及资本主义社会取代封建社会的史实，充分论证了"革命是历史前进的火车头"，只有通过社会革命的途径，才能改造旧世界、建立新社会。剩余价值学说则进一步分析了资本主义社会仍然是人剥削人、人压迫人的社会，它不过是采取了隐蔽的剥削形式，资本主义生产方式的固有矛盾是两大阶级对立的经济根源，由此决定了社会主义取代资本主义同样离不开无产阶级反对资产阶级的革命斗争。

第三，"两个伟大发现"为实现社会主义理想找到了现实的力量。革命的力量是革命成功的关键，与空想社会主义者只是把无产阶级仅仅看成是一个值得同情的受苦受难的阶级，因而或者期望少数达官贵人及统治者改恶从善、或者企图借助他们的钱袋接济贫民等见解不同，马克思是从哪个阶级更能代表先进生产力发展方向的视角寻找社会变革的现实力量。唯物史观揭示了人民群众是历史的创造者，说明了以进步阶级为代表的人民群众不仅是一切社会财富的创造者，而且还是社会变革的决定力量。剩余价值学说则进一步阐明了无产阶级是与现代化大生产相联系的阶级，他们在经济上处于被剥削地位，在政治上处于被压迫地位，这就决定了他们是最先进最革命的阶级。因此，推翻资本主义生产方式、消灭阶级压迫、废除一切剥削制度，是无产阶级的历史使命。"资本主义生产方式日益把大多数居民变为无产者，从而就造成一种在死亡的威胁下不得不去完成这个变革的力量。"由此，马克思又根据无产阶级革命斗争的历史经验，强调指出，建立一个代表无产阶级和广大人民群众根本利益的政党，将是组织和领导这支革命力量完成其伟大使命的关键。

马克思的两大发现，从社会发展的一般规律和资本主义社会发展的特殊规律出发，以无可辩驳的事实和逻辑力量证明了资本主义必然灭亡、社会主义必然胜利这一结论。有了唯物史观和剩余价值学说,马克思和恩格斯也就有了超越前人的思想武器。他们把社会主义置于现实的基础之上,使在"乌托邦"的荒野中徘徊了近四个世纪的社会主义学说,真正成为摒弃空想的科学理论和推动社会前进的现实运动。

(二)从理论到实践的社会主义运动

1.《共产党宣言》的发表标志着科学社会主义的创立

1848年2月《共产党宣言》的发表,标志着科学社会主义的诞生。《共产党宣言》是共产主义者同盟的革命纲领,是科学社会主义基本原则全面、系统、完整、成熟的阐发。马克思、恩格斯用他们缜密的科学论证、深刻的社会分析、飞扬的文采和澎湃的激情,写就了这部惊世之作。

第一,科学地论证资本主义必然灭亡、共产主义必然胜利的规律。《共产党宣言》依据生产关系必须适合生产力性质的原理,科学地论证了资本主义的发生、发展和灭亡的规律。马克思、恩格斯科学地揭示了资产阶级的过去,也科学地预见了资产阶级的未来。资产阶级创造了极其强大的生产力,但随着生产力继续向前发展,就引起了它与资本主义生产关系的尖锐矛盾。资本主义社会的基本矛盾就是生产社会化与生产资料私人占有制之间的矛盾,这个矛盾,具体地表现在资本主义的经济危机和无产阶级反对资产阶级的斗争。《共产党宣言》指出:"生产力已经强大到这种关系所不能适应的地步,它已经受到这种关系的阻碍……资产阶级的关系已经太狭窄了,再容纳不了它本身所造成的财富了。"这样无产阶级就必然起而推翻代表旧的生产关系的资产阶级,开展无产阶级反对资产阶级的斗争。

今天的资本主义,已经是吸收了很多社会主义因素的资本主义。所以今天的资本主义才会出现垂而未死,腐而未朽的现象。这与《共产党宣言》中的"两个必然"的结论是不相矛盾的。

第二,为无产阶级和广大人民指明了争取解放、和平、尊严与社会公正的道路,对无产阶级解放的前景作了精辟的概括。马克思和恩格斯说,资本主义的灭亡并不等于自行消灭,"像烂白菜似的自己腐烂下去",它必须通过无产阶级反对资产阶级的革命斗争才能实现。所以无产阶级必须采取革命的手段,夺取政权,打碎资产阶级的国家机器,建立无产阶级专政,并逐步消灭阶级差别,过渡到共产主义社会,这就是无产阶级的伟大使命。

在《共产党宣言》中,马克思、恩格斯第一次用鲜明的笔调阐述了无产阶级的世界观,表明共产党人在改造资本主义社会之后,要建立一个共产主义的新世界。共产主义新世界就是要使人人得到全面自由的发展,建立自由人的联合体。马克思、恩格斯在《共产党宣言》中预言,当阶级差别已经消灭而全部生产集中在联合起来的个人手里的时候,公众的权力将失去政治性质。未来的共产主义社会,将采取自由人联合体的形式组织起来。在这个联合体中,"每个人的自由发展是一切人的自由发展的条件"。

第三,系统地制定了关于无产阶级政党的学说。《共产党宣言》理论上阐明共产党的性质、特点、基本纲领和策略原则。共产党是无产阶级的政党,它是无产阶级中最先进的部队,共产党的最近目的是"使无产阶级形成为阶级,推翻资产阶级的统治由无产阶级夺取政权"。最终目的是消灭私有制,建立共产主义社会,无产阶级只有在斗争中建立自己的政党,才能取得革命的胜利。无产阶级政党应根据各国的具体情况,把共产党人的长远利益和目前利益结合起来。共产党必须支持一切反对现存政治制度的革命运动,联合一切可能的同盟者,努力争取全世界的民主政党之间的团结和协议,同时在这种联合中坚持自己的独立性。

最后,《共产党宣言》以振聋发聩的声音号召"全世界无产者,联合起来!"。要求全世界无产者不分国别、族别、界别、产别、职别、性别,在组织上行动上联合起来,建立工人阶级的广泛的统一战线。这是无产阶级国际主义原则的集中体现,也是无产阶级政党必须遵循的一个基本原则。

2.科学社会主义的创立把工人运动推进到一个新的阶段

理论是灰色的,生命之树常青。列宁说:"没有革命的理论,就不可能有被压迫阶级,即历史上最革命的阶级的世界上最伟大的解放运动。"

在科学社会主义理论诞生之前的工人运动,只是一种零星的、自发的、更多表现为改善生存和经济生活条件的斗争。科学社会主义把反对资本主义制度的理论武器交给工人,加速了无产阶级由自在阶级向自为阶级的转变,无产阶级反对资产阶级的斗争也由自发的斗争转变成了自觉的斗争。随着科学社会主义理论在工人中间的广泛传播,真正意义上的工人运动在欧美各国突飞猛进地发展起来,国际无产阶级的团结也很快变成了现实。

《共产党宣言》的发表恰好迎来了1848年的欧洲革命,这一年,法国爆发了二月革命和六月起义,推翻了当时执政的七月王朝;德国爆发了三月革命;意大利、匈牙利、捷克、罗马尼亚、波兰等都相继掀起了争取民族独立的斗争。在共产主义者同盟、"第一国际"等国际性无产阶级革命组织的领导下,社会主义运动迎来了第一次高潮。工人阶级通过自己的政治斗争,显示了自己的阶级力量,取得了诸如八小时工作制、政治选举权、劳工立法等一个又一个的重大胜利。1871年3月,法国工人阶级创建了"巴黎公社",这是无产阶级打碎资产阶级国家机器,建立"新的真正民主的国家政权"的第一次伟大尝试。马克思在《法兰西内战》一书中,对此做了深刻的总结。这一史无前例的无产阶级政权,虽然只存在了72天,但对后来社会主义运动的发展和社会主义国家的建立产生了深远的影响。

科学社会主义的传播促进了社会主义运动与工人运动的合流,整个地改变了人类历史的发展方向。社会主义运动因为有工人运动为依托而找到了自己的载体,工人运动则因为有了社会主义运动的理论指导而找到了自己的灵魂。促成这两大运动结合的先决条件,是马克思恩格斯亲自组织和领导的"共产主义同盟""国际工人协会"等国际工人运动组织。正是在这些有统一组织、有政治目标的工人运动的不断冲击下,使得欧洲资本主义的发展遇到了前所未有的压力和挑战。从此,资本主义的每一步发展都深深地打上了它的对立面即社会主义的印记,它不得不一次次地向工人阶级作出让步、一次次地对某些社会关系进行调整。在影响现代人类社会发展的诸多合力中,从此加进了一股势头强劲的推动力量。

3.无产阶级革命和社会主义制度的建立

(1)无产阶级斗争的基本形式和主要方式——无产阶级斗争的基本形式:经济斗争、政治斗争、思想斗争。无产阶级斗争的主要方式——暴力革命。

无产阶级革命又称社会主义革命,是无产阶级通过自己的政党联合其他劳动人民推翻资本主义制度和建立社会主义制度的革命。一切革命的根本问题是国家政权问题。同样,无产阶级革命的根本问题也是国家政权问题。无产阶级从资产阶级手里夺取国家政权,上升为统治阶级,这是无产阶级革命取得胜利的首要标志。

无产阶级斗争的基本形式是经济斗争、政治斗争和思想斗争。经济斗争是指工人阶级为改善劳动和生活条件而进行的斗争。这是无产阶级斗争的一种普遍的和经常采用的形式。经济斗争可以直接限制资本家阶级无止境地剥削工人创造的剩余价值,对于锻炼无产阶级、提高他们的组织性和觉悟起着重要的作用,但也不应排除在一定条件下采用和平方式夺取政权的可能性。马克思曾经指出:"工人阶级总有一天必须夺取政权,以便建立一个新的劳动组织……但是,我们从来没有断言,为了达到这一目的,到处都应该采取同样的手段……有些国家,像美国、英国……工人可能用和平手段达到自己的目的。"这就是说,无产阶级革命采取暴力手段还是和平方式夺取政权,将取决于各个国家不同时期的不同情况。各国采用什么革命道路和方式实现社会制度的根本变革,应当由这个国家的无产阶级自己选择。俄国人民在马克思列宁主义的指导下,开辟了"城市武装暴动、最后夺取全国政权"的道路,就是俄国无产阶级的正确选择。

(2)俄国的无产阶级革命。

①革命过程。19世纪的沙皇俄国是一个后起的帝国主义大国,城乡发展极不平衡,和旧中国有相似之处。

1917年爆发的第二次民主革命,推翻了沙皇专制统治,但政权落入了资产阶级手中。1917年11月6日,在列宁亲自指挥下,布尔什维克党人领导人民在彼得格勒发动了武装起义。次日晚9点45分,"阿芙乐尔"号巡洋舰发出了总攻的炮声,经过6个多小时的激战,临时政府的最后据点冬宫被起义队伍占领。震撼世界的十月社会主义革命取得胜利,世界上第一个社会主义国家从此诞生。

②革命意义。俄国无产阶级革命的胜利具有伟大而深远的世界历史意义。第一,它结束了延续几千年的剥削制度,在资本主义世界体系中打开了第一个缺口,形成了资本主义和社会主义两种社会制度并存的世界新格局,开辟了人类历史的新纪元。第二,它第一次把科学社会主义理论变为现实,成功地实践了社会主义革命首先在一国取得胜利的理论,为国际无产阶级革命运动树立了光辉的榜样。第三,它推动了马克思主义在全世界的传播,帮助世界各国的无产阶级及其先进分子掌握马克思主义的普遍真理,使世界社会主义运动出现新的转折,掀开了现代文明的新篇章。

(3)社会主义制度的建立。十月革命胜利后,以列宁为首的布尔什维克党领导全国人民,在帝国主义包围封锁、国内外反革命联合进攻、经济凋敝、饥荒遍地的复杂而困难的环境中,着手建设苏维埃国家,巩固无产阶级政权。这是一项前无古人的伟大事业,正如列宁所说:"我们进入这个领域就像一个拓荒者进入一片新天地。"在革命胜利后的最初年月里,俄共采取了一系列措施,初步奠定了社会主义制度的基础。

第一,建立无产阶级国家政权,从政治、经济、文化、外交等各个方面建立新的社会主义制度。

在政治方面,打碎了旧的军事官僚国家机器,逐步建立了从中央到地方各级苏维埃,建立了无产阶级国家政权。十月革命后,苏维埃政权废除了资产阶级临时政府的各部院、旧法院及警察机构,撤销了代表地主和资产阶级的地方政权机关,建立了各人民委员会、苏维埃法院和新的警察机关。同时解除了有产者的全部武装,建立了新的革命军队。革命政权注重尊重和保护人民的利益,废除了社会生活方面的农奴制残余,如等级制、男女不平等、民族压迫、教会特权等等。

在经济方面,对旧经济体制进行了社会主义改造,奠定了社会的经济基础。资产阶级和地主的财产被剥夺,法律规定对生产和分配实行工人监督。苏维埃国家掌握了国家银行、国有企业和国有铁路,并把私人银行和大工厂收归国有。国家成立最高人民经济委员会领导国民经济,实行国民经济计划化。苏维埃政府废除了沙皇政府和资产阶级临时政府的一切内债和外债,颁布了对外贸易国有化法令。宣布土地国有化,并交与劳动人民无偿使用。在分配领域贯彻按劳分配原则。

在社会和文化方面,进行了思想文化领域的社会主义改造。苏维埃政府宣布实行免费教育和免费医疗,颁布了职工保险法令。宣扬信仰自由,实行教会与国家分离,学校与教会分离。宣布妇女在社会生活一切领域都拥有与男人平等的权利。

在外交方面,苏维埃通过了和平法令,向当时各交战国政府和人民呼吁开始关于停止世界大战的谈判。在一系列相关宣告中,苏维埃政府宣布放弃沙皇政府和资产阶级临时政府奉行的帝国主义政策,表示愿意同殖民地和附属国人民在平等和互相尊重的原则基础上建立关系。

1918年5月23日举行的全俄工人、士兵苏维埃第三次代表大会,通过了列宁亲自起草的《被剥削劳动人民权利宣言》,宣布俄罗斯为工农兵代表苏维埃共和国,规定俄国是建立在自由民族自由联盟基础上的各苏维埃民族共和国联邦。1918年7月4口,全俄苏维埃第五次代表大会在莫斯科召开,大会通过了俄罗斯苏维埃联邦社会主义共和国第一部宪法,以最高法的形式巩固了苏维埃式的无产阶级专政、确定了新的苏维埃国家制度、废除了资本主义私有制和地主私有制、确认全俄各民族平等等十月革命获得的伟大成果，保障了个体劳动人民参加国家管理的权利。1922年12月30日，俄罗斯、乌克兰等6个共和国联合成立了世界上第一个新型的以民族联盟作为国家结构形式的社会主义国家——苏维埃社会主义共和国联盟，简称苏联。

第二，实行战时共产主义政策。

所谓战时共产主义政策，就是把国民经济纳入战时体制，集中一切人力、物力和财力，用于战争需要。该政策以军事行动为特征，以余粮收集制为核心。

主要内容：①在工业化中加速实行普遍的国有化，进一步剥夺资产阶级，对大、中、小工业企业实行国有化。②实行余粮收集制，即把农民除必要的口粮以外的粮食全部强制收归国有，以保证军队和城市工人的供应。禁止私人贸易，粮食由国家专营。在农村中积极推行和试办国营农场、农业公社和共耕协作社。③实行贸易垄断，禁止自由贸易，取消商品生产和货币流通。④实行平均主义分配制度，对食品和日用工业品实行配给制。还实行普遍的劳动义务制，实行不劳动者不得食的原则，迫使资产者参加体力劳动，以便使更多的人奔赴前线。

苏俄当时实行战时共产主义政策，一方面是战争环境的特殊需要，对于集中人力物力保证击败武装干涉者，赢得国内战争的胜利起到了很大作用；另一方面也同党的领导的指导思想有关，即企图在一个落后的、小生产者占优势的基础上，直接实行向共产主义过渡的办法。战时共产主义政策帮助苏联打败了外国侵略，巩固了国家政权和社会主义制度。但这种制度不利于生产力发展，因而战后不久就实行新经济政策，建立了社会主义的苏联模式。

二战胜利后，社会主义越出一国范围，向东欧和东亚扩展，出现了南斯拉夫、波兰、罗马尼亚、越南、朝鲜、蒙古、中国等12个人民民主国家。尤其是新中国的诞生，对世界具有深远的影响。19世纪中期以后，西方列强纷纷侵入中国，中国沦为半殖民地半封建社会。在民族危亡之际，中国社会各阶级、各派政治力量相继对危机做出各自的反应，探索救国救民之路，都没有成功。十月社会主义革命的胜利给中国送来马克思列宁主义，帮助中国人用无产阶级的宇宙观重新考虑国家的前途和民族的解放道路。"走俄国人的路"就是中国人从十月革命中得到的启示。1919年的五四运动标志着中国无产阶级作为独立阶级登上政治舞台。1921年中国无产阶级的先锋队中国共产党诞生。从此中国革命的面貌焕然一新。"俄国人的路"就是列宁领导布尔什维克,依靠工农联盟,通过夺取中心城市的武装斗争,迅速地把资产阶级民主革命引向社会主义革命,取得社会主义革命胜利。这是和布尔什维克把马克思主义运用于俄国实际取得的胜利。中国共产党经过两次大的胜利和两次大的挫折才认识到不能直接照搬十月革命的经验。以毛泽东为代表的中国共产党人在实践中求索,在失败中深思,把马列主义与中国实际相结合,终于找到一条具有中国特色的农村包围城市、武装夺取政权的革命道路。循着这条道路,中国共产党领导中国人民经过28年艰苦卓绝的革命斗争,取得了新民主主义革命的胜利,建立了中华人民共和国,完成了民族独立和人民解放的历史任务,开辟了中国历史发展的新纪元。

从1905年俄国革命到1975年柬埔寨、老挝走上社会主义道路,是社会主义运动的第二次高潮。社会主义国家在战后由苏联一国发展到多国,并在地理上连成一片,拥有世界上三分之一人口和四分之一土地的强大的社会主义世界体系诞生了。这个体系的形成,改变了战后国际力量的对比和格局。20世纪60年代,拉丁美洲的古巴走上社会主义道路,印度支那半岛人民抗美战争取得胜利后,越南、老挝、柬埔寨走上社会主义道路。至此,共产党领导的社会主义国家达到16国。欧亚拉美一系列人民民主国家的建立,是世界社会主义运动的又一次历史性胜利。它大大发展了十月社会主义革命的成果,丰富了社会主义的理论和实践,充分显示了社会主义制度的巨大优越性和旺盛的生命力。

二、社会主义在实践中发展和完善

社会主义革命取得胜利后,无产阶级和人民群众成为国家的主人,国家也开始了社会主义建设的历史进程。这时,怎样建设社会主义?怎样发展社会主义?社会主义建设是否有共同的模式?社会主义的本质是什么?成为挡在人们面前的现实问题。这些问题没有固定的答案,必须在社会主义实践中不断摸索。新生的社会主义国家首先面临的就是发展道路选择的问题,科学社会主义的缔造者马克思恩格斯有没有明确指出社会主义建设的具体道路呢？没有，也不可能做到这一点。实践中的社会主义发展道路，只能由各国实际情况和当时的历史条件来决定。

选择社会主义发展道路科学方法的两个基本点：一是坚持社会主义发展道路的一般规律与民族特点的辩证统一；二是坚持社会主义本质的一致性与具体道路多样性的辩证统一。

(一)社会主义发展道路多样性的理论依据

1.马恩历史唯物主义关于社会发展的一般规律性和个别特殊性原理是社会主义发展道路多样性的理论依据

在《共产党宣言》德文版序言中，马克思恩格斯在肯定社会主义基本原理完全正确的同时指出"这些原理的实际运用，正如《宣言》中所说的，随时随地都要以当时的历史条件为转移。"由于历史条件的不同，社会主义发展道路自然也会采取不同的方式，这些历史条件，既有经济因素，也包括了政治和历史文化传统。在《资本论》中，马克思明确提出即使在同类经济基础的国家中，也存在着各个不同民族在发展形式上的差异。他在1872年阿姆斯特丹群众大会的讲演中强调："我们从来没有断言，为了达到这一目的，到处都应该采取同样的手段。我们知道，必须考虑到各国的制度、风俗和传统。"在这些差异的基础上，各国无产阶级政党及人民采取何种方式进行社会主义革命，采取何种形式进行社会主义建设，完全取决于对自身所处的历史环境的判断，而不是以教条的方式照抄照搬前人的论断。1881年2月，马克思在回答荷兰社会民主党创始人之一的纽文胡斯的提问时非常明确地指出，社会党人在夺取政权后，"在将来某个特定时刻应该做什么，应该马上做些什么，这当然完全取决于人们将不得不在其中活动的那个既定的历史环境。"恩格斯也指出："想要使所有国家的运动都采取统一的形式是荒谬的。"

2.列宁坚持马克思主义历史唯物主义基本原理，主张每个民族在选择社会主义发展道路上都有自己的特点

列宁根据社会主义革命和建设的初步实践，创造性地坚持和发展了马克思主义关于社会主义发展道路多样性的思想，反对把西欧发达国家的发展道路当作唯一的模式，主张每个民族在选择社会主义发展道路上都应该有自己的特点。他指出："在人类从今天的帝国主义走向明天的社会主义革

命的道路上,同样表现出这种多样性。一切民族都将走到社会主义,这是不可避免的,但是一切民族的走法却不完全一样,在民主的这种或那种形式上,在无产阶级专政的这种或那种类型上,在社会生活各方面的社会主义改造的速度上,每个民族都会有自己的特点。"因此,如何走社会主义道路,需要各国社会主义者根据本国的实际,独立地进行探索,决不能按照千篇一律的模式去仿制。列宁强调,马克思主义的理论:"所提供的只是总的指导原理,而这些原理的应用,具体地说,在英国不同于法国,在法国不同于德国,在德国又不同于俄国。"共产党人在运用马克思主义基本原理时,"不是要求消除多样性,消灭民族差别(这在目前是荒唐的幻想),而是要求……把这些原则在某些细节上正确地加以改变,使之广泛地适应于民族的和民族国家的差别,针对这些差别正确地加以运用。"可见,无论是科学社会主义的创始人马克思和恩格斯,还是第一个社会主义国家的缔造者列宁,都认为社会主义的发展道路是多样的。

(二)社会主义发展道路多样性的现实依据

社会主义没有固定的模式,各国必须自己摸索,原因有:

(1)国情的差异。国情是一个国家的政治、经济、思想、文化、历史、传统等各个方面情况的综合,各个国家因具体情况不同而使其国情有差异。科学社会主义揭示了社会主义发展的一般规律,反映了世界无产阶级和全人类解放的根本利益,是一种国际性现象。但它必须植根于各民族国家的具体的国情中,通过一定的民族形式表现出来。而各圈的经济、政治和文化的发展,不论是在社会主义革命前还是在建设社会主义过程中,都是存在着差异和发展不平衡的。为了实现无产阶级和全人类解放的共同利益,无产阶级政党必须从各自的国情和民族特点出发,坚持通过各具特色的发展道路,搞好本国的革命和建设,坚持社会主义的共同规律和民族特点的辩证统一。不仅如此,社会主义实践还证明,一个国家经济文化愈落后,它的国情也就愈复杂,民族特点必然愈突出,坚持走符合本国民族特点的革命和建设道路的任务也就愈艰巨。

(2)国际环境的差异。内因是变化的依据,外因是变化的条件。一个国家的革命和建设选择什么样的发展道路,从根本上说是该国社会内部生产力和生产关系的矛盾及经济、政治、文化诸种因素交互作用的结果。但是,时代特点和国际环境作为外部条件,也对不同国家社会主义发展道路的选择产生重大影响。比如,经济文化比较落后的国家走上社会主义道路,都是通过暴力革命取得胜利的,这当然首先决定于这些国家内部阶级矛盾的尖锐化,无产阶级和劳动人民除了使用革命暴力,不可能争得自身的解放,而帝国主义经济政治发展不平衡所造成的战争与革命的时代条件和有利的国际环境,又为这些国家取得社会主义革命的胜利,提供了良好的历史机遇和外部条件。同时,社会主义在落后国家首先取得胜利,面对着帝国主义国家的包围封锁,又不得不建立起带有高度集权特点的经济和政治体制。而当时代特点出现从战争与革命到和平与发展的历史性转换,社会主义与资本主义两种制度的对抗转向以经济和科技发展为主要标志的综合实力的较量时,改革高度集权的社会主义体制,探求符合本国特色的社会主义发展道路,就成了社会主义继续向前发展的历史趋势。

社会主义自身发展阶段的差异。社会主义是一个长期发展的历史过程,必然有其固有的成熟程度不同的阶段,而每一个阶段的具体存在形式和发展战略都是发展变化的。毛泽东同志对此作了哲学上的高度概括,指出"不但要研究每一个大系统的物质运动形式的特殊的矛盾性及其所规定的本质,而且要研究每一个物质运动形式在其发展长途中的每一个过程的特殊的矛盾及其本质。"以中国的社会主义发展为例,它包括了革命和建设两个大的历史时期。每个大的历史时期又可以分为若干具体的发展阶段。我国的民主革命就经历了第一次国内革命战争时期、第二次国内革命战争时期、抗日战争时期和解放战争时期等阶段,它们的根本性质都属于新民主主义革命的范畴,但每个阶段的具体的革命对象,斗争策略都是各不相同的。如果不研究每个发展阶段矛盾的特殊本质及其相应的战略策略,中国革命就不能胜利。我国社会主义革命的过程虽然比较短,只有七年时间,但也经历了三年恢复时期和全面进行社会主义改造两个阶段。社会主义建设无论从世界还是从中国看,大体都经历了推行社会主义单一模式和突破单一模式、走各具特色的社会主义发展道路的时期。由此可见,无论革命或是建设,要坚持走符合本国国情的发展道路,必须认真研究和切实把握社会主义过程中的各个具体发展阶段的性质,寻找适合各个阶段的斗争形式,制定正确的路线方针政策,解决好革命和建设的具体道路问题。否则,走自己的革命和建设道路的愿望也会落空。

(三)经济文化比较落后国家建设社会主义的长期性和艰巨性

1.任何一种社会形态的更替都要一个长期的艰巨的过程

人类社会的发展从来都是社会矛盾运动的结果,是新生力量与保守力量、进步势力与反动势力相斗争的历史。前者战胜后者便意味着人类社会的进步,文明的推进。但这一运动和斗争的过程和结果受到多重因素的制约,经常会出现曲折、反复甚至倒退。奴隶社会代替原始社会、封建社会代替奴隶社会、资本主义社会代替封建社会都经历了一个长期的艰巨的历史过程。

在社会主义出现以前的历史中,单就资本主义代替封建主义来说就是一个非常复杂的过程。资本主义社会取代封建主义社会,在经济方面要用市场经济取代自然经济、用现代工业取代传统农业,在政治方面要以资本主义民主政治代替封建主义专制政治,在文化方面要以平等的契约自由取代等级的人身依附,这一过程就遇到了封建保守势力的顽强抵抗,呈现出长期性、艰巨性的特征。早在16世纪初,欧洲的尼德兰就爆发了资产阶级革命,但革命的结果并未使它走上工业资本主义的发展道路。经过半个多世纪,直到1640年才爆发了英国资产阶级革命。而革命的进程也出现了多次反复,发生了第二次内战以及保皇党人的反扑和1660年的复辟,直到1688年经过"光荣革命"才最终确立了君主立宪制的政体。从1688年到1789的法国大革命的发生,这100年当中,世界上只有英国"一国建设资本主义",整个欧洲都处于封建专制统治之下,而大量欧洲以外的其他国家和地区大部分尚处于前封建的社会。除英、法之外的多数欧洲国家只是在1848年革命后才真正确立资产阶级的统治地位。这期间,法国不仅多次遭受保皇党分子的反革命叛乱,而且出现了波旁王朝的复辟,其统治长达16年,继而又是维持了18年的七月王朝,直到1875年法国第三共和国诞生,资产阶级统治才得以巩固。也就是说,资本主义制度从初步建立到基本巩固,大约经历了近300年的时间,其间充斥着不可胜数的复辟与反复辟的斗争,经历了大量的血与火的反复较量。

2.社会主义代替资本主义是人类历史的巨大飞跃,这一过程更加艰巨

封建主义代替奴隶主义、资本主义代替封建主义仅仅是一种私有制代替另一种私有制、一种压迫形式代替另一种压迫形式、一个剥削阶级代替另

一个剥削阶级,其剥削压迫的本质没有改变;社会主义代替资本主义要消灭剥削、消除两极分化、实现共同富裕,为人类创造一个自由、平等、和谐、幸福的崭新世界,其艰巨性可想而知。

无产阶级不曾掌握任何生产资料,社会主义生产关系无从在资本主义社会里得到发展。而资本主义生产关系却发展了几百年,整个私有制关系则发展了数千年。私有制的经济、政治、文化已经形成一种非常庞大的根深蒂固的存在。它们支配着社会生活的各个领域,影响到包括无产阶级在内的所有人的思维方式、行为方式。社会主义代替资本主义,不但要同传统所有制关系实行最彻底的决裂,而且要同传统观念进行最彻底的决裂。这既是弱小的新生事物与强大的腐朽事物的较量,也是无产阶级自己头脑中的先进思想与传统观念的较量。所有这一切,决定了这一伟大社会革命的激烈程度、广泛程度和深刻程度。这是资本主义社会代替封建社会的革命所不能比拟的。如果说私有制范围内的社会更替尚且需要经过长期、艰巨的历史进程,那么以消灭私有制为最终目标的社会主义革命就不能不是一个更为长期、更为艰巨的历史进程。

3.经济文化比较落后国家建设社会主义的长期性和艰巨性的原因

走上资本主义道路的国家,多是经济比较落后的国家,都没有经过资本主义充分发展的阶段,因此他们的社会主义建设将是一个长期的艰巨的历史过程。原因包括如下四方面:

第一,物质经济条件方面的缺乏是社会主义建设的最大难题。社会主义国家大多是在社会化大生产有了一定的发展但又很不充分的基础上建立的,生产力水平相对落后,甚至非常落后。生产社会化程度低、商品经济不发达等现实经济条件,决定了革命胜利后所建立起来的生产资料公有制为主体的社会主义社会,远没有达到社会主义社会应当具备的前提条件,是"不够格的社会主义"。必须经历一个很长的初级阶段去实现本来应当在资本主义条件下实现的工业化以及经济的市场化和现代化。

第二,封建主义遗留问题对社会主义建设的消极影响。在经济上,由于市场经济不发达,生产的社会化程度低,因而自然经济半自然经济占有绝对的优势,大量小生产和小私有经济成为必须认真对待的问题;在政治上,个人集权制、终身制、等级制、家长制的流毒未清,缺乏近代的民主传统;在思想文化上,腐朽落后的封建迷信思想及压抑个性发展和民族创造力的文化专制主义等历史残渣不时泛起,文化专制主义影响深远,在一定程度上阻滞着社会主义思想道德建设、人民科学文化素质的提高和整个民族创造力的发挥,干扰着社会主义文学艺术和社会科学的发展与繁荣。这就形成了先进的社会制度和落后的发展状况之间的矛盾,代表社会化大生产发展要求的市场化、现代化同落后封闭的自然经济或半自然经济的矛盾。

第三,资本主义意识形态对人们社会主义信念的干扰。由于经济文化比较落后的国家是在没有经过资本主义的充分发展的基础上建设社会主义,因此,一些顽固坚持资产阶级自由化的人便主张要"补资本主义的课"。于是在经济上倡导完全的私有化,主张改变社会主义公有制占主体的地位;在政治上否认无产阶级政党的领导,主张照搬资本主义国家的三权分立和多党制;在文化上宣扬极端个人主义、享乐主义和拜金主义,以所谓崇尚个人自由否认社会主义的集体主义精神。在社会主义建设过程中,要消除这两方面的消极影响决非朝夕之事,怎样建设和发展社会主义事业,世界上也没有现成的经验可循。所以,无产阶级政党必须要团结和带领广大人民群众去不断地实践、认识、再实践、再认识,要经过几代人甚至几十代人的艰苦探索和努力,才能达到社会主义建设比较完备的形态。毫无疑问,在这个过程中,将会遇到数不清的崎岖坎坷,也必然是一个长期的、艰巨的过程。社会主义发展的坎坷、艰辛、曲折,在很大程度上来自社会主义革命胜利前资本主义的不发达。

第四,国际敌对势力对社会主义建设的极力破坏。社会主义国家一诞生就面临着异常严峻的国际环境,处于强大的敌对势力的包围之中。资本的贪婪本性,霸权主义、强权政治的野心,决定国际资本主义不容许社会主义制度的存在和发展。消灭社会主义,重建资本主义的一统天下,是它们永远也不会改变的既定政策。在社会主义苏联成立之初,英、法、美等14国便对其实施武装干涉,其后又有德国法西斯的入侵。国际资本主义对社会主义的颠覆,如果说二战以前主要是以武力进攻为主,二战以后则主要是以和平演变为主。和平演变的阴谋手段包括:一是以压促变,即通过施加军事、政治压力,进行经济、科技方面的所谓"援助",一次次迫使一些社会主义国家屈从他们的政治意图,最终达到改变无产阶级政党的性质、改变社会主义制度的目的。二是以乱促变,即通过金钱收买、政治影响、文化渗透,培植社会主义国家内部反共反社会主义的政治势力,制造思想混乱、政治混乱、经济混乱和整个社会混乱。等侯时机成熟,便公开插手,颠覆政权,复辟资本主义制度。东欧剧变、苏联解体,就发生在这样的国际背景下。社会主义国家与西方敌对势力在渗透与反渗透、颠覆与反颠覆方面的斗争将是长期的、艰巨的。

社会主义制度如同任何新生事物一样,终将不可战胜,但其成长道路不会一帆风顺。在社会主义建设过程中,要消除上述四方面的消极影响绝非短期之事。因此,社会主义国家的执政党必须团结和带领广大人民群众,在社会主义道路上不断地实践、认识、再实践、再认识,要经过数代人的艰苦探索和努力,才能把社会主义建设成比较完备的形态。

(四)社会主义在实践探索中的曲折发展和自我完善

1.社会主义实践探索的曲折发展和历史性成就

社会主义实践经历了曲折而艰辛的探索过程。俄国十月革命胜利后,列宁曾根据马克思恩格斯对未来社会的设想,试图用战时共产主义政策直接向社会主义过渡,结果挫伤了人们的生产积极性,加重了连年战争所造成的困难。面对这种情况,开始实行一种新的经济政策,即通过市场和商品交换使小农经济和资本主义经济活跃起来,再通过国家资本主义把它们引向社会主义道路。在社会主义的理论探索上,列宁的最大贡献在于深刻阐明了经济文化落后国家必须而且可能利用商品货币关系来建设社会主义。后来,为了尽快增强经济和国防实力,在战争中立于不败之地,苏联实行了高度集中统一的经济体制,以便最大限度地进行社会动员,调动一切人力、物力、财力,加快社会主义工业化。这种高度集中的计划经济体制,在当时的条件下,确实适应了特殊历史环境的需要,为巩固和发展社会主义制度做出了贡献。但随着社会主义经济的发展和社会主义面临的整个环境的变化,这种体制逐渐暴露出许多弊端,以致严重束缚了经济的发展,不仅给苏联,而且也给其他学习过苏联、受过苏联模式影响的社会主义国家造成了严重后果。为了摆脱这种不合时宜的体制的束缚,社会主义国家开始了新的经济改革和对社会主义经济体制新的探索。

社会主义中国诞生以后,对社会主义建设和发展规律的探索一直没有间断过。在马克思主义理论指导下,着重在建立适应生产力发展要求、适应中国国情的生产资料所有制结构和公有制实现形式方面进行了较长时期的探索。经过几代人的努力，从没收官僚资本，对个体农业、手工业和资本主义工商业进行社会主义改造，到建立以公有制为主体的所有制结构；从对非公有制经济排斥、限制到确认非公有制经济是社会主义市场经济的重要组成部分；从追求单一的国有经济到强调公有制实现形式可以而且应当多样化，所有制结构的探索虽然历经曲折，但成绩斐然。今天，中国确立了社会主义公有制为主体、多种所有制经济共同发展的基本经济制度，并相应建立了按劳分配为主体、多种分配方式并存的分配制度。这一基本经济制度为社会生产力的不断提高，为全体人民物质、文化生活水平的不断提升，提供了充分的保证和广阔的前景。

从20世纪60年代开始，包括中苏论战在内，社会主义阵营发生了严重的分裂，出现了第二次社会主义运动的低潮。进入70年代后，苏联经济发展速度缓慢并逐渐停滞，使社会发展陷入了困境。到了80年代末90年代初，为缓解社会发展的矛盾，苏联和东欧相继掀起了改革的浪潮，短短数年时间，这些国家的局势就失去了控制。先是东欧，而后是苏联，几乎在一夜之间发生了社会制度的剧变。在这些国家中，共产党被迫下台，大多自行解散或者改变为社会民主党，原有的社会主义制度被摧毁，转而走向资本主义的发展道路，从而使世界社会主义运动遭到重大挫折，也使本来就处于低潮的社会主义跌入了谷底。

社会主义制度在其近百年的历程中，有过不少挫折，也走了不少弯路，同时也创造了辉煌成就。尽管社会主义各国由于主观和客观条件的差异，所取得的成就大小有别，但都在不同程度上体现了社会主义制度的优越性。

第一，社会主义国家创造了举世瞩目的社会财富。

20世纪30年代，资本主义发生了前所未有的严重经济危机，整个资本主义世界一片惊慌，深感末日已经来临。与资本主义衰败萧条的境况相反，世界上唯一的社会主义国家苏联，经济建设却呈现出一派欣欣向荣的景象。在十月革命前，苏联工业总产量只占世界总产量的2.7%，仅及美国的6.9%。而到了1940年，苏联的工业总产值已跃居欧洲第一位、世界第二位。苏联人民仅用20多年的时间就走完资本主义用了一两百年时间完成的工业化进程。其后，经过第二次世界大战后的恢复和发展，苏联成为20世纪能与美国相抗衡的世界大国。社会主义制度由此在人类历史上第一次展现了它的巨大吸引力。其他社会主义国家，虽然经济文化基础相对落后，但是经济社会发展的成就都十分突出,这是旧制度所不可比拟的。中国建立社会主义制度后,很快改变了积贫积弱的面貌,虽然屡经坎坷,但经济增长的速度仍然位居世界前列。特别是在改革开放以后,国民生产总值迅速增长,综合国力日益增强。这不仅与旧中国有天壤之别,也是历史基础和发展起点相近的绝大多数实行资本主义制度的国家所不可比拟的。

第二,社会主义国家成为维护世界和平的中坚力量。

1941年苏德战争爆发后,社会主义苏联经受住了法西斯德国的突然袭击,并迅速扭转战局,成为世界反法西斯战争的中流砥柱,为人类的和平进步事业作出了巨大贡献。不仅如此,苏联红军和全体人民在世界反法西斯战争中的英勇表现,使社会主义苏联的威望空前增长。战后的最大政治成果之一,就是在欧亚两洲出现了12个人民民主国家。尤其是新中国的诞生,对世界政治格局的变化有着深远的影响。社会主义国家的存在和发展,改变了世界的力量对比,遏制了帝国主义势力的扩张。第二次世界大战结束后半个多世纪之所以没有发生大的战争,和平与发展成为时代主题,社会主义国家起到了决定性作用。

第三,社会主义国家为人类的文明进步作出了贡献。

社会主义制度为人民群众当家作主,提供了日益广阔的政治舞台;为改善劳动条件和解决社会福利,采取了充满人性关怀的举措;为提高人民群众的科学文化素质,大力发展文化教育事业;为解放和发展生产力,正确处理市场配置资源与政府宏观调控的关系,等等作出了重大贡献。所有这些,都在客观上为曾经陷入困境的资本主义提供了社会改革的示范,不甘自取灭亡的资产阶级确实也进行了不少社会改良,导致现代资本主义的内部矛盾有所缓解并获得新的发展生机,这就使得生活在资本主义世界的人们,在一定程度上改善了自己的生存环境。同时,由于社会主义国家的外交活动以及在联合国中的特殊影响,使得国际社会正向着更为公正合理的方向发展。

2.社会主义在改革中自我完善

通常来说,在社会发展的历史进程中,推动社会进步有两种途径,一是革命,二是改革。革命是指社会制度的质变,它包括了政治革命和社会革命。政治革命是指上层建筑即社会根本政治制度的质变,社会革命比政治革命更广泛、更深刻,还包括了经济基础、思想文化和社会生活各个方面的变革。改革则是指在社会根本制度不变的前提下,对具体制度、体制和运行机制进行调整、完善与革新。

在经济社会中,只有被剥削阶级起来推翻剥削阶级的统治,才能极大解放和发展生产力,因而,"革命是历史的火车头"。改革是指在社会根本制度不变的前提下,对具体制度、体制和运行机制进行的调整、完善与革新。改革是推动社会主义社会发展的巨大动力。社会主义国家要改革,从根本上来说,是由社会主义社会的基本矛盾决定的。社会主义社会的基本矛盾仍然是生产关系和生产力、经济基础与上层建筑的矛盾,改革是生产关系一定要适应生产力、上层建筑一定要适应经济基础发展规律的客观要求。社会主义制度确立后,生产关系和生产力、经济基础与上层建筑总体上是相适应的。所以,我们坚持社会主义制度,绝不允许否定社会主义制度而搞资本主义制度。同时,社会主义生产关系和生产力之间,经济基础与上层建筑之间,在某些环节上和具体实现形式上还有不相适应的一面。为了把社会主义不断推向前进,从一个发展阶段推向另一个发展阶段,就需要通过不断改革去解决这些矛盾,适时地调整生产关系和上层建筑中同生产力发展不相适应的环节和方面,使之同生产力的发展相适应。任何把社会主义社会看成是无矛盾的、凝固的一成不变的观点都是错误的。因此,社会主义国家的改革,是社会主义基本矛盾运动的内在要求,是进一步解放生产力和发展生产力的客观要求。改革必须贯穿于社会主义社会的全过程。

社会主义制度是人类历史上崭新的社会制度,同已有三四百年历史的资本主义制度相比,还处在幼年时期。尤其是我国还处在社会主义初级阶段,还很不完善。这种不完善,集中体现在经济体制、政治体制、文化体制方面还存在着各种弊端,严重地影响着我国生产力的发展。当然这种不完善绝非社会主义本质的体现,而是有其自身的原因,即现实的社会主义制度是在资本主义较为薄弱的环节上诞生的,自然带有"旧社会的痕迹";由于社会主义体制不是从其诞生起就完善无缺,也有一个由不完善到比较完善的发展过程,所以,在社会主义生产关系和上层建筑的自身形成与发展的过程中,必然存在不够完善的地方。要使社会主义由不完善到比较完善,必须进行社会主义改革。否则社会主义就会被葬送。而改革正如邓小平所强调的"是社会主义制度的自我完善"。社会主义的特色化与民族化,其实质就是指社会主义在某一个国家的实现,必须结合本国的具体实际,从而使社会主义在实现形式上具有该国的民族特色。关于社会主义是否只有单一模式,社会主义在不同国家、不同民族是否具有不同的特点，马克思、列宁等伟大导师在不同时期都曾有过科学论断，马克思、恩格斯曾预见到，无产阶级夺取政权后，在不同国家采取向社会主义过渡的措施"当然会是不同的"。后来列宁也曾指出，一切民族都将走向社会主义，但是道路不尽相同，每个民族都会有自己的特点。伟大导师的这些科学论断，无疑为社会主义国家通过改革实现社会主义的特色化与民族化提供了重要的理论依据。新的技术革命的兴起，使人类社会的发展进入了一个崭新的阶段。它不仅使西方资本主义国家的生产力大大提高，而且还对整个世界的经济、政治发展产生了深远的影响。这种影响在经济上表现为社会生产进一步自动化、社会化；经济结构进一步多元化、高级化；经济联系进一步全球化、一体化；经济体制进一步市场化、灵活化；在政治上表现为，世界政治格局进一步多极化，世界政治联系进一步合作化和协调化。而正是在新技术革命的这种影响和推动下，西方发达国家开始利用经济上的优势向社会主义国家施加种种影响和压力，进行和平演变，妄图把现有社会主义国家纳入资本主义发展的世界体系。

改革充满机遇与挑战，东欧剧变、苏联解体就是因为社会主义改革没有坚持社会主义原则，因而不仅没有成功，反而葬送了社会主义制度。

改革是社会主义自我发展和完善的根本途径，通过改革调节社会主义社会的基本矛盾。与以往阶级社会的基本矛盾相比，社会主义社会的基本矛盾主要表现为人们在根本利益一致基础上的人民内部矛盾，因而不具有阶级对抗的性质。但是，社会主义仍然是一个充满矛盾的社会。社会主义生产关系和上层建筑尚存在不适应生产力发展的某些环节和方面，其具体体制甚至可能严重阻碍生产力的发展，影响社会主义根本制度优越性的发挥。只有自觉不断地改革生产关系和上层建筑中不适应生产力发展的环节和方面，才能使生产力得到进一步解放和发展，使社会主义充满生机和活力。

通过改革完善社会主义的基本制度和体制。社会主义制度的建立，是对人类社会延续了几千年的剥削制度的否定，要有一个从不完善到逐步完善的过程。在这个过程中，基本制度和具体体制的建立、更新和完善是至关重要的。唯有经常不断的全面系统的改革创新，才能建立健全真正体现社会主义优越性的政治、经济、文化体制及其一系列相关制度，使社会主义物质文明、政治文明和精神文明协调发展,全面进步。

(五)在实践中认识和把握社会主义的基本特征

社会主义的本质和特征是随社会主义实践的不断深入而发展的。历史唯物主义认为,社会形态是生产力与生产关系的统一,是由生产方式所决定的,社会生产方式由量变到质变的演进过程决定了社会形态更替的不同发展阶段。在这不同的阶段中,社会形态在本质的同一性基础上又显现出特征的差异性。事物的本质特征是相互联系而又有所区别的范畴,马克思主义认为,事物的本质是事物内在的根本联系,是事物中相对稳定的一般性的东西。社会主义社会正是由于有自身的不同于其他社会形态的本质,从而与资本主义社会等社会形态区别开来。事物的特征是事物本质在各个方面的体现,它是本质所派生出的种种属性,描述的是事物在具体发展阶段上的特性。

1.马克思恩格斯对社会主义基本特征的概括

科学社会主义创始人马克思和恩格斯关于社会主义基本特征的科学论断,是在资本主义生产力比较发达,但是还没有充分发展并达到社会主义革命条件完全成熟的条件下提出的。基于社会历史条件和方法论上的考虑,在研究资本主义生产方式的产生、发展及其运动规律时,选择了当时已是资本专横和劳动被奴役达到顶点,以致财产同劳动完全分离,资本主义矛盾充分暴露的英国作为例证。用抽象的研究方法,置这个典型的资本主义社会于"纯粹的"形态之下加以分析,从而得出资本主义一定要为社会主义所代替的结论。马克思针对这种资本主义不能克服的内部矛盾,提出了社会主义的基本特征:①生产资料归全社会所有;②在个人消费品分配方面,实行等量劳动领取等量报酬;③实行计划经济;④取消商品货币;⑤消灭阶级和阶级差别,国家逐步消亡;⑥人成为自由人,建立自由人联合体。

2.列宁对社会主义基本特征的概括

列宁从俄国的实际出发,进行了积极的理论探讨,丰富和发展了马克思主义。列宁认为,在经济文化比较落后的俄国建立起来的社会主义与马克思恩格斯设想的社会主义有很大的不同,特别是在生产力发展的水平上存在相当的距离。在此条件下的社会主义基本特征有:①俄国的社会主义所有制形式将不是单一的两种公有制形式,即全民所有制和集体所有制。②

在俄国的社会主义条件下仍会存在商品生产和商品交换,而且应该充分利用商品生产和商品交换,把其作为由小生产向社会主义过渡的中间环节,作为提高社会生产力的手段、途径、方法和方式。③在俄国这样一个经济文化落后的社会主义因家,必须把大力发展生产力、提高劳动生产率放在首要位置。同时,列宁特别强调,由于社会主义的实践还远未深入展开,所以,对社会主义特征的叙述要慎之又慎,"我们不能阐述社会主义的特征;社会主义将来是个什么样子,什么时候达到完备的形式这些我们不知道,也不能说……因为还没有材料用来说明社会主义的特征。建设社会主义的砖头现在还没有造好。"

3.中国特色社会主义的基本特征

正确分析我国国情,终于得出中国正处于并将长期处于社会主义初级阶段的结论。正是基于这一重要判断,邓小平明确指出:"社会主义的本质,是解放生产力,发展生产力,消灭剥削,消除两极分化,最终达到共同富裕。"中国共产党深刻把握社会主义的本质内涵,不断总结改革开放的实践经验,对中国特色的社会主义经济建设、政治建设、文化建设以及和谐社会建设,有了更加清醒和全面的理解和认识。

第一,中国特色社会主义的经济,就是在社会主义条件下发展市场经济,不断解放和发展生产力。这就要坚持和完善社会主义公有制为主体、多种所有制经济共同发展的基本经济制度;坚持和完善社会主义市场经济体制,使市场在国家宏观调控下对资源配置起基础性作用;坚持和完善按劳分配为主体的多种分配方式,允许一部分地区一部分人先富起来,带动和帮助后富,逐步走向共同富裕;坚持和完善对外开放,积极参与国际经济合作和竞争;保证国民经济持续快速健康发展,人民共享经济繁荣成果。

第二,中国特色社会主义的政治,就是在中国共产党领导下,在人民当家作主的基础上,依法治国,发展社会主义民主政治。这就要坚持和完善工人阶级领导的、以工农联盟为基础的人民民主专政;坚持和完善人民代表大会制度和共产党领导的多党合作、政治协商制度以及民族区域自治制度;发展民主,健全法制,建设社会主义法治国家;实现社会安定,政府廉洁高效,全国各族人民团结和睦,生动活泼的政治局面。

第三,中国特色社会主义的文化,就是以马克思主义为指导,以培育有理想、有道德、有文化、有纪律的公民为目标,发展面向现代化、面向世界、面向未来的民族的科学的大众的社会主义文化。这就要坚持用马克思主义中国化的理论成果武装全党和教育人民；努力提高全民族的思想道德素质和科学文化水平；坚持为人民服务、为社会主义服务的方向和百花齐放、百家争鸣的方针，重在繁荣学术和文艺；建设立足中国现实、继承历史文化优秀传统、吸取外国文化有益成果的社会主义精神文明。

第四，中国特色社会主义的和谐社会，就是民主法治、公平正义、诚信友爱、充满活力、安定有序、人与自然和谐相处的社会。民主法治，就是社会主义民主得到充分发扬，依法治国基本方略得到切实落实，各方面积极因素得到广泛调动；公平正义，就是社会各方面的利益关系得到妥善协调，人民内部矛盾和其他社会矛盾得到正确处理，社会公平和正义得到切实维护和实现；诚信友爱，就是全社会互帮互助、诚实守信，全体人民平等友爱、融洽相处；充满活力，就是能够使一切有利于社会进步的创造愿望得到尊重，创造活动得到支持，创造才能得到发挥，创造成果得到肯定；安定有序，就是社会组织机制健全，社会管理完善，社会秩序良好，人民群众安居乐业，社会保持安定团结；人与自然和谐相处，就是生产发展，生活富裕，生态良好。

中国特色社会主义理论的基本内容，大体上可以分为三个层次。第一个层次是支撑中国特色社会主义理论大厦的基本理论，包括关于社会主义本质和特征的理论，关于社会主义初级阶段的理论，关于社会主义改革开放的理论，关于社会主义市场经济的理论，关于执政规律和执政党建设的理论，关于构建社会主义和谐社会的理论。第二个层次是关于中国特色社会主义各个方面的具体理论，包括经济、政治、科技、教育、文化、民族、军事、外交、统一战线、党的建设等。如关于公有制为主体、多种所有制经济共同发展是我国社会主义初级阶段基本经济制度的思想，关于按劳分配为主体、多种分配方式并存的思想，关于社会主义物质文明、政治文明和精神文明协调发展的思想，关于正确处理改革发展稳定的思想，关于建设社会主义法治国家的思想，关于依法治国和以德治国相结合的思想，关于走中国特色的精兵之路的思想，关于巩固党的阶级基础和扩大党的群众基础的思想，关于党要始终做到"三个代表"的思想，关于提高党的执政能力的思想，等等。第三个层次是指导中国特色社会主义建设的行动纲领，包括路线、纲领、方针和战略等。如"一个中心、两个基本点"的社会主义初级阶段的基本纲领、经济社会发展战略、治国治党方略、外交战略、"一国两制"等。路线、纲领、方针和战略等行动纲领,是联结理论和实践的纽带,是理论转化为实践的桥梁,因而也是中国特色社会主义理论体系的重要组成部分。中国特色社会主义理论内容的三个层次,相互联结,并相互转化。"基本理论"回答了中国特色社会主义的基本问题,是理论基石;"具体理论"是基本理论的展开和具体化;"行动纲领"是基本理论的凝聚和实践化。它们从不同层次和角度回答了什么是社会主义、怎样建设中国特色社会主义的共同主题。

三、共产主义是人类最崇高的社会理想

(一)共产主义社会的基本特征

共产主义思想体系,是马克思恩格斯在深刻揭示社会发展矛盾的基础特别是通过对资本主义生产方式内在矛盾的分析,批判地吸取了空想社会主义的合理成分,而形成的一种科学理论体系。一百多年来,世界各国工人阶级在这一理论指导下,为改变自己的命运进行了艰苦卓绝的斗争,极大地改变了世界的面貌,使共产主义运动和实践成为令资产阶级胆颤的"洪流",社会主义制度在我国以及其他国家相继取得胜利,进一步证明了这一科学理论的伟大意义。

马克思、恩格斯不仅科学地论证了共产主义社会产生的必然性和实现条件,还第一次科学地预测了未来共产主义社会的基本特征。马克思说:在共产主义社会高级阶段上,在迫使人们奴隶般地服从分工的情形已经消失,从而脑力劳动和体力劳动的对立也随之消失之后,在劳动已经不仅仅是谋生的手段,而且本身成了生活的第一需要之后,在随着个人的全面发展生产力也增长起来,而集体财富的一切源泉都充分涌流之后,——只有在那个时候,才能完全超出资产阶级法权的狭隘眼界,社会才能在自己的旗帜上写上'各尽所能,按需分配'。根据马克思主义经典作家对未来共产主义社会的科学预测和现实社会主义实践所积累的经验,可以把共产主义社会的基本特征大体概括为以下几点:

第一,社会生产力的高度发展,社会产品极大丰富。共产主义社会将建立在极其发达的科学技术和无比雄厚的物质基础之上,人类改造自然的能力达到极高水平。生产力的巨大发展和劳动生产率的空前提高,使得物质财富充分涌流出来,整个社会和全体成员的物质和文化生活的需要能够得

到最充分的满足。

第二，实行生产资料全社会所有制和"各尽所能，按需分配"的原则。在共产主义社会，人民群众是全部生产资料的主人，并共同享有劳动成果。整个社会只需要用一部分时间就能够生产出社会全体成员所需要的生活资料。社会产品的极大丰富，使劳动不再是谋生的手段，而成为生活的第一需要，成为人们全面发展自己才能的机会。到那时，消费品的分配已不需要以劳动为尺度，而可以实行"各尽所能，按需分配"的原则。

第三，全体社会成员具有高度的共产主义思想觉悟和道德品质，包括三大差别在内的重大社会差别将消失。在共产主义社会，人们能够自愿地全心全意为整个人类服务，为社会造福，自觉地维护公共秩序和遵守社会公德。随着社会的全面进步和每个成员科技和文化水平的提高，劳动者的体力和智力都得到全面发展，成为既能从事体力劳动，又能从事脑力劳动的全面发展的共产主义新人。那时人们不仅能够充分享受自己创造的物质文明成果，而且还能充分享受自己创造的高度的精神文明成果，从而真正实现需要的普遍满足和社会的完全平等；那时人将会获得全面的、自由的发展，人的个性将得到真正的解放，"每个人的自由发展是一切人的自由发展的条件"；那时旧的社会分工和工农、城乡、体力劳动与脑力劳动之间的本质差别就必然消失。

第四，国家将"自行消亡"。到共产主义社会，一切阶级差别和阶级对立将彻底消灭，国家将真正成为整个社会的代表，它对社会关系的干预将先后在各个领域中成为多余的事情而自行停止下来，对人的统治将由对物的管理和对生产过程的管理所代替，国家不是被废除的，它是自行消亡的。它的自行消亡，并不是管理公共事物的机构的取消，某些同现代国家管理职能相类似的社会职能还会保留下来。

(二)实现共产主义的可能性

把共产主义社会的特征简单概括为三个方面：即物质财富极大丰富、人们精神境界极大提高、每个人自由而全面发展。这三个特征的提出，从理论和实践上进一步揭示了实现共产主义的长期性和艰巨性。物质财富的极大丰富，意味着生产力极大发展，意味着公有制生产关系的最终确立将极大地解放和发展生产力。但是，在向共产主义迈进的不同历史阶段，生产力与生产关系的结合形态将是多种多样的，没有一种固定的模式。也许有人会说，共产主义好是好，就是实现不了。这种观点是错误的。这需要我们科学认识共产主义。马克思主义认为，共产主义既是一种理想的社会制度，又是一种科学的思想体系，还是在这种思想体系指导下所从事的一种运动。共产主义作为一种运动，共产主义的实现过程，是一个阶段一个阶段的由低到高逐步向前发展的过程，不能毕其功于一役。同时，我们还要深刻地认识到，共产主义的实现有其坚实的基础和科学的前提。

1. 共产主义是建立在对人类社会发展规律的科学认识基础上

马克思主义认为，人类社会的发展，不是由某个人、某个集团的主观愿望决定的，而是社会内部生产力和生产关系矛盾运动的结果。由于生产力和生产关系、经济基础和上层建筑的矛盾运动，社会形态不可避免地发生变革，人类社会将不断地由低级向高级发展。资本主义社会是人类历史上最后一个建立在私有制基础上的社会，它必然要经历一个产生、发展到灭亡的过程。这是因为资本主义社会存在其不可克服的基本矛盾，即生产的社会化和生产资料私人占有的矛盾。这一矛盾决定了资本主义必然为社会主义社会所取代。社会主义代替资本主义是不以人们意志为转移的客观规律。

2. 共产主义社会的实现有其物质基础

马克思主义不仅科学地回答了社会主义代替资本主义的必然性，而且还指出了无产阶级是埋葬旧制度、建立新制度的社会力量。这是因为，无产阶级是大工业的产物，大工业生产的特点决定了无产阶级最富有组织性、纪律性和团结精神，是先进生产力的代表。无产阶级经济地位极其低下，处于资本主义社会的最底层，不占有任何生产资料，被迫出卖自己的劳动力，因此它反对私有制和一切形式的剥削。生产和斗争实践使无产阶级最富有革命的坚定性和彻底性，能够成为一切被剥削阶级利益的代表。这些特点决定了无产阶级成为资本主义的掘墓人。在新的历史条件下，世界无产阶级出现了一些新情况，但并没有从根本上改变他们的社会地位，也没有淹没他们的优点与特点，他们仍然是资本主义的掘墓人。

3. 共产主义社会的实现有其现实途径

马克思主义在总结阶级斗争的历史经验，特别是总结国际工人运动斗争经验的基础上指出，无产阶级革命和无产阶级专政是实现共产主义的必由之路。现实告诉我们，无产阶级夺取政权后，坚持无产阶级专政和社会主义道路,不断进行社会主义建设是实现共产主义的现实途径。随着共产主义因素的生长和生产力的发展,实现共产主义的物质条件和精神条件就逐步具备了。共产主义最终必然实现,对此,我们应当充满必胜的信心。

(三)社会主义代替资本主义是历史的必然

马克思、恩格斯在《共产党宣言》中明确提出实现共产主义的两个前提条件,一是"同传统的所有制关系实行最彻底的决裂",二是"与传统的观念实行最彻底的决裂"。只有在所有制、分工和精神境界等人类历史发展的一系列局限性被打破以后,才会迎来人的全面发展。只有"到了共产主义社会高级阶段,在迫使人们奴隶般地服从分工的情形已经消失,从而脑力劳动和体力劳动的对立也随之消失之后,在劳动已经不仅仅是谋生的手段,而且本身成了生活的第一需要之后,在随着个人的全面发展生产力也增长起来,而集体财富的一切源泉都充分涌流之后,只有在那个时候,社会才能在自己的旗帜上写上:"各尽所能,按需分配!"达到这种境界,既是人类历史的必然,又是一段漫长的历史进程。

社会主义必须代替资本主义,最后必然发展为共产主义社会,这是马克思主义揭示的人类社会发展的客观规律。第二次世界大战以后,发达资本主义国家较长时间地处在相对稳定和发展阶段,个别资本主义国家还能高速度地发展经济,而社会主义事业在前进过程中出现挫折和失误,国际共产主义运动进入了低潮。面对这种情况,有些人对社会主义代替资本主义的历史必然性提出了怀疑。甚至有人提出了社会主义与资本主义相比到底谁的生命力强的问题。如何认识并回答这些问题呢?

(1)要正确认识资本主义必须灭亡,社会主义必然胜利的客观规律。在马克思、恩格斯时代,只有英、法、德等国的经济发展比较迅速,社会基本矛盾暴露得比较充分,无产阶级的力量比较强大。面对这种情况,他们得出的结论是:无产阶级只有在几个发达的国家同时进行才能取得胜利。列宁根据资本主义发展到帝国主义阶段的客观事实,揭示了资本主义国家政治经济发展不平衡的规律,并由此得出了资本主义有可能在一国首先取得胜利的结论。这些结论在当时都是正确的,因为他们都是从当时的实际情况出发的。这就是必须把马克思主义的基本原理同当时的实际情况相结合,才可能得出科学的认识。今天的情况与列宁的时代又有了很大的不同,必须把马克思主义的基本原理同今天的实际相结合。因此,马克思主义提出的社会主义必然代替资本主义的客观规律,并不是说资本主义马上就灭亡,共产主义马上就实现。只有深刻地而不是肤浅地、辩证地而不是形而上学地对待马克思主义这一基本原理,才能正确地把握社会主义代替资本主义这个规律的科学含义,增强社会主义必胜的信念。

(2)当代资本主义的变化并没有改变其必然灭亡的命运。就现实而言,20世纪资本主义国家进行了一系列调整和改革,在一定程度上、一定范围内缓解了资本主义基本矛盾,拓展了其生存空间。应该承认,第二次世界大战结束以来,一些主要资本主义国家的经济有了迅速发展,社会福利有所提高,阶级矛盾有所缓和。我们进一步分析,就会发现引起这些变化的原因是复杂的:一是科技革命促进了资本主义经济的迅速发展。20世纪50年代以来,世界范围内出现了以微电子技术、新型材料、光导、核能、航天技术、生物、海洋工程为主要内容的新的技术革命。这次技术革命对世界的影响超过以前的任何一次技术革命,促进了生产力的迅速发展,提高了生产效率,大大降低了生产成本。在大大提高劳动生产率后,资本家获得了高额利润,还可以提高工人的工资。二是各资本主义国家先后调整了生产关系。战后许多资本主义国家实现了由私人垄断向国家垄断的转变。资产阶级政府同私人垄断资本结合在一起,担负起调节经济运行的职能,国家调节下的市场机制发挥越来越大的作用。这为资本主义经济的发展注入了活力。三是资本主义国家改变了对殖民地的剥削方式,推行他们的经济全球化战略,带动了资本的国际循环与周转,为西方战后的繁荣带来了机遇。

但是,战后资本主义的发展并不表明资本主义的基本矛盾,即生产的社会化与生产资料私人占有之间的矛盾已经消除,这一基本矛盾继续存在,只不过表现形式有所变化罢了。我们应该清楚地看到,资本主义国家经济的迅速发展没有改变资本主义私有制,资本主义国家采取经济调节和社会改良措施,只是使矛盾缓和,而没有解决矛盾,资本主义国家之间的发展不平衡,使他们之间的竞争更加激烈,发达国家与发展中国家之间的矛盾也在不断加深。科学技术革命导致的高新技术、信息化等进一步促进了生产的社会化,当生产的社会化扩展到世界范围而出现全球经济一体化趋势时,由少数人占有生产资料的资本主义私有制就显得越来越不适应。由此可见:随着资本主义基本矛盾的不断加剧,资本主义国家所出现的经济迅速增长最终为社会主义改造提供更强大的物质基础,科技革命越发展,社会主义的前景就越光明。

从社会主义发展的历史来看,社会主义具有强大的生命力。19世纪40年代,马克思创立科学社会主义理论,并开始了社会主义运动,1917年俄国十月革命的胜利,社会主义由理论变为了现实。1949年中华人民共和国的建立,标志着社会主义进入新的发展阶段。进入20世纪的80年代末90年代初,社会主义一方面在苏联、东欧遭受严重挫折,另一方面在中国则显示出蓬勃生机和活力。以邓小平为核心的中共中央第二代领导集体开辟了一条建设有中国特色的社会主义道路。30多年的社会主义改革开放所取得的巨大成就再一次证明社会主义的强大生命力。

当然,社会主义的发展不可能一帆风顺。社会主义也同其他社会制度一样总是在曲折中前进。封建社会取代奴隶社会经历了上千年的时间,资本主义代替封建主义也经历数百年,其间经历不知多少次反复,复辟与反复辟的斗争异常尖锐,但是历史潮流不可抗拒,资本主义最终取代了封建主义。尽管资本主义和封建主义都是建立在私有制基础上,但它们之间的斗争是如此激烈,社会主义是一种完全新型的社会制度,她在取代资本主义的历史进程中所遇到的阻力可以想象会超过任何时期。再加上已经建立的社会主义国家大都是经济比较落后的国家,与当年马克思主义所设想的在发达国家建立社会主义制度有很大的不同,包括中国在实践中也走了一段弯路,使得社会主义取代资本主义的历史进程又增加了新的困难。社会主义在取代资本主义的历史过程中,经历了曲折,但是我们克服了一个又一个困难,社会主义事业始终朝着既定的目标前进。这一切说明,一方面我们要充分相信,社会主义代替资本主义是历史的必然,另一方面又要清楚地看到,社会主义代替资本主义不是一帆风顺的。党的十五大报告指出:"巩固和发展社会主义制度,那还需要更长得时间,需要几代人、十几代人,甚至几十代人坚持不懈的努力。"相比之下,社会主义国家自身的力量还十分弱小,要在短期内改变社会主义和资本主义之间的力量对比是不现实的。同时,由于社会主义尚在探索中前进,不可避免地要经历曲折。此外,共产主义将是全人类的共同理想。要实现共产主义,不仅需要已经建立社会主义制度的国家在经济、政治、文化等各个方面进行长期而充分的准备,而且需要世界上所有民族、国家获得全面的社会进步。这个历史过程是十分漫长的。

(四)在建设中国特色社会主义的进程中为实现共产主义而奋斗

1. 社会主义是走向共产主义的必由之路

马克思在《哥达纲领批判》中,科学地预见到共产主义社会在其发展过程中必然经历两个阶段:第一阶段,即社会主义社会;第二阶段或高级阶段,即共产主义社会。人类社会只能先从资本主义社会过渡到社会主义社会,然后通过社会主义建设以及全面发展社会主义的物质文明和精神文明,逐步创造实现共产主义所必备的条件。

社会主义社会和共产主义社会,是共产主义社会在自身发展的过程中所经历的两个阶段,因而它们并不是两个相互独立的社会形态,而是同一种社会形态即共产主义社会形态中成熟程度不同的两个发展阶段。

社会主义是共产主义的初级阶段。在社会主义的长期发展过程中,必然经历一个从量变到质变、从部分质变到全部质变的过程,因而社会主义的发展也必然会呈现出一定的阶段性。我国是从一个半殖民地半封建的国家走上社会主义道路的,由于生产力发展水平和经济文化的落后,我们需要一个社会主义的初级阶段。社会主义只有经过长期的发展过程,才能进入成熟的、完全的或高级的社会主义阶段,即马克思主义创始人所设想的那种消灭了一切资本主义因素和非社会主义经济成分的社会主义社会,从而才有可能再进一步向共产主义过渡。

由初级的、不成熟的或不发达的社会主义发展为高级的、成熟的或发达的社会主义,再进而发展为共产主义,需要经过长期的努力奋斗才能实现。因此,明确社会主义是共产主义的初级阶段,有利于根据现阶段生产力和生产关系的不同状况,明确现阶段的主要矛盾和所要解决的主要任务,根据客观经济规律,制定正确的路线、方针和政策,促进生产力的不断发展和生产关系的不断完善,最终过渡到共产主义社会。

2. 中国应在世界历史发展的轨道中走出自己建设社会主义的道路

中国进入现代历史的起点很低,新中国建立时"还大约有百分之九十左右的分散的个体的农业经济和手工业经济"。我们是一个落后的国家,至今与世界发达的资本主义国家还有着相当长的一段距离。这不只表现了我们在物质财富、精神文明方面的差距,主要的是说明我们的"人"的差距,也就是说,在我们这样落后国家独立的个人还有待形成。这种落后不能不影响到并表现于政治、经济、文化等社会的各个方面。

后进国家有后进国家不利的方面，但也有它有利的方面。其中一个重要的有利条件就是：我们有可以借鉴、学习的榜样在前，因而具有选择性更大的自由度。在许多方面，我们可以避免自发性、盲目性，更多的选择自觉性。

历史是有重复性的，但历史却不会走回头路。我们今天没有必要也不可能走资本主义已经经历的老路。全盘西化、照搬西方，是绝对行不通的。这正像当年全盘苏化行不通一样。我们应适应我们的状况、循着我们的历史走出自己发展社会主义的道路，这是唯一可行的出路。

但历史毕竟是一个规律性的发展过程。这里的规律性从根本上来说，表现在社会创造的一切形式都必须是与推动人的成长和发展这一根本目标相联系；而人的成长和发展是一个从初级到高级循序渐进和多方面关系协调共进的过程，它不可能一蹴而就，也不可能顾一头舍其他单面突进。人是一种历史性的积淀，也只能是历史的产物。今天的人类已达到高度文明化的水平，但婴儿胚胎的生成尽管采取很不相同的时空形式，仍然不得不走完人类曾经走过的进化历程才能达到彼岸。我们在工作中必须善于分辨，哪些事情是通过政权的力量能够做到的，哪些是历史发展不可越过的必经阶段。意志不等于规律，也取代不了规律。

今天我们面临的任务很多。社会主义必须发展生产力、创造更多的物质财富。也必须建设精神文明、民主和法制。但这些的最终目的都是为了"解放人"，发展独立的人，进而创造使每个人都能获得自由全面发展的条件这一根本点上。马克思说，人的"任何一种解放都是把人的世界和人的关系还给人自己"。从当前我国现状来说，解放人有两项急迫的重要任务：一是要把人从自然纽带形成的人身依附关系、观念中解放出来，使他们成为具有独立活动能力的自立的人，一是从多年集权的计划经济体制所养成的心理习惯中解放出来，使他们成为敢于用自己头脑思考问题、能独立发挥自己聪明才智的自由个人。

中国人是聪明的、勤劳的、有能力的，只要创造出使每个人都能发挥他们的聪明才智、贡献他们的创造力的社会条件，我们一定会走出新路，在落后的社会基础上用最短的时间建设起先进的社会主义制度。在这一过程中，也需要我们每个人坚定信念，从我做起，从现在做起。

参考文献：

［1］逄锦聚等：《马克思主义基本原理概论》，北京：高等教育出版社2015年版。

［2］国防科学技术大学："马克思主义基本原理概论"精品课程授课教案http://jpkc.nudt.edu.cn/mkszyjbyl/。

［3］中共中央马克思恩格斯列宁斯大林著作编译局：《马克思恩格斯选集》（第一卷），北京：人民出版社1995年版。

［4］中共中央马克思恩格斯列宁斯大林著作编译局：《马克思恩格斯选集》（第三卷），北京：人民出版社1995年版。

［5］中共中央马克思恩格斯列宁斯大林著作编译局：《马克思恩格斯选集》（第一卷），北京：人民出版社1995年版。

后　记

时光荏苒,日月如梭,从草拟编写大纲到书稿真正完成历时两年有余。在这两年多时间里,书稿经历了多次修改、完善和校对,参与编写的老师们倾注了大量时间和精力。书稿编写任务初次分配有九位老师参与,但由于种种原因,实际参与编写的只有葛勇义、胡秀杰、经纶、魏红霞、邢广桥、张军六位老师。因此,对原有的编写任务分配进行了适度调整,魏红霞老师、邢广桥老师在完成自己原定任务的基础上又完成了额外的编写任务,做出了许多努力。在此,对参与编写的老师们表示深深的敬意和由衷感谢!

书稿顺利完成离不开安徽财经大学马克思主义学院汪先平院长和张斌副院长的关心与支持。书稿编写过程中,两位院长经常询问编写进度,并对我们遇到的困难给予及时帮助和解决,尤其是为我们解决了出版经费问题。另外,院里其他同事也为我们书稿的编写提供了宝贵的意见和建议,在此我代表参与编写的全体老师对安徽财经大学马克思主义学院的汪院长、张院长和同事们表示真诚感谢! 感谢安徽财经大学校领导推动的教学改革实践为我们编写专题教学讲稿提供契机!

书稿在编写过程中,参考了大量的文献资料,其中也包括网络上的一些文稿资源等,有明确出处的都已经在每一讲最后列出来;没有明确出处的,无法列出,请相关作者看到此书稿后与我们联系,以表示感谢。

最后,我代表编委会所有老师感谢安徽师范大学出版社为《马克思主义基本原理概论十五讲》的出版提供了宝贵的平台。感谢责任编辑彭敏女士,她不辞辛苦为我们的书稿进行多次校对,并提出诸多宝贵修改意见和建议。

邢广桥

二〇一八年一月三十日